A Study of English and Chinese Parody

语言学研究系列丛书

A Study of English
and Chinese Parody

英汉仿拟研究

罗胜杰　谭　芳　郑立平　著

西北工业大学出版社

【内容简介】 本书分为两大部分。第一部分为理论研究,分别介绍了仿拟的定义和结构,仿拟的表现形式和构成要素,仿拟的分类和功能,仿拟的心理学和美学分析,以及从认知语言学角度分析仿拟产生的认知机制,等等。第二部分为仿拟的实践研究,分别探讨了仿拟运用所造成语言不和谐的原因,广告仿拟创建的心理过程,网络语言、新闻标题和校园文学作品的相关问题,仿拟翻译的两个策略,以及仿拟在英汉语教学中的应用问题等。

图书在版编目(CIP)数据

英汉仿拟研究/罗胜杰,谭芳,郑立平著 . —西安:西北工业大学出版社,2010.3
ISBN 978 - 7 - 5612 - 2719 - 0

Ⅰ.①英… Ⅱ.①罗…②谭…③郑… Ⅲ.①汉语—修辞—研究②英语—修辞—研究 Ⅳ.①H15②H315

中国版本图书馆 CIP 数据核字(2010)第 004401 号

出版发行:西北工业大学出版社
通信地址:西安市友谊西路 127 号   邮编:710072
电　　话:(029) 88493844　88491147
网　　址:www.nwpup.com
印　刷　者:陕西宝石兰印务有限责任公司
开　　本:787 mm×960 mm　　1/16
印　　张:12.875
字　　数:238 千字
版　　次:2010 年 3 月第 1 版　　2010 年 3 月第 1 次印刷
定　　价:24.00 元

前言

　　修辞学是研究提高语言表达效果及规律的语言科学,是以修辞活动为其研究对象的一门科学。作为修辞学的一部分,修辞格往往受到修辞学家的偏爱,20世纪,汉语修辞学中长期存在着修辞格中心论。时至今日,在一些关于修辞学的著作中几乎全部内容就是修辞格。仿拟是众多修辞格中的一种,在当今言语社会中十分走红,从它身上,我们可以领略新颖别致的言语形式,感受到它给人们带来的幽默风趣,体会到言语艺术的无穷魅力。因此,针对它的研究精彩纷呈,人们从不同角度展开研究,同时也有专著(徐国珍《仿拟研究》)出版。然而,这些研究中也存在着一些问题,主要有:一是对全貌性的研究不够深入,微观分析有余而宏观的概括不足,缺乏规律性、系统性的建构,多停留在简单的分类,缺少整体把握;二是从论文的选题来看,零敲碎打的多,成系列的研究还缺乏,因此形成论文多专著少的局面;三是理论的广度和深度不足;四是对汉语仿拟的研究颇多,而对仿拟在英语中的认识不足。鉴于此,笔者便萌发了研究意图。自2005年发表第一篇关于仿拟的研究论文以来,笔者陆续发表了相关论文10余篇,这为本书的撰写奠定了一定的基础。在本书的撰写过程中,我们力图有所突破,尝试着对仿拟研究的新领域进行研究和探讨,将仿拟放在语言和谐(或曰和谐语言)的大背景下研究,探究了仿拟的翻译问题,并首次就仿拟在英汉语教学中的应用问题展开论述。

　　本书共分两大部分,第一部分是理论研究,包括七章内容。

　　第一章扼要介绍了仿拟的定义和结构问题,在综合有关仿拟的林林总总的定义的基础上,提出了笔者对这一问题的认识和看法。

　　第二章探讨两个问题,首先从语法和语体两个层面论述了仿拟

Study of English and Chinese Parody
英汉仿拟研究
A Study of English and Chinese Parody

的表现形式,然后结合前人研究成果,对仿拟的两个构成要素——本体和仿体之间的关系问题进行研究,理清了二者的相互关系。

第三章谈论仿拟的分类问题。按照传统,对仿拟的四种类型——仿词、仿语、仿句、仿调逐一分析。仿词这一部分着墨较多,不但对英汉语仿词进行了比较,而且还以"××门"(-gate)为例,对仿词进行了个案分析。

第四章研究仿拟的功能。首先分析了仿拟的五种修辞功能,接下来对仿拟的造词功能进行了研究。不但从表层分析了仿拟造词功能的类型、方式、特点和对英汉语的影响,还以"××族"为例,对仿拟造词进行了深层分析,这对研究汉语词语的演变有一定借鉴作用。

第五章是关于仿拟的心理学和美学的分析。心理活动包括感觉、知觉、表象、联想、想象、情感、理解等,这些因素相互渗透、相互作用,表现为合规律的自由运动,仿拟的产生也糅合着人的心理活动。通过对仿语"美丽'冻'人"的创造过程的分析,解释了仿拟产生过程中人的微妙的心理变化及其过程。此外,我们还探析了在仿拟创造中,人们所糅合的六种类型的心理:求变心理、联想心理、模仿心理、创新心理、求雅心理和暗示心理。接下来从审美选择和审美效果两个角度对仿拟中的美学行为予以分析。

第六章从认知语言学角度分析了仿拟产生的认知机制,并结合合成空间理论展开论述。

第七章结合语用学中的相关理论(又译为关联理论)和模因论讨论了仿拟的产生和传播机制问题。

第二部分是仿拟的实践研究,也包括七章内容。

第八章从语言和谐的角度,分析了仿拟运用所造成语言不和谐的原因,即违背了语法和谐原则和言语创新原则,从而提出了仿拟运用中要注意的问题。

第九章从运用仿拟频繁的广告入手,借用概念合成理论分析了广告仿拟创建的心理过程,并且,笔者首次创造性地从理论角度分析了仿拟中的副偏离所产生的原因:成功的仿拟必定要满足两个条件,一是输入空间 I_1 和 I_2 中的对应因素不止一个,二是待进入的概念要与所产生的概念空位相吻合。反之,如果对应因素不多,二者又不相吻合,仿拟失败或副偏离产生。类属空间在仿拟的创造中起着十分重要的作用,负责输入空间的待填概念与概念空位在结构、形式上相吻合,建立起一一对应关系,它决定着向合成空间输入的因素,是层创结构产生的"把关人",把好了这一"关",输入到合成空间的元素才完善而合理,层创结构产生的仿拟才不会出现副偏离。另外,在这一章里,我们还提出了广告仿拟运用的四大策略。

第十至十二章分别以网络语言、新闻标题和校园文学作品为介质,探究了其中仿拟使用的相关问题。

仿拟的翻译研究不多见,在第十三章中,笔者综合了前人已发表的研究成果,结合模因论,提出了仿拟翻译中的两个策略:直接套用翻译法和近似复制翻译法。

最后一章探讨了仿拟在英汉语教学中的应用问题,提出仿拟可以在学生仿拟思维和创新思维的训练和培养中起到一定的积极作用。

本书共十四章,是笔者多年从事仿拟研究的部分成果,曾发表在一些学报或学刊上,经过细心整理和归纳,最后形成理论和实践两个部分。我们觉得这样安排比较有条理,逻辑清晰,更易于理解和进行深入研究。

为撰写此书,我们反复协商、讨论,参考了前人和当代学者的有关著述,搜集了大量的语言材料,尽量做到资料的充实和丰富,力求有章可循,有例可查。为此,我们首先要感谢曾支持和帮助过我们的学报和学刊及其编辑部的同志;感谢西北工业大学出版社及其编辑部的同志,感谢湖南工程学院外国语学院院长、硕士生导师张从益教授给我们的大力支持。

由于时间仓促,笔者学识有限,书中肯定还会有很多地方不尽如人意,所提出的某些观点还不够成熟,甚至存在谬误,同时也还有一些问题未加探讨或未加涉及,有待今后的修改和补充。为此,我们欢迎广大读者批评指正,也希望同行专家提出宝贵意见。

著 者
2009 年 10 月

目　录

第一部分　仿拟的理论研究

第二部分 仿拟的实践研究

第一部分
仿拟的理论研究

第一章 仿拟的定义及结构

第一节 仿拟的定义

天地之间模仿无处不在,通过模仿,人们创造出了一个又一个奇迹。早在20世纪初,人们模仿鸟儿飞翔,制造出了第一架飞机,现在有一门专门的学科叫仿生学(研究以模仿生物系统的方式、或是以具有生物系统特征的方式、或是以类似于生物系统方式工作的系统的科学)。2008年北京奥运会体育场馆——鸟巢——与真的鸟儿巢穴何其相似!自2008年开始,全国刮起了一阵"山寨"风,众多在外观、结构、性能等方面无一不与知名品牌相似的产品,为了以示区别,被冠以"山寨××"而粉墨登场,"山寨手机"、"山寨电脑"、"山寨果汁机",还有模仿知名电视节目的"山寨春晚"、"山寨《百家讲坛》",如此等等,这也"山寨",那也"山寨","山寨"成了2008年度最为热门的词语之一。综而观之,这些现象有一个共同内核——模仿,都是对现有的存在物进行模拟,从而创造出另一种物质存在。

那么,语言中是否存在模仿呢?答案是肯定的。人类最初没有语言,语言的产生也源自模仿。乌尔曼(Stephen Ullmann,1962)在谈到词语的理据性时,认为词语的理据主要有三类:①语音理据;②形态理据;③语义理据。词语的语音理据表现在对词语的语音形式与词义的联想上,凡具有语音理据的词被称为象声词。象声词指模拟事物声音造成的词,包括像人的声音词(即感叹词 interjection)和像物的声音词(即拟声词 onomatopoeia)两种。这无疑都是模仿的结果,举例如下:

	英语拟声词	汉语拟声词
猫叫声	miao /mew	喵(miao)
牛叫声	moo	哞(mou)
金属碰撞声	dingdong	叮当(ding dang)
撞击或重物落地声	bang	砰(peng)
纸、干叶、丝的声音	rustle	沙沙(sha sha);飒飒(sa sa)

许余龙(1992)从文字书写形式与词义联系的角度出发,提出"文字理据"。在谈到文字理据时,许先生说:"词语的文字理据表现为词语的文字书写形式与词义

之间的联系。"汉语是象形表意文字,其单个字的构造起源主要是依据人对某一视觉图像的模仿,并以此来表达人的思想观念。因此,每个单字可以集音、形、义于一体,单字的构造形态与表意有一定的必然联系。在古代分别形成了研究字音的音韵学;研究字形的文字学;以及"以形求义"、"因声求义"为主要研究方法,同时兼顾音、形、义三者的训诂学。

文字理据可以说是表意的象形文字所特有的,因为表音的字母文字是不存在理据的,这或许也可以解释上文提到的乌尔曼在给理据分类时并没有把文字理据列入其中的原因,因为英语就是字母文字。但是也有学者提出,字母文字也是象形文字,如袁立(2002)在《English 说文解字》一书中提出:"字母文字应该首先是标准的象形文字,其次才是拼音文字。"如 Aa 像人、人头,Bb 像乳房(侧面),Cc 像月亮,Dd 像弓、弩,Ee 像眼睛,Ff 像兵刃,Gg 像前腿,等等(转引自魏志成,2003)。

由此可见,没有了模仿,语言文字的形成似乎丧失了理据,语言文字离不开模仿,它是模仿的产物。到了当代社会,模仿更是成了语言中必不可少的手段。请看下面两句被人们传颂至今的千古名句:

(1)疏影横斜水清浅,暗香浮动月黄昏。(林逋《山园小梅》)

(2)落霞与孤鹜齐飞,秋水共长天一色。(王勃《滕王阁序》)

上面两句中,(1)仿自江为的残句:"竹影横斜水清浅,桂香浮动月黄昏";(2)仿自虞信的"落花与芝盖齐飞,杨柳共春旗一色"。

这种模仿创造法有着仿造的功能,能够模仿现成的语句创造出新的语句来,近代钱钟书称之为脱胎换骨、点铁成金的修辞方法。他在《谈艺录》一书中指出:陆游的若干诗句貌似写景抒情,实则运古袭古。如《题壁庵》:"身并猿鹤为三口,家托烟波共四邻。"乃白居易《解苏州自喜》:"身兼妻子都三口,鹤与琴书共一船。"仿拟而就。而陆游只在用词造句上模仿,诗句固然好,但功劳却没有他的,足见脱胎换骨的借鉴也并非易事(周振甫,冀勤,1992)。

仿拟这种修辞格的运用由来已久,随着时间的推移,在生活各领域都得到频繁使用,成了当今最为流行的修辞格之一。例如:

文学作品标题:《齐秦:我歌故我在》(《歌迷大世界》,2005 年 5 月上半期)。

广告作品屡见不鲜:随心所浴(某热水器广告);默默无蚊(某蚊香广告)。

网络文学作品随处可见:春眠不觉晓,处处蚊子咬,夜半一翻身,压死真不少。

店名招牌往往借用:常来常网(某网吧名)。

……

仿拟在英汉两种语言中都存在,针对如此频繁出现的仿拟现象,我们认为,它是一种不可忽视的语言现象,有着极其重要的研究意义。千里之行,始于足下,首先让我们对其进行科学定义。

一、仿拟在汉语中的定义

在汉语中,最早对仿拟进行定义的是中国现代修辞学奠基者陈望道先生,在其撰写的《修辞学发凡》一书中,他把仿拟列为一种积极的修辞手段,并对仿拟做了如下描述:为了讽刺嘲弄而故意仿拟特种既成形式的,名叫仿拟格。仿拟有两种:第一种是拟句,全拟既成的句法;第二种是仿调,只拟既成的腔调。这两类仿拟,都是故意开玩笑,同寻常所谓模仿不同(陈望道,2008)。

上述定义说明,仿拟是一种"故意"的语言行为,且仿的是"既成的语言形式"。这样的定义鲜明、突出地揭示出仿拟的性质特点,概括了仿拟的功能和分类,成为仿拟的第一个定义。不过,该定义有如下不足:第一,他用仿拟来定义仿拟,等于用了一个定义者来定义被定义者,这样没有将事实说清楚;第二,对仿拟的划分不够全面,我们认为,固然拟句和仿调是重要的两种形式,但是仿拟类型不限于此,后人对仿拟格的深入研究表明,该定义对仿拟种类的划分不够全面,除了上述两种类型——拟句和仿调——外,应该还存在另外两种类型:仿词和仿语;第三,仿拟的修辞功能是多方面的,除了"讽刺嘲弄",还有"风趣幽默"、"映衬对比"、"简洁精当"等作用,因此,陈望道的定义不具概括性。

随着对仿拟现象的日渐关注,人们对这一辞格的认识也不断深入。渐渐地,有学者发现,前人对此定义欠全面,为了使其定义更科学、更合理,黄民裕在《辞格汇编》一书里这样定义:"故意模仿现成的词语句篇而仿造一个新的词语句篇,这种修辞方式就叫做仿拟。"该定义将仿拟分为三种形式:仿词,即"把现成的合成词或成语中的一个语素换成意义相反或相对的语素,临时仿造出一个新的'反义词'或'相对的词'";仿句,"故意模拟、仿照既成的句法格式";仿调,"故意模拟既成的篇章和语调"。

该定义将仿拟分为三类,其在分类上更科学,但遗憾的是在定义中却没有突出仿拟的目的,所以也欠完整性。

王德春(1989)是这样定义的:"为使语言诙谐讽刺而故意仿照一种既成的语言形式";刘静敏(2003)的定义为"根据表达需要,在特定的语境中仿照现成的词、短语、句子甚至是篇章临时仿造新的词、短语、句子或篇章的修辞格"。后来,在这些定义的基础上,徐国珍(2003)的定义颇具概括性:"仿拟"是一种"仿"照某种现成的语言形式"拟"造一个临时性的新说法的修辞方法。

这一定义相当精妙,将"仿拟"二字拆分为二——"仿"和"拟",将二者加以引号并且同时体现在定义中,这突出了仿拟的两个重要特征,一是模仿,二是创造。该定义言简意赅,重点突出,可以说比较全面。不过,我们认为,该定义仍有不足之处:第一,定义中没有提到语用效果;第二,仿拟所创造的新说法不一定都是临时性的,有的说法可能沉淀为固定说法。比如现在人们常提到的"网吧",先是模仿"酒吧"而成,在创作之初是一个临时性说法,但现在已突破"临时性"的限制而成为汉语词汇大家庭中的一员。再如上文提到的诗句"落霞与孤鹜齐飞,秋水共长天一色。"人们现今几乎已无从知晓它是一仿拟作品,更无从推测其本体是什么了,因此,这一定义也存在一定的不足。

二、仿拟在英语中的定义

下面我们来看看英语中是怎么定义的。与汉语"仿拟"相对应的是英语的parody。parody一词源于古希腊,在亚里士多德时代就被提出,是一种模仿以往诗歌风格的诗体。这一词语的希腊词根由par-("beside" or "subsidiary")和ody ("song", as in ode)构成,意为"嘲讽之歌"。随着知识领域的拓宽,人们对于它的认识也在不断加深,对它下过多种多样的定义。有的从词源学角度,有的从它所取得的幽默效果角度,有的从它与其他相关辞格的关系角度进行定义。举例如下:

根据 Longman Modern English Dictionary(1976 年版),parody 即为"an imitation of the characteristic style of a writer, composer etc, or a literary, artistic or musical work, designed to ridicule"(对某一作家、作曲家典型风格的模仿,或对某一文学、艺术或音乐作品的模仿,其目的在于嘲弄)。

而根据 Advanced Learner's Dictionary of Current English with Chinese Translation(1978 年版),parody 的定义是"writing intended to amuse by imitating the style of writing used by sb. else"(通过模仿他人的写作风格达到娱乐的效果)。

1986 年,J. A. Cuddon 的 A Dictionary of Literary Terms(Revised Edition)对 parody 的定义为:"The imitative use of the words, style, attitude, tone and ideas of an author in such a way as to make them ridiculous. This is usually achieved by exaggerating certain traits, using more or less the same technique as the cartoon caricature, in fact, a kind of satirical mimicry."(对某一作家词汇、风格、态度、腔调及思想的模拟,使其可笑。通常对某些特点进行夸张,用类似卡通漫画的技巧来获得其效果,事实上这是一种讽刺性的模拟。)

Oxford Advanced Learner's Dictionary of Current English 对"parody"是这样解释的:a piece of writing intended to amuse by imitating the style of writing used by somebody else,意思是通过模仿别人的写作风格以使写出来的东西有趣

的一种写作手法。

Webster's New World Dictionary 则说得更为详细："Literary or musical composition imitating the characteristic style of some other work or of a writer or composer，but treating a serious subject in a nonsensical manner，as in ridicule."这里的意思是，仿拟不仅包括文字上的仿拟，还包括音乐上的仿拟，即模仿别的作者或作曲家的作品而写出的东西，以嘲弄的荒谬的方式来处理严肃的主题。

现在我们见到的形形色色的英语 parody，其层面已拓宽到了词汇、短语、句子和篇章各个方面，而且被仿拟的成分从古希腊时期的诗歌到传统的文学著作，再到很短的文本，等等，呈现多元格局。例如成语、格言、谚语、警句，甚至词汇，经历了一个由单一到多元的全面而深入的发展过程。仿拟的目的也并不仅仅局限于达到一种讽刺或嘲弄的效果，其目的更多的是为了吸引"注意"和"兴趣"。

可见，汉语的"仿拟"修辞格与英语 parody 基本对应，都是当今语言社会中十分走红的"辞格明星"，二者在深层意义上旗鼓相当。即都是根据表达的需要，模仿已有的词、句、篇等，适当地"改头换面"，创造出表达自己需要的新词、新句、新篇，给人们留下"旧瓶装新酒"的感觉，从而达到讽刺、嘲弄或幽默的目的。它们作为修辞家族中古老的成员，一直受到语言学界的极大关注。从英语 parody 和汉语仿拟的种种表现形式上，我们可以领略到它们新颖别致的语言形式，感受到它们幽默轻松的情趣，体会到语言艺术的无穷魅力。

总结上述定义我们发现，英汉语对仿拟的定义基本一致，存在许多共同点。比较而言，一是强调的对象一致，二者都强调模仿；二是模仿的目的一致，都明确指出模仿旨在达到滑稽可笑或者嘲弄的目的。在总结了上述定义之后，我们不妨加以归纳，为仿拟辞格作如下定义：

仿拟是为了达到某种语用效果（通常以讽刺幽默为甚）而仿照已有的语言形式（词、语、句、篇、调）创造出新的语言形式的一种修辞方法。

第二节 仿拟的结构

一、本体和仿体

根据仿拟的定义，我们可以看出，仿拟包含两个部分，一是被仿的部分，表现为某种既成的语言形式，我们称为本体；另一部分是仿本体而拟创造出来的新的语言形式，称为仿体。请看下列例子：

(1)我们听不到一声"对不起"，博大精深的"死不认错学"在这件街头小事上，充分发扬光大。所以柏杨先生认为中国同胞已丧失了说"对不起"的能力。每个中国人都像一个火焰喷射器,只有据"力"力争的勇气。(柏杨《三句话》)

熟语"据理力争"意指"以理辩是非"。柏杨先生以"力"代"理",生动形象地描绘出多数中国人常因嗑嗑碰碰的一些小事而动手打架,很少有人以理服人或礼貌相待,说声"对不起"把小事化了。这段话具有很强的讽刺意味。句中"据'力'力争"是模仿的结果,叫仿体,而被模仿的对象"据理力争"是本体。又如:

(2)他首先想到的是买双尼龙袜子……其次是买块手表,时针和分针已经有两个月不动了,秒针却像指南针似的不停摇摆。修不胜修,却不能不戴着,没有表就像口袋里没钢笔一样令人若有所失。(刘恒《四个汉子》)

作为模仿对象之"防不胜防",是我们熟悉的词语,意为"无法预防,无法防备"。作者在文中以"修"代"防",创造出仿体"修不胜修",生动地描写出"他"的那块手表已经过于破旧,怎么修也修不好。

(3)不久,一辆卡车从山路上缓驰下来,工程连的战士齐声呐喊,冲出树林,包围了卡车。车下,铁锹钢叉,横握竖举。棍棒锄头,左右相逼。车上,警卫排的枪口,也指向了工程连的战士们。双方剑拔弓张。(梁晓声《今夜有暴风雨》)

熟语"剑拔弩张"比喻形势紧张,一触即发。弩即弓,是古代兵器,一种利用机械射箭的弓。本文以"弓"代"弩",更利于人们理解,生动贴切地描写了警卫排和工程连双方对峙不下、互不相让、一触即发的紧张场面。

(4)国民党军队一天一天腐败堕落,除了"内战内行"之外,对于"外战"就不能不是一个"外行"。(毛泽东《论联合政府》)

(5)作诗的人,叫"诗人",说作诗的话,叫"诗话"。李有才作出来的歌,不是"诗",明明叫做"板话"。因此不能算"诗人",只能算"板人"。(赵树理《李有才板话》)

例(4)的仿体"外战外行"模仿自本体"内战内行",二者一同出现在同一语句中;例(5)有些复杂,首先仿"诗人"拟出"诗话",然后又以"诗话"为本体,仿拟出"板话",最后分别以"诗人"和"板话"为本体,仿造出"板人"一词。再来看英语中的情形:

(6)No — let me make my last appeal. Listen to this! We've both remarried out of our senses. I was made drunk to it. You were the same. I was gin-drunk; you were creed-drunk. Either form of intoxication takes away the nobler vision. . . let us then shake off our mistakes, and run away together! (Thomas Hardy: "Tude the Obscure")

哈代根据 gin-drunk(本体)仿拟了一个 creed-drunk(仿体),只用一个词就点出了和酒醉一样糟糕透顶的信念迷醉的危害,要说精炼,恐怕没有比这样的手法更精炼的表达法了。由于有了 gin-drunk 的对照,creed-drunk 就很容易作为成功的仿拟词让读者接受,而且也让读者由衷地佩服哈代机智的文思。

从以上分析可见,本体是模仿的本源,仿体是模仿的结果,二者是仿拟的两个构成要素,缺一不可。没有了本体,仿体就缺少了理论来源,成了无源之水、无本之木;同样道理,没有仿体,缺少了模仿的结果,模仿没了下文,仿拟也就不成立了。所以,这两个因素好比是一个硬币的正反两面,是形影不离、缺一不可的。

我们认为,要对仿拟有全面的了解,就必须首先了解它的构成要素,剖析其内部结构。可是我们发现,针对仿拟所做的研究不少,但是专门就仿拟的两个要素——本体和仿体——进行的研究不多见。

二、显性结构和隐性结构

徐国珍(2003)分别从静态和动态两个角度考查了仿拟辞格的内部结构,她认为,从静态角度来看,仿拟可分为显性结构和隐性结构两种。显性结构就是在言语现象表面显示出来的形式,又称表层结构。显性结构的形式为:(仿)a′→(拟)b′,即仿照本体 a′ 而新创造出仿体 b′。如前述例(4)中的仿体"外战"仿自本体"内战",例(5)中的"诗话"仿自"诗人"。像这样本体和仿体同时出现在一个句子中,我们称之为共现仿。

当然,并不是所有仿拟现象都表现出这样完整的结构形式。如前述例(1)的"据'力'力争",例(2)的"修不胜修"和例(3)的"剑拔弓张",它们的本体不直接出现,而是以潜在的形式存在于仿体背后,我们称之为隐匿仿。尽管本体没有出现,但人们仍然很清楚地知道其所仿的对象即本体分别是"据理力争"、"防不胜防"和"剑拔弩张"。

所谓隐性结构,是指隐藏在仿拟格内部的结构形式。这种结构形式深藏于表面形式之后,无法直接看到,故又称"深层结构"。该结构是一个四项比例的类推式,即索绪尔(1996)提出的在言语现象中普遍存在的"四项比例式",其公式为

$$a : a' = b : b'$$

以例(4)中的"外战"为例,试分析其产生的过程:

对内所发生的战争:内战 = 对外发生的战争:X

$$X = 外战$$

从动态角度考查仿拟的结构形式,可以将仿拟分成原式结构和变式结构两种情况。所谓原式结构,指的是仿拟现象的原始状态,它是仿拟格内在的、最本质的结构形态,也是各类仿拟现象所产生的依据和基础。所谓变式结构,则是指仿拟格

在原式基础上加以变化而创造、表现出来的形式。原式结构即仿 a'拟出 b',这是仿拟最基本、最常见的结构形式,其过程经过了"删"、"留"、"添"三个步骤,即①删去与所需表达内容不相吻合的内容;②保留有用元素;③添加新内容。如"外战"的形成:①删除"内战"中的"内";②保留"战";③添加"外",新词"外战"形成。就算是语篇层面的仿拟也是如此。又例如:

(7)才不在高,有官则名;学不在深,有权则灵。这个衙门,唯吾独尊。前有吹鼓手,后有马屁精;谈笑有心腹,往来无小兵。可以搞特权,兴帮亲。无批评之刺耳,有颂扬之雷鸣。青云直上天,随风显精神。群众曰"臭哉此翁!"

该例仿照唐朝刘禹锡的《陋室铭》而作,它讽刺的是当前某些领导干部"在其位不谋其政",只知吃喝玩乐以至于违法乱纪。文章语言犀利,讽刺之情明眼可见。该仿拟也是经过上述三个步骤:①删除原文《陋室铭》的语句;②保留原文格式(壳);③增添新内容。

所谓变式结构是指运用不同方式、从各种不同角度对本体进行改造,从而构成不同的仿拟形式,也称仿拟的变式。例如:

(8)我可不管什么莎士比亚、泥士比亚的,我只知道要是没有了地,你们吃什么? 穿什么?

例(8)中"泥士比亚"乃仿"莎士比亚"而成,仿拟经历了一个动态的变化过程。作者先将"莎士比亚"的"莎"音仿出"沙",然后以此为基础,仿"沙"出"泥",仿拟经过两个步骤。也就是说,仿体"泥士比亚"并不直接仿自"莎士比亚",它的形成过程中还经过另外一个小的环节,即本例中的音仿,因此我们说这是仿拟的变式结构。又如:

(9)幼年读的"左传右传"、"公羊母羊",还有平日作的打油诗、放屁诗,零零碎碎,一总都就了饭吃了。(李汝珍《镜花缘》)

例中的"左传"和"右传""公羊"和"母羊"分别是一组本体和仿体,其形成过程也经过了一系列变化:

本体:左传→曲解"左"为方位词→仿体:右传

本体:公羊→曲解"公"为雄性→仿体:母羊

本章我们在分别探讨了仿拟的多种定义的基础上,进一步对仿拟进行了较为系统的定义,并且从仿拟的表层和深层、原式和变式角度对仿拟的内部结构进行了剖析,这样可以帮助我们更深入地认识和了解仿拟辞格的内部结构,从而使我们在今后的言语实践中能更准确地把握其特点,将这一辞格运用得更恰当、更巧妙。

参考文献

[1] Ullmann Stephen. Semantics：An Introduction to the Science of Meaning [M]. Oxford：Basil Blackwell,1962.

[2] 陈望道.修辞学发凡[M].上海：复旦大学出版社,2008.

[3] 费尔迪南·德·索绪尔.普通语言学教程[M].高名凯,译.北京：商务印书馆,1996.

[4] 刘静敏.实用汉语修辞[M].合肥：安徽教育出版社,2003.

[5] 王德春.修辞学词典[M].杭州：浙江教育出版社,1989.

[6] 魏志成.英汉语比较导论[M].上海：上海教育出版社,2003.

[7] 徐国珍.仿拟研究[M].南昌：江西人民出版社,2003.

[8] 许余龙.对比语言学概论[M].上海：上海外语教育出版社,1992.

[9] 周振甫,冀勤.钱钟书谈艺录读本[M].上海：上海教育出版社,1992.

第二章
仿拟的表现形式及内在关系

　　作为语言中的一种修辞现象,我们必须知道仿拟可以在哪个语言层面上进行,同时还须了解仿拟二元素——本体和仿体——的相互关系,这样才能促使我们对它有更好的了解。下面我们拟从英汉语中本体和仿体的表现形式和二者的内在关系两个方面展开论述。

第一节　仿拟的表现形式

　　英汉语中本体和仿体的表现形式有语法和语体两个层面。

一、语法层面

　　语法是词、短语、句子等语言单位的结构规律,语法单位分为四级:语素、词、短语和句子(黄伯荣,廖序东,1997)。语法层面上的本体和仿体主要体现为词、短语和句子。

　　(一)词

　　词汇层面的仿拟发生较频繁,这种现象叫"仿词",即根据表达需要,在现有词语的基础上,更换其中某个语素,临时仿造出新的词。仿词有两种情形:音仿和义仿。仿词在英汉语中均有,如以"空姐"、"酒吧"为本体,仿造出"空嫂"和"网吧",仿baby-sitting 拟造出 homesitting / house-sitting 等。

　　(二)短语

　　发生在短语层面的仿拟叫"仿语"。如:草木皆兵——草木皆冰;默默无闻——默默无蚊;其乐无穷——骑乐无穷;black list(黑名单)— white list(白名单,即经认可或批准的事项一览表)/ gray list(灰名单)(罗胜杰,2005)。在上述例子中,本体和仿体均以短语形式出现。

　　(三)句子

　　发生在句子层面的仿拟叫"仿句"。例如:

　　(1)百闻不如一见,百见不如一试。(某饭店广告)

（2）利润诚可贵，信誉价更高。（某商店广告）

不难看出，上述两句的本体分别为："百闻不如一见"和名言"生命诚可贵，爱情价更高"。

（3）We know eggsactly how to sell eggs.（一则售蛋广告）

句中仿体——eggsactly 乃本体——exactly 的谐音变异而来，其构成依赖于它与本体在语音上相关。

（4）Thirst come, thirst served.（可口可乐公司广告）

该句本体为英语熟语"First come, first served."。由于 thirst 与 first 在发音上相近，根据相关原则容易仿造此句。

（5）To smoke or not to smoke, that is a question.（烟，吸还是不吸？这是一个值得考虑的问题。）

这则香烟广告套用了莎士比亚著名悲剧《哈姆雷特》中主人公哈姆雷特的一句精彩独白："To be or not to be, that is a question."（生存还是毁灭，这是一个值得考虑的问题。）

上述仿拟的本体和仿体分别发生在词、短语和句子三个层面，而作为语言最小单位的语素却不存在仿拟，原因可能多样，但有一点不容忽视：作为辞格之一，仿拟所模仿的对象即本体应该是一个基本的语言单位，这样才能被模仿，所产生的仿拟才有意义。葛本仪（2003）认为：词是语言运用中的最小造句单位和概念名称，是语言的基本单位；词素（语素）是语言分析时，将词的意义往最小处切分而得到的单位，不是语言的基本单位。鉴于此，我们认为，词素（语素）既然不是语言的基本单位，就不能作为本体而被模仿，不能形成仿拟。

二、语体层面

语体是为了适应不同的交际需要而形成的语文体式，它是修辞规律的间接体现者。语体的分类多种多样，根据交际目的的不同，可分为公文体、科技体、政论体和文艺体。我们也可以以这些文体形式作本体来模仿而产生仿体。

（一）公文体

公文体也称事务语体，它是适应事务交际目的需要而形成的运用全民族语言特点的体式，包括党和国家机关的文件、法令、条约、照会、公报、社会团体和企事业单位的合同、规章、协议书、计划、调查报告等形式。在篇章结构上，公文体有严格的规格要求，并且在长期的使用过程中，根据使用场合的不同，形成了一些固定的格式，其风格可以概括为：简明、准确、平实、庄严。有时候，人们故意模仿这种非常正式、严肃的文体形式，创造出一些仿拟作品，从而收到意想不到的诙谐幽默的语用效果。例如：

(6)尊敬的用户：

您好！您的手机话费已经不足 0.1 元,请您在近日内砸锅卖铁卖点血,卖房卖地卖自己,把话费交上,谢谢合作。

(7)圣诞老人留言:因昨晚没袜子装礼物,只好折成现金存入你的账户——请务必在一小时内查询六次信用卡账户,即可到账。

上述两例的本体是两则通告,属于比较正式的文体,通过模仿,产生与本体在格式上相近,但内容却揶揄、近乎荒诞的仿体,从而形成一种题旨情趣与语言体裁的强烈反差,其所传递的往往并非真实信息,只不过陡然增添生活中的笑料罢了。

(8)今夜到明天上午有点想你,预计下午转为持续想你。受此低情绪影响,傍晚,将转为大到暴想,心情将降至五度,预计此类天气将持续到见到你为止。

例(8)模仿中央电视台《天气预报》栏目的口吻,内容诙谐幽默,令人忍俊不禁。

英语中也存在类似仿拟,借用杨才元(2002)的一个例子：

(9)Judge (in dentist chair)："Do you swear that you will pull the tooth, the whole tooth, and nothing but the tooth?"

该句的本体是法官在公堂上的一句套话(你发誓据事实陈述而绝无谎言吗?),属公文体。法官此刻是坐在牙科诊所椅子上的一名患者,可他仍三句话不离本行,要牙医发誓就拔那颗牙,不会拔错牙。如此仿拟,诙谐幽默的效果油然而生。

(二)政论体

政论体也称宣传鼓动语体,是适应社会政治生活领域的交际需要而形成的运用全民族语言特点的体系,包括社论、宣言、声明、新闻报道、文艺批评、思想杂谈等。政论体话语的交际目的多在于论说、明理,因此,严密的逻辑性和生动的鼓舞性,就构成了政论体话语的修辞特征。仿拟的适用面较广,但还是受到一定的语体制约,很少出现在科技体中,反而在文艺体和政论体中则较为活跃,甚至十分抢眼。例如：

(10)……儿子非常激昂地讲了一套理论："咱们家吃饭是四十年一贯制,不但毫无新意,而且有一条根本性的缺陷——碳水化合物过多而蛋白质不足,缺少蛋白,就会妨碍白血球抗体的再生与活力,其结果就是造成国民体质的羸弱与素质的低下……"

上述例子以我们常见的政论体为本体,创造了新的语言形式,即仿体,以一种十分严肃的语言形式来表述一个家庭普通的话题——蔬菜多而肉类少,以期引起重视,令人捧腹。

公文体和政论体都属于严肃类型,仿严肃风格而表述一般话题,容易产生风趣幽默的效果。

（三）文艺体

文艺体也称艺术语体，它主要是由艺术类话语，比如小说、散文、诗歌、戏剧、歌词、曲艺以及报告文学等的特点构成的。特别是诗歌，它可以说是文艺语体最典型的形式。文艺语体属于艺术交际领域，其话语的交际功能是重在给人以感受和体验，通过话语激发听读者的想象力、联想力，以达到教育、娱乐和审美等交际目的。因此，广泛使用艺术性修辞手段和修辞方法，传递感性信息，就成了文艺语体话语的区别性特征（陈汝东，2004）。仿拟作品时常借用这种语体进行，常见的有以下几种：

1. 散文体

散文体指小说、散文和特写等使用的文体，仿拟常发生在此层面。例如：

（11）股票跌了，有再涨的时候；工作没了，有再找的时候；老婆跑了，有再娶的时候。但是，聪明的，你告诉我，我们的风险融资为什么一去不复返呢？——是有人偷了他们罢：那是谁？又藏在何处？是他们自己燃烧结束了吧：可是燃烧在了哪里呢？

CEO 不知道给他们了多少钱；但银行账面确乎是渐渐空虚了。在默默里算着，几千万已经溜去；像针尖上一滴水滴在大海里。金钱烧在网站的火里，没有声音，也没有影子。我们这些打工的不禁汗津津而泪潸潸了。

该烧的尽管都烧了，该来的却都没有来；燃烧的中间，又怎样地匆匆呢？早上我上班的时候，公司来了很多要求我们做广告的媒体。广告它要钱啊，轻轻悄悄地拿了支票；我也茫茫然跟着起哄。于是——开会的时候，金钱从 CEO 要我们往前 PUSH 的手势上蹿了过去；编商务流程的时候，金钱从天花乱坠里飘了过去；痛苦加班时，便从没有报酬的劳动中飞过去。我们觉察金钱去得匆匆了，偷偷祈祷着上帝保佑不要倒闭时，他又从祈祷着的手边过去，网站发布时，我坐在角落，他便伶伶俐俐地从我们面前跨过，从记者们弱智的提问中飞去了。等我听老总们说白日梦话，这算又烧去了好多。我掩面叹息。但是新来的燃烧又开始在叹息里冒火花了。

在燃烧中疯狂的日子里，在千门万户的倒闭里的我能做些什么呢？只有伤心罢了，只有跳槽罢了；在泡沫吹吹灭灭的跳槽里，除伤心外，又剩些什么呢？烧过的金钱如轻烟，被倒闭遗忘了，如神话，被新开张的网站吹大了；我留着些什么痕迹呢？那些金钱何曾留着像游丝样的痕迹呢？投资者把各种来路的金钱扔到这网络，转眼间也就和什么都没发生一样？但不能平的，为什么偏要往这里扔——干吗不去做慈善、炒股、赌博呢……

聪明的，告诉我，我们的金钱为什么一去不复返呢？（《都市快报》，2000 年 10

月 31 日）

显然，此文是仿朱自清的名篇《匆匆》一文而拟就的，本体长达 453 个字①。

2. 韵文体

韵文体包括诗歌、词曲和快板等。韵文的语言富有音乐美，非常讲究韵律和节奏。在此类文章中，仿拟容易发生。例如：

(12)松声，竹声，钟磬声，声声自应；山色，水色，烟霞色，色色皆空。

(13)
虞美人
政治英语何时了？

高数知多少。

斗室寒窗又熬夜，

往事不堪回首病榻中。

复习资料今犹在，

只是心情改。

问君何时奔前程？

静待八月下旬赴京城！

(14)"Twinkle, twinkle, litter bat!

How I wonder what you're at!"

"You know the song, perhaps?"

"I've heard something like it." said Alice.

"It goes on, you know." The Hatter continued, in this way——

"Up above the world you fly.

Like a tea tray in the sky.

Twinkle, twinkle..." (Carrol：Alice's Adventures in Wonderland)

例(12)的本体为一副对联："风声，雨声，读书声，声声入耳；家事，国事，天下事，事事关心"，例(13)的本体为李煜的词作之一——《虞美人》②，例(14)的本体为英国诗人 Lane Taylor 写的著名儿歌 The Star 的第一节(李鑫华，2001)：

"Twinkle, twinkle, litter star,

How I wonder what you are!

Up high the world so high,

Like a diamond in the sky."

3. 戏剧体

戏剧体指电影、话剧、歌剧和地方戏等用的文体，其中的对白容易成为本体而被模仿。

(15)"曾经有一瓶娃哈哈饮料放在我的面前,我没有珍惜。当我失去的时候才后悔莫及,人世间最痛苦的事莫过于此。如果上天能够给我一个再来一次的机会,我会对它说三个字'我爱你',如果非要加上一个数量,我希望是……一万瓶!"(娃哈哈茶饮料广告语)

这是电影《大话西游》中的经典爱情表白的演绎,其剧中的这段表白被称为是"被引用次数最多的爱情名言",现被娃哈哈茶饮料公司仿用,取得了较好的宣传效果。

另外,模仿流行歌曲的歌词现象也很常见。例如:

(16)你问我,何时出线去,我也轻声地问自己,不是在此时,不知何时,我想大约会是在梦里。

这句话的本体是曾流行一时的《大约在冬季》中的几句歌词,通过这样的模仿,将球迷对中国足球队寄予的厚望和中国足球队惨遭淘汰后的失望与无奈表现得淋漓尽致。

(四)广告体

语体的分类是一个较为复杂的问题,广告体似乎可以归于文艺体,但是又有不同,它可以是介乎于实用和艺术两种语体之间的交叉语体。在此我们姑且将它归为应用语体。广告一般以传递商品以及商家等信息为目的,它需要做到真实、客观、具体,具有实用语体的特点。但是广告同时要吸引消费者,话语必须充满感染力。而仿拟辞格由于是通过模仿既成的、人们耳熟能详的语言形式来创造出新的语言形式,通过联想使受众能自觉地将新与旧联系起来,从而在记忆中留下持久的影像,因此以其特殊修辞效果而倍受广告语制作者们的青睐,成了广告语体中的"明星"和"宠儿"(罗胜杰,2007)。例如:

(17)"闲"妻良母(某洗衣机广告)

(18)"骑"乐无穷(某自行车广告)

(19)美好人生,"鸡"不可失(某烧鸡店广告)

(20)中意空调,终身无"汗"(中意空调广告)

上述广告中均采用了谐音仿拟,它们的本体是"贤妻良母"、"其乐无穷"、"机不可失"和"终身无憾"。我们利用读音上的相同(似)之处,借助人们所熟悉的字、词、句,将所要表达的内容巧妙地融入其中,既在读音上与原来的成语保持一致,又可以通过这种替换将所要表达的内容借助成语这一母体表达出来,一语双关,一石二鸟,耐人寻味,令人拍案叫绝。英语广告中也使用仿拟,不过没有汉语普遍。

(21)Not all cars are created equal.(并不是每辆车都"生"而平等。)

这是日本三菱汽车公司向美国开拓市场的广告,其本体是《美国独立宣言》中的一句名言"All men are created equal"（人人生而平等）。

(22)Better late than the late.（迟到总比丧命好。）

这是一句向司机宣传谨慎驾驶、安全行车的广告口号,仿自成语"Better late than never"（晚来总比不来好）。

这里讲的都是以现有词句为本体的广告仿拟,生活中还有以广告为本体的仿拟,有人就以中国传统的七夕节为题,模仿广告语口吻创作了一些仿拟语句,例如:

柒牌男装:七夕,让女人心动的节日;男人,七夕,就应该对自己狠一点。

南极人:地球人都过!

李宁:七夕,一切皆有可能!

飞鹤奶粉:月下老人大脑思维活跃,七夕礼物特别添加了新时尚成分,使中国MM更聪明!

钻石小鸟:我的爱情鸟,我的七夕节!

盖中盖:现在的七夕啊,它含金量高,过一次顶过去五次,方便! 你瞧我,一口气过了五次,不费劲! 自从过了节,腰不酸,腿不软,爱情也有劲了!

好迪:七夕真好,大家好才是真的好。

大宝:要想皮肤好,早晚过七夕。

雨洁:有效去除孤单寂寞,带给您美好回忆! 甜蜜夜,七夕节!

高露洁:海狸叔叔,你的牙齿怎么这么好? 因为我过七夕节!

蓝天六必治:节好,心情就好,吃嘛嘛香,身体倍儿棒!

海尔:七夕,相爱到永远!

汇仁肾宝:你过,我过,大家过!

妇炎洁:七夕节,过得更健康。我也过七夕节!

脑白金:今年爸妈不过节啊不过节,过节只过七夕节,七—夕—节!

美特斯邦威:不过寻常节!

百事:七夕无极限!

耐克:七夕? Just 过 it !

第二节　仿拟的内在关系

徐国珍女士在其专著《仿拟研究》中对本体和仿体做了一定研究,阐述了二者的定义,同时也述说了二者的三个特点:本体具有既成性、习见性和宽泛性;仿体具有依附性、偶发性和能产性,她是这样论述的:

首先,本体具有既成性,任何一个本体都是由固定的形式与特定的意义结合而成,已被群众约定俗成了的言语现象,不论是词、短语,还是句子、篇章等形式。与本体的既成性相对应的是,仿拟格中的仿体则表现出强烈的依附性特点,作为一个第一次出现在社会交际舞台上的言语现象,任何仿体都必须依附于本体才得以"存身",它们的语义、语用乃至情感意义,都必须借助于本体才能得以实现。而这种依附性的具体表现,就是与本体在言语形式上保持一定程度的相似性。如果缺少了这种形式上的相似,仿体就无法和本体产生关联,而如果没有本体来作为铺垫和引导,仿体就会成为谁也读不懂、谁也看不明白的语言怪物,仿拟的修辞效果也就无从谈起了。

其次,本体具有习见性。人们在生成仿拟时,所选择的本体往往是一些为人们所习见或通用的言语现象。例如,或是人们平时经常使用的词语,或是人们喜闻乐见的成语、格言,或是为人所熟悉的古代名篇名句、时代流行语,等等。而正是这一切,构成了仿拟格本体习见性的特点。与本体的这种"习见性"形成鲜明对比的是,仿体具有"偶发性"。就辞格的性质而言,仿拟是一种以"新创言语形式"为特征的修辞现象,而这种"创新"的落脚点就是仿体。因此,一般来说,仿体是一个超常的、新异的、临时性的言语现象,在大部分情况下,它是"空前绝后"、"昙花一现"的,这也就决定了仿体的偶发性特点。

最后,本体具有宽泛性特点。本体的选择范围是极为宽泛的,不论是两三个音节的词语,还是上百字的篇章;不论是生动活泼的口语词,还是文雅庄重的书面语;不论是俗语格言还是歌词书名……总之,只要符合"既成性"、"定型性"、"习见性"等条件的,任何一个语言现象均可成为仿照的对象。而从仿体生成情况来看,由于汉语的语言结构不像西方那样讲求严密性、规整性,尤其是在构词及语法规则上,往往显得较为简略、粗疏,富有弹性,形成了汉语句子语序多变、词的组合及用法灵活多样等特点,这种结构特点使得仿体表现出了较大的随意性和极强的能产性,能产性的表现之一就是一本多仿(同一个本体可以仿造出多个仿体)。

这是所见到的关于本体和仿体相互关系的最为详细的描述。不过在徐国珍的著作中有些说法还值得商榷,我们认为,这一课题的研究还可更系统些、深入些,这样可以更好、更系统地了解仿拟两个要素之间的相互关系,从而创造更多、更得体的仿拟作品,为丰富我们的语言表达服务。

结合前人研究,我们认为,作为模仿对象的本体和作为模仿的结果的仿体,二者之间关系密切,具体表现为以下几个方面:

一、本体的先成性和仿体的临时性

前面我们提到,徐国珍在述说本体与仿体的关系时说"本体具有既成性,仿体具有依附性,任何一个本体都是由固定的形式与特定的意义集合而成、已被群众约定俗成了的言语现象,不论是词、短语还是句子、篇章等形式。"这样说来,本体必须是固定的、大家认可的、约定俗成的东西,否则就不能成为本体。我们认为此话过于绝对,有失偏颇。诚然,绝大部分本体都具有既成性即约定俗成性,但是有些语言形式是临时的、不固定的,更非约定俗成的,然而也可以充当本体。徐国珍(2003)著作中有一则"阿凡提的故事",我们试做如下分析:

(23)阿凡提开了一个小染坊,给附近的乡亲们染布,有个巴依听见老乡们夸阿凡提染得好,很不高兴,就想来刁难阿凡提。一天,这个巴依夹着一匹布来到阿凡提染坊,一进门就大声嚷道:"来,阿凡提,给我把这匹布好好染一染,让我看看你的手艺。"

"您要染什么颜色呀,巴依?"

"我要染的颜色普通极了。它不是红的,不是蓝的,不是黑的,又不是白的,不是绿的,也不是青的,总之,什么颜色也不是,你明白了吗?"

"明白了,明白了!"阿凡提把布接了过来说,"我一定照您的意思染。"

"什么,你能染?那我哪一天来取?"

"您就到那一天来取吧。"阿凡提顺手把布锁到柜子里。对巴依说:"那一天不是星期一,不是星期二,不是星期三和星期四,也不是星期五和星期六,连星期天也不是。我的巴依,到了那一天,你就来取吧!"

巴依闻言,顿时如哑巴吃了黄连,有苦说不出,只好灰溜溜地走了。

阿凡提的回答模仿自巴依,巴依的话即是本体。可是本例中的本体和仿体一样,具有临时性特点,是随口说的,不是约定俗成的。因此我们认为,本体并非总是既成的、约定俗成了的语言现象,准确地说,它具有先成性,不论何种形式,是先于仿体而存在的。

与本体不同的是,仿体的产生具有一定临时性,很多情况下它是临时仿造而成,具有不确定性,容易"昙花一现"。因为从人的主观思维角度上来看,思维具有临时性,从人的思维心理上进行分析,仿拟常常是说话人灵机一动想出来的表达方法,所以我们认为仿体具有临时性。

二、本体的单一性和仿体的多元性

英汉语中的本体一般为一个,仿体有时为一个,但多为数个,这就是本体的单一性和仿体的多元性,简称为一调多仿,即一个本体对应多个仿体。如以英语名句"To be or not to be, that is a question."作本体而生成的仿拟作品有"To go or not to go, that is a question.";"To say or not to say, that is a question."等。

汉语中仿裴多菲《生命诚可贵》的不下五种,模仿辛弃疾的词《青玉案·元夕》有如下六个版本:

1) 昨夜大风刮大树,独上高楼,站都站不住。衣带太宽不缩水,为伊笑得没法睡,众人劝他千百度,木然回首,那人现在,还是半瓶醋。

2) 昨夜西风吹不住,独上高楼,好悬迷了路。衣袋空空心灵美,为伊喝酒常喝醉,众里寻他千百度,突然发现,那人睡在,街道办事处。

3) 昨夜大风真恐怖,独上高楼,差点走绝路。衣带渐宽像饿鬼,为伊活得真他妈累,众里吹牛千百度,后来发现,那人原来,是个二百五。

4) 昨夜走路撞大树,独自昏倒,躺在白颐路。衣帽全丢真后悔,为伊搞得太狼狈,众人找我千百度,蓦然发现,谁都一样,全是困难户。

5) 昨夜大雪压大树,独自跳楼,还是软着陆。衣带再宽也不悔,为伊啥都无所谓,众里寻死千百度,屡试屡败,恼羞成怒,闹到人事处。

6) 昨夜发现歪脖树,独自一人,心里直犯怵。衣带好用爱谁谁,为伊甘当吊死鬼。众里寻他千百度,蓦然发现,那人吊在,门外那棵树。

辛弃疾的原词是这样的:

东风夜放花千树。更吹落,星如雨。宝马雕车香满路。凤箫声动,玉壶光转,一夜鱼龙舞。蛾儿雪柳黄金缕,笑语盈盈暗香去。众里寻他千百度,蓦然回首,那人却在,灯火阑珊处。

在《古文观止》里,最短的一篇就是唐朝诗人刘禹锡的《陋室铭》,仅有寥寥87个字,但它却言简意赅,寓意幽远。"山不在高,有仙则名。水不在深,有龙则灵。斯是陋室,惟吾德馨。"脍炙人口,发人深省。因《陋室铭》小巧玲珑,隽永可爱,后有很多人仿作。其内容或讽喻,或褒扬,或自娱自遣,或针贬时弊,或题赠于书房、茶楼、酒馆、戏园,风趣的是,还有人为厕所题铭,把本是污秽之地,调侃成"惟吾屁馨","何臭之有",幽默滑稽至极。据不完全统计,模仿该诗而作的打油诗就有数十种之多,更多的"铭"是讽刺官场昏庸腐败、贪污受贿的现象。如清朝的《陋吏铭》传播较远:

官不在高,有场则名。才不在深,有贿则灵。斯惟陋室,惟利是馨。丝银堆案白,色艳如松青。谈笑有官吏,往来皆灶丁。无须调鹤琴,不离经。无书声之聒耳,有酒色之劳形。或借远公庐,或醉竹西亭。孔子曰:"何陋之有?"

历史上的腐败现象,为甚为烈的是吏治的腐败。近些年来,跑官、要官、买官、卖官,又在某些地方成为一种官场大观,人曰"一年不提拔,心里有想法。两年不挪动,就想去活动。"送多少钱,给多大官,以价定"职",以钱授"衔"。无官者求个一官半职,官小者更上"新台阶",闲官、文官求做"热门官",副职者求扶正,官场求者多,则跑者也众,"跑"是"送"的前提,"送"是对"跑"的落实,不跑则烧香找不到庙,不送则可能"跑"而无功,所谓光跑不送,原地不动。是也,一旦跑好了,送对了,官到位,权到手,"跑"者便可伸伸酸腿,歇息一番,思忖如何"谋利一方"。对这些腐败丑恶现象,老百姓多有讽谏,于是便生产出类似于前述的《升官铭》,且"铭"出多篇,以给此类跑官、买官者画像。

诀窍铭

官不在大,能贪则名。学不在深,有权则灵。斯是别墅,惟其温馨。出入高级车,穿梭歌舞厅。吃喝用公款,收礼循私情。眼中孔方兄,赵公明。喜甜音之悦耳,爱吹拍而忘形。上班品香茶,下班筑"长城"。群众曰:"祸国殃民。"

关系学古今中外皆有,但在我国却带有鲜明的"中国特色"。一时关系学市场广阔,大至上项目、跑贷款、通水电、当官,小至幼儿入托、小孩上学等,关系学屡试不爽。关系学风行的主要原因,从经济领域来说,是由于市场经济体系不完善,行政权力代替了市场,垄断代替了竞争;从政治领域来看,则是部分公共权力失控,蜕变为某些人的私物,成为交易对象。因此,"关系学"的基点是权力大于政策、法规,其本质是权钱交易、权色交易。通过《拍马铭》和《关系铭》可窥一斑:

拍马铭

想被重用,溜须就行。欲要荣升,奉承则灵。斯是诀窍,惟吾聪明。巧做吹鼓手,善当马屁精。甜言拉帮伙,尖脑去钻营。可以获美名,讨欢心。无工作之费力,无劳动之辛勤。脚踏青云上,手抓大把金。心里云:"何乐不为?"

关系铭

想被重用,拍马就行。欲己晋升,礼拜要勤。斯是诀窍,惟吾妙用。好话不怕多,献媚在于精。善于拉关系,惯于巧钻营。可以分回扣,讨欢心。无奔波之辛苦,无推敲之伤神。私房细细唠,好酒慢慢斟。人赞曰:"绝顶聪明。"

由于我们的用人机制在很大程度上造成了腐败现象的存在,一些干部不是群众选来的,而是靠"跑"来的、"买"来的,所以,只是对上负责,不管群众评价,有的热衷于形式主义和急功近利,搞留名工程,基层不下,调查不搞,在办公室高谈阔论,发号施令。即使下去了,也只是坐车观花,或者借着下基层,吃喝玩乐,有的只热衷于应酬,不办实事。穿梭于会场,来往于酒场,沉醉于牌场。比的是酒技、玩技、追技、赌技,就是少见他们比工作业绩,为官一任,不求轰轰烈烈,但求潇洒舒服,事干得不怎么样,谁又能怎样?不求升官还不能保官,为保官就要变脸、编瞎话、溜须拍

马。以下这几篇"铭"文,刻画了这类昏官、庸官的嘴脸:

形式铭

文不在用,成山则名;会不在精,成海则灵。此乃形式,惟下虚功,开会即落实,发文功乃成。认真走过场,汇报要精明。可以报有名,视有影。无扎实工作风,无辛苦之劳动。作表面文章,搞短期工程。群众曰:"何用之有?"

会海铭

心不在会,到场则诚。话不在多,开口则行。斯是会海,惟咱乐泳。画画护官符,聊聊股票经。累了桑拿浴,闷了歌舞厅。可以邀三陪,提精神。无公务之纷乱,无案牍之劳辛。游山又玩水,还可喝两盅。大家曰:"何苦之有?"

酒宴铭

宴不在丰,有酒则灵。酒不须好,度高就行。斯是喝家,须比输赢。拳分京、川、广,手挥"五弦琴"。杯来盏往车马战,吆三喝四声如雷。搂着脖子灌,翻眼不认亲。可以称兄弟,装孙子。无太白之遗韵,有酒徒之余威。脸似猪肝色,窝成一滩泥。观者云:"何苦来哉!"

机构臃肿,人浮于事,是行政机关的一项顽疾,其症结多多,主要有:或因人设事,有职无位,虚职滥设;或有位无职,闲职太多,更为重要的是"官本位制"。国家也曾多次精简机构,但是精简—膨胀—再精简—再膨胀,成了精简机构中的怪圈,官多了,财政不堪重负,工作效率低下,推诿扯皮。对此,百姓意见甚多,下面两则《科室铭》就是一些机关单位的写照。

其一

才不在高,应付就行。学不在深,奉承则灵。斯是科室,惟吾聪明。庸俗当有趣,流言作新闻。谈笑无边际,往来有后门。可以打毛线,练气功。无书声之乱耳,无国事之劳神。调资不落后,级别一样升。古人云:"乐在其中。"

其二

功不在高,会侃就行。学不在深,能拍则灵,斯是科室,惟吾闲情。下班跑得快,上班磨蹭蹭。琢磨中晚饭,寻思亲朋情。放心做私事、上街亭。有笑声之乱耳,无工作之苦心。虽非娱乐场,堪比咖啡厅。心里云:"增长工龄。"

不过,我们也应当看到,我们的大部分干部能够做到牢记党的全心全意为人民服务的宗旨,把为民解难、为民造福当做自己的职责。他们与人民群众心连心,时刻牢记手中的权力是人民赋予的,要用来为人民谋利益。因此涌现出一大批备受人民称赞的坚持操守、有理想、讲奉献、德行高洁、廉洁奉公的好党员、好干部,也出现了一些读来催人奋进的"铭"言,来赞颂这种干部的无私奉献精神:

廉政铭

位不在高,有德则行;权不在大,有才则灵。斯是公仆,民放己心。公正行其事,廉洁律其性。勤于下基层,多虑老百姓。真正爱本职、察实情。不忌批评逆耳,不任人而唯亲。兰考焦裕禄,阿里孔繁森,民赞云:"最够水平!"

公仆铭

位不在高,清廉则名。权不在大,无私则实。甘做公仆,为民终生。追求真善美,宗旨律己行。在任有政绩,视察无奢情。心中有百姓,脑清醒。无枕边之乱耳,无小人之奉承。有权不乱用,赢得众民心。世人曰:"国家之幸。"

守礁铭

礁不在大,有人则活;人不在多,有用则行。斯是孤礁,惟系主权。蓝天映碧海,钢枪伴国旗。观日出日没,审潮长潮落。有海情空情,报礁长,无处置之乱耳,无惊慌之劳形。功业耀千秋,甘愿受孤寂。官兵云,南沙精神。

这篇《守礁铭》,道出了南沙卫士的博大情怀,特殊的环境铸就了南沙官兵强烈的爱家意识和爱国精神。

其余还有:《教室铭》、《为官铭》、《开会铭》、《麻将铭》、《男友铭》、《女友铭》、《网络铭》、《网虫铭》、《作业铭》、《买卖铭》、《当官铭》、《卧室铭》、《上网铭》、《明星铭》、《学生铭》、《医室铭》、《裁判铭》、《球员铭》、《教师铭》、《公仆铭》、《别墅铭》、《机关铭》、《烟室铭》、《喝酒铭》、《学术铭》、《放屁铭》、《诊室铭》等,似乎所有事物和现象都可以冠上"××铭"。

通过以上分析我们发现,本体一般是单一的,但是仿体既可以是单一的,也可以是多元的。

三、本体的定型性与仿体的拓展性

一旦一种语言形式被确定为本体,它或是词、短语、句子,或是篇章,具有一定的定型性,其结构固定,字数也固定。而其仿体比较灵活,既可以在结构与字数上与本体保持一致,以求易解,同时也可以不完全对应,在格式上有所拓展,这就是本体的定型性和仿体的拓展性。例如:

(24)……公务员不必像带薪休假那样"先天下之休而休",而完全可以"先天下之锻炼而锻炼"……

本句中既有对本体结构的完全照搬,也有对它的拓展,即在结构和字数上没有完全保持一致。

(25)To attend the meeting or not, that is a question.

此句和例(5)一样,在字数和结构上有所突破。不过我们认为仿体在拓展时应该有一个度,那就是不能脱离本体,要让人能从形式上看出来它是仿拟作品,否则仿拟不成立。

注:

①朱自清的《匆匆》全文如下:

燕子去了,有再来的时候;杨柳枯了,有再青的时候,桃花谢了,有再开的时候。但是,聪明的,你告诉我,我们的日子为什么一去不复返呢?——是有人偷了他们罢:那是谁?又藏在何处呢?是他们自己逃走了罢:现在又到了哪里呢?

我不知道他们给了我多少日子;但我的手确乎是渐渐空虚了。在默默里算着,八千多日子已经从我手中溜去;像针尖上一滴水滴在大海里,我的日子滴在时间的流里,没有声音,也没有影子。我不禁头涔涔而泪潸潸了。

去的尽管去了,来的尽管来着;去来的中间,又怎样地匆匆呢?早上我起来的时候,小屋里射进两三方斜斜的太阳。太阳他有脚啊!轻轻悄悄地挪移了;我也茫茫然跟着旋转。于是——洗手的时候,日子从水盆里过去;吃饭的时候,日子从饭碗里过去;默默时,便从凝然的双眼前过去。我觉察他去的匆匆了,伸出手遮挽时,他又从遮挽着的手边过去,天黑时,我躺在床上,他便伶伶俐俐地从我身上跨过,从我脚边飞去了。等我睁开眼和太阳再见,这算又溜走了一日。我掩着面叹息。但是新来的日子的影儿又开始在叹息里闪过了。

在逃去如飞的日子里,在千门万户的世界里的我能做些什么呢?只有徘徊罢了,只有匆匆罢了;在八千多日的匆匆里,除徘徊外,又剩些什么呢?过去的日子如轻烟,被微风吹散了,如薄雾,被初阳蒸融了;我留着些什么痕迹呢?我何曾留着像游丝样的痕迹呢?我赤裸裸来到这世界,转眼间也将赤裸裸的回去罢?但不能平的,为什么偏要白白走这一遭啊?你聪明的,告诉我,我们的日子为什么一去不复返呢?

②《虞美人》的全文如下:

春花秋月何时了,往事知多少。小楼昨夜又东风,故国不堪回首月明中。

雕栏玉砌应犹在,只是朱颜改。问君能有几多愁,恰似一江春水向东流。

参考文献

[1]　陈汝东. 当代汉语修辞学[M]. 北京：北京大学出版社,2004.

[2]　葛本仪. 汉语词汇学[M]. 济南：山东大学出版社,2003.

[3]　黄伯荣,廖序东. 现代汉语(下)[M]. 北京：高等教育出版社,1997.

[4]　李鑫华. 仿拟映射出的人的主观思维问题说略[J]. 福建外语,2001(3).

[5]　刘静敏. 实用汉语修辞[M]. 合肥：安徽教育出版社,2003.

[6]　罗胜杰. 英汉仿词比较[J]. 湖南工程学院学报,2005(2).

[7]　罗胜杰. 英汉广告中的仿拟研究[J]. 湖南工程学院学报,2007(1).

[8]　王德春. 修辞学词典[M]. 杭州：浙江教育出版社,1989.

[9]　徐国珍. 仿拟研究[M]. 南昌：江西人民出版社,2003.

[10]　杨才元,吴彩亚. 英汉仿拟格的语用比较[J]. 苏州大学学报,2002(3).

[11]　周振甫,冀勤. 钱钟书《谈艺录》读本[M]. 上海：上海教育出版社,1992.

第三章

仿拟的分类

语言单位有语素、词、短语、句子和语篇五级之分,以此为划分依据,仿拟可根据其构成单位的不同分成以下四类。

第一节 仿 词

不管是英语还是汉语,仿拟都可以在除语素外的各个不同语法层次上进行,这里我们首先探讨词汇层面的仿拟,即"仿词"。修辞学上的"仿词"就是"根据表达的需要,更换现成词语中的某个语素或词,临时仿造出新的词语"(黄伯荣,廖序东,1997)。请看下列例句:

(1)第二天早晨,她们的头发上都结了霜。男同志们笑她们说:"嘿,你们演'白毛女'都不用化妆了!"她们也笑男同志,"还说哩!你看,你们不是'白毛男'吗?"(魏巍《年轻人,让你的青春更美丽吧!》)

(2)一个阔人说要读经,嗡的一阵一群狭人也说要读经。岂但"读"而已哉,据说还可以"救国"哩。(鲁迅《这个与那个》)

(3)那几年,我不就改造成家庭妇男了吗?不信,你们问文婷,我什么不干?什么不会?(谌容《人到中年》)

(4)经验使我知道,我在受着武力征伐的时候,是同时要得到文力征伐的。(鲁迅《准风月谈·后记》)

(5)虽然未庄只有钱赵两姓是大屋,此外十之九是浅闺,但闺中究竟是闺中,所以也算得一件神异。……后来这终于从浅闺里传进深闺里去了。(鲁迅《阿Q正传》)

(6)龙二井又有油和水的矛盾,这是它的特殊性。周队长说,要促使矛盾转化,就要捞水,把水捞干。我们想一不做,二不休,搞它个水落油出。(《创业》)

(7)过去,不识字叫做文盲。搞四个现代化,不懂科学技术,就要成为"科盲",就不能担负起历史赋予我们的新时期的新任务。(《神州九亿争飞跃》)

(8)我不知道上了多少石级,一级又一级,是乐趣也是苦趣,好像从我有生命以

27

来就在登山似的,迈前脚,拖后脚,才不过走完慢十八盘。(李健吾《雨中登泰山》)

上文的"白毛男"仿自"白毛女",本体和仿体同现,属共现仿;"狭人"仿自"阔人";"家庭妇男"仿自"家庭妇女";"文力"来自"武力";"浅闺"源自"深闺";"水落油出"的本体是"水落石出";仿"文盲"拟"科盲";"乐趣"类推出"苦趣"。由此可见,仿词乃词汇层面的仿拟。

词汇层面的仿拟信手拈来,的确可以使语言诙谐幽默,所以,关于仿词的研究相对较多。陆国强(1999)认为它是一种造词法,把仿词归为英语构词法的一种——类比构词,并认为它是人类造词的重要语义理据(semantic motivation)。它分为五种:色彩类比、数字类比、地点空间类比、近似类比及反义类比。汪榕培(2000)认为它是英语词汇发展的一种重要手段。李鑫华(2001)分析了仿词的哲学思维特点……如此等等,足见仿词已经成为语言学家感兴趣的研究课题之一。这里,我们另辟蹊径,对英汉语中的仿词进行比较,并分析它们的同与异,接下来以"××门"为例,进行个案分析。

一、英汉仿词比较

仿词在英汉语中都存在,二者有相似和不同处,将英、汉语中的仿词现象放在一起进行专门的对比研究似乎不多见,即使有,也多是概而述之,对相同的地方说得多些,相异的地方很少提及。因此,我们试图从这一角度出发,比较英汉仿词的同与异。

(一)英汉共有仿词

语义学家乌尔曼指出,"类比"(analogy)是语义变化的无数原因之一(Ullmann,1957,转引自李国南,2001)。所谓"仿词",也就是由原有词项类比出新词项。这里介绍几种通过这种手段构成的英汉共有仿词。

1. 近似仿词

这是最为普遍的一种仿词,即利用新事物与原有事物之间的相似点,由此及彼,类推出新事物的名称,本质上属于"隐喻"(metaphor)。例如 gap 一词,这个词最早与 missile 搭配,形成 missile gap,产生于美国 1960 年大选期间,指美国与苏联在导弹发展上的差距。这个词一经产生,引起了连锁反应,production gap(生产上的差距)、development gap(经济发展方面的差距)、credibility gap(信用差距)、generation gap(两代人之间的差距)等一连串新词相继出现。又如 pollution 原与 environmental 组成 environmental pollution(环境污染),现已仿拟出不少新词语,如 visual or eye pollution(视觉污染),noise or sound pollution(噪音污染),cultural pollution(指颓废文化的文化污染)等。汪榕培先生(2000)在《英语新词追踪》一文中说到:"人们在忙碌的工作以后,周末请人 homesitting(代为看家业务——英国用法)或 house-sitting(代为看家业务——美国用法)",这两个词都是由 baby-sitting 仿拟而来。

汉语中这种仿词手段也随处可见。比如,无线电收音机出现时汉语说"收听",到了电视机时代便说"收视"或"收看"。早先说"文盲",近年来又有"科盲",而且其已经进入《现代汉语词典》,最近随着信息时代的到来,又有了"电脑盲"一词;原来有"酒吧",现在涌现出许多诸如"网吧"、"清吧"(指没有嘈杂音乐的安静处所)、"聊天吧"等;现今"网民"、"股民"、"彩民"等由"人民"一词仿拟而来。

2. 反义仿词

反义仿词就是利用原有词项仿造出一个反义词,它的产生基于人类共有的对比联想(association by contrast)能力。英语中这类反义仿拟不少,例如原先只有 hot war(热战),指"真刀真枪的战争",至 20 世纪五六十年代东西方冷战时期,便仿拟出 cold war(冷战)。又如从当时美苏间的 hot line(热线),又推出 cold line(冷线),指"彼此关系冷漠"。建筑方面则从 high-rise(高层建筑),发展到 low-rise(低层建筑);工业方面从 overproduction(生产过剩),到 underproduction(生产不足),等等。

汉语中这种反义仿拟也不少。例如"冷门"一词原指"赌博时很少有人下注的一门",后来由此仿拟出"热门"。"遗少"和"后进"则分别是由"遗老"和"先进"仿拟而成(李国南,2001)。再如:

(9)有些人天天喊大众化,连三句老百姓的话都讲不来,可见他就没有下过决心跟老百姓学,实在他的意思仍是小众化。(毛泽东《反对党八股》)

(10)当年新婚不久,父亲兴致很高,有了自己的家,要郑重其事地过一回年节,便建议母亲做几样北京的传统年菜,头一个就是"芥菜墩儿",第二个是"豆儿酱油";而母亲是一介书生,根本不会做菜,头一回上阵,旗开得败,一塌糊涂,"豆儿酱油"冻不上,"芥菜墩儿"毫无脆意,难吃无比。(《浙江日报》,2000 年 2 月 4 日)

在以上两句(黄伯荣,廖序东,1997)中,"小众化"和"旗开得败"分别由"大众化"和"旗开得胜"仿拟而来,仿体与本体形成反义对比,收到互相映衬、启人联想的作用。

3. 空间仿词

这种类比不少与外层空间技术有关,英语中特别常见。例如美国人登上月球后,立即由 sunrise(日出)推出 earthrise(地出),指从月球上看到的地球升起的景象;同时由 airport(空港/飞机场)推出 moonport(月球火箭发射站),接着又由 landscape(地形/景色)推出 moonscape(月球表面/月球景色);后来开始探索火星,

Study of English and Chinese Parody
英汉仿拟研究
A Study of English and Chinese Parody

继而推出 marscape(火星表面);同时由 terrain(地形)推出 marrain(火星上的地形)。此外,还从 earthquake(地震)推出 starquake(星震),指星球脉冲率突然加快时看到的星球形状的急速变化。汉语中也存在这种仿词,如"航天"与"航空"显然是由"航海"仿拟出来的;"空运"从"海运"、"陆运"类推而来;"空域"则出自于"海域"、"地域"。

4. 色彩仿词

这主要是通过颜色词的更换类比出新词新语。例如英语中原有 white-collar(白领)和 blue-collar(蓝领),随后又类推出 gray-collar(灰领),专指介于脑力与体力之间的服务性行业的职工,最近又有了 open-collar(开领)一词,指坐在家里着便服不用去办公室上班的人;又如从 black list(黑名单)推出了 white list(白名单),指"经认可或批准事项的一览表",而后再次推出 gray list(灰名单),指那些虽无明文禁止,但也非正式批准的事物。汉语中早就有了"红旗"和"白旗"二词,20 世纪50 年代末至 60 年代初的极左时期又创造出"灰旗",专指所谓的进步与"反动"之间的"落后"。高纬度地区的"白夜"是仿"黑夜"而来,股市术语"白马"乃仿"黑马"而来。

5. 数字仿词

由数字类比仿造出来的词项,有的数词不变,只变中心词,有的中心词不变,只变数词。英语从 first lady(第一夫人)类推出 first mother(第一母亲)、first family(第一家庭),分别指国家元首的母亲和家庭;由 first-strike capacity(先发制人的第一次核打击能力)类推出 second-strike capacity(第二次核打击能力),指受敌方先发制人的核打击后的核还击能力。英语和汉语都说 the first world(第一世界)、the second world(第二世界)和 the third world(第三世界),近年来西方又类推出 the fourth world(第四世界)专指那些特别贫困落后的国家和地区。汉语"第一产业"指"农业","第二产业"指"工业",而后又推出"第三产业",专指"为生活、生产服务的各行各业";又如"一线"是"战争的最前线","二线"是"战争中的第二道防线",汉语中又推出"三线",专指"我国国防的后方";人本来只有两只手,现推出"三只手"婉指小偷,这些都是运用数字仿拟的典型例子。

上面我们从五个方面分析了英汉共有仿词,其中以近似仿词最为常见。由此可以看出,仿词是英汉构词与造词的一种重要手段。

(二)英语特有仿词

英语属于表音文字,其文字理据性虽无法与汉语相比,但其形态理据性大大强于汉语,这主要表现为英语中有大量的派生词和复合词,前缀、后缀和词根是英语词语理据性的表现手段(魏志成,2003)。所以,英语中有一种特有的仿词——词缀

仿词。例如:

(11)He had a clean-cravatish formality of manner and kitchen-porkerness of carriage. (Charles Dickens)

译文:他衣着整洁,态度拘谨,站得像厨房里的火钳一样笔直。

句中的 clean-cravatish 仿的是 clean cravat(整洁的领带);kitchen-porkerness 仿的是 kitchen-porker(厨房里的火钳)。这种仿拟并不另造词,只是在原词后加后缀(李鑫华,2001)。加后缀的仿词在汉语中没有,只有英语才有。

(三)汉语特有仿词

与英语不一样的是,汉语被称为"声调语言"(tone language)。在汉语中,每个字或音节除了声母、韵母两个部分外,还有一个绝对固定的声调。这个声调与声母、韵母一样,有着区别词义的重要作用,甚至有的词,其音位、音节完全相同,只因它们声调各异,就成了不同的字,或者说词义就完全不同了(魏志成,2003)。正是由于有了这一特色,汉语的仿词除了有义仿之外,还存在另一种形式的仿拟——音仿,即换用音同或音近的语素仿造新词汇。细分为两种:同音仿词和近音仿词。

1. 同音仿词

在汉语里利用发音、声调完全一致的同音字/词仿拟而成的词叫同音仿词。例如:

(12)十一月,广州还是秋高气爽的季节,北国名城哈尔滨已草木皆冰了。

"草木皆冰"是仿"草木皆兵"而来,"冰"与"兵"在发音、声调上完全一致,这样的仿拟使文章形象、幽默。

在广告中这种同音仿词出现得越来越多,而且多仿自众人皆知的成语或佳句。如形容天冷却着单薄衣裳之美丽女子的词"美丽冻人"是仿"美丽动人"而来;圣诞节来临之际,用"圣"况空前(仿拟自"盛况空前")来形容场面热闹;某网吧招牌"e 网情深"、"我行我速"仿拟自"一往情深"和"我行我素";新闻媒体上常见如下广告:"战'痘'的青春"、"默默无'蚊'"、"'骑'乐无穷"、"随心所'浴'",等等。

2. 近音仿词

在近音仿词中,所仿的词与被仿的词在发音和/或声调上有差异。例如:

(13)戏剧不同于历史剧,也不同于报告文学,它不要求事事、处处真实,正如郭沫若所说:"历史研究是'实事求是',历史剧作是'实事求似'。"(《假人真事与真人假事的艺术溶合》)

"是"与"似"在汉语发音上相近,二者同时出现,可以互相映衬,提高语言的形象性,并提高理解度。

有一则标题:"把黄色垃圾驱逐出睛"(《武汉晚报》,1998 年 4 月 27 日),其中

"驱逐出睛"仿的就是"驱逐出境";还有一则药品广告"要自在,不要痔在"也属近音仿词。

作家也好,商家也罢,对一些成语或佳句进行仿拟,这样做的目的十分明显,就是要通过套用一些观众和读者耳熟能详的语言形式和表达方式,收到某种效果,能够引起读者和观众强烈的共鸣,从而轻而易举地记住它们。但是我们不提倡在广告中滥用音仿这种仿词形式,因为它容易破坏语言的纯洁性。

经过以上分析我们发现,正如汪榕培先生(2000)所说,仿词已经成为构词的一种有效手段,英汉语中很多词汇由此构成。我们也发现,仿词存在于英语和汉语中,英汉语中的仿词有同也有异,但同多于异。

二、仿词——关于"××门"(-gate)的个案研究

近年来,一些被冠以"××门"的新闻在媒体上屡见不鲜。例如,某著名解说员在世界杯意大利和澳大利亚的 1/8 决赛时的激情解说,被媒体称为"解说门"事件。又如,有明星由于穿着不慎,被媒体以《明星"服饰门"事件逐个数,穿着不慎引风波》为题作了报道。类似事件还有"虐囚门"、"铜须门"、"电话门"、"秘书门"等。2007 年 8 月 16 日,我国教育部在其官方网站上发布《中国语言生活状况报告(2006)》,公布了《2006 年汉语新词语选目》(以下简称《选目》),《选目》中列出了171 条汉语新词语,其中涉及"××门"的有四个:电话门、监控门、解说门、骷髅门。无独有偶,2008 年"艳照门"事件在娱乐界闹得沸沸扬扬。除此之外,还有许多尚未进入《选目》的由"××门"构成的词语,如"拉链门"、"安琦门"、"月饼门"、"胶水门"等,一个日益庞大的"××门"词族正在形成。

(一)"××门"之源

从词源上说,作为语缀的"××门"译自英语"-gate",而"-gate"则提取自"水门事件(Watergate Case)"。

1972 年 6 月 18 日,有五个人因潜入位于华盛顿特区的美国民主党总部——水门大厦——而被捕。后来经媒体曝光发现,这是时任共和党主席理查德·尼克松授权部下在民主党总部——水门大厦——内安插窃听装置,试图窃听竞选对手的备战情况,确保自己连任总统。在相关报道中,记者卡尔·伯恩斯坦和鲍伯·伍德沃德创造了一个新的词汇——水门,而这次事件也就被媒体广泛称为"水门事件",用来专指尼克松所属的共和党在大选中的丑行。

"水门事件"之后,每当国家领导人遭遇执政危机或执政丑闻,便通常会被国际新闻界冠之以"××门"(-gate)的名称,并逐渐被使用开来。

（二）"××门"之变

"-gate"从"Watergate"提取并翻译为"××门"开始，到现在已受到广泛使用，在使用过程中，其语义发生了较大演变，总的方向表现为词义的扩大，泛化趋势明显，演变过程表现出一定规律性，具体说来，经历了三个阶段。

1. 专化

"水门事件"家喻户晓，对美国历史与政治产生了深远影响，由于具有极高的认知度和显著度，成为了人们的认知原型。"水门事件"的过程、性质、结果、意义与影响等内涵信息经过加工后，浓缩在语素"××门（gate）"中。"××门"从本义"城门、篱笆门、围墙门、闸门、门环"中分化出来，成为从原型事件中提取的、负载着原型内涵的一个专化标记，简称"原型标记"（周日安，邵敬敏，2007）。其实，"水门事件"中的"门"并没有专指的意思，但因为"水门事件"是美国历史上最不光彩的政治丑闻之一，对美国历史以及整个国际新闻界都产生了深远的影响，所以自从这次著名的政治丑闻之后，"××门"被标上"重大"、"丑闻"、"高层"、"政界"等语义特征，用来专指政治丑闻，自此，从"水门事件"中提取出来的"××门"的本义被剥离，语义受到浓缩，"××门"被用来专指某种特定社会现象，其意义得以专门化，简称"专化"。

2. 类化

一开始，"××门"指重大丑闻事件，大多与政治有关，多表政治丑闻。但后来该词语义有泛化倾向，也用来指个人丑闻，尤其是政界要人的丑闻。就这样"××门"的意义得到扩大，但凡政界的极具爆炸性的丑闻通通被冠之以"××门"。比如当年美国总统克林顿身陷莱温斯基的性丑闻，就被叫做"拉链门"。又如英国王子威尔士亲王与卡米拉（Camilla Parker Bowles）的桃色新闻被曝光后，出现了Camillagate 一词（汪榕培，2000）。

后来，-gate 进入英语构词范畴，《麦克米伦高阶英语词典》将其划为一个后缀，主要出现在新闻中，与名词连用，构成一个新名词，用来指对美国总统或政府有影响的政治丑闻。比如到了1988年布什担任美国总统时，报界揭露出来美国向伊朗出售军火一事，不少政府官员遭受牵连，这称为"伊朗门事件"。涉及克林顿总统的也有"旅行门"、"白水门"等。此外，类似事件还有"韩国门"、"辩论门"、"档案门"、"情报门"等。

以上种种，构成了一个颇为壮观的"××门"词族，汉语中的"××门"成了一个能产性极强的语缀，用来指军、政要人出于政治目的或个人原因而爆发的这一类丑闻，"××门"的使用发生类化。

3. 泛化

当"-gate"译成"××门"进入汉语后，其语义在应用中逐渐泛化，我们在自己的语义系统里使用的"××门",慢慢脱离了其原型内涵,原有语义特征如"重大"、"高层"、"政界"逐渐脱落,但仍然保留了"丑闻"这一基本语义特征(邵敬敏,马喆,2008)。

再后来,"××门"又被运用到更广的范围,已经不仅仅局限在政治上,而是任何新发生的具有轰动效应、能引起广大公众兴趣和关注的事件,都被冠以"××门",成为"丑闻"的代名词,其使用发生"泛化"。例如:

(14)剖析股改"投票门"丑闻的监管责任(搜狐财经,2005年11月7日)

(15)莫吉事件颠覆意大利足坛,电话门事件大事全记录(搜狐体育,2006年6月23日)

(16)黄健翔陷"解说门"事件,言论引发轩然大波(新华网,2006年6月27日)

(17)明星遭遇"服饰门",盘点女明星穿衣丑闻(华商网,2007年11月11日)

(18)东航门的反思(中国名企排行网,2008年6月23日)

有意思的是,我们总结一下有关"××门"的新闻不难发现,但凡被称为此类新闻,一般具有三大特点:一是相关人员大多层次较高,有头有脸,或是政坛要员,或是名人明星;二是所涉事件大多不甚体面和光彩;三是震动大、影响广、"杀伤力"强。"××门"所涉及的人物有的受责于众,有的名誉扫地,有的甚至身陷囹圄。

由此可见,"××门"已经实现实词虚化,或曰"语法化",其含义也由最初的专指,到后来的类指,然后又到现在的泛指,历经专化、类化、泛化三个阶段。该语缀的泛化还将持续,有扩大之势,有可能取代"丑闻"一词而成为"丑闻"的代名词,可以说任何一个名词,只要涉及不光彩的事件,都完全有可能与"××门"一词连用形成新词,最终形成一个具有无限发散性的"××门"的词语系统。汉语中还有不少这样类似的例子,如"××族"、"××奴"等,我们认为,在现代汉语的发展变化中,词语的语法化成了一道亮点。

(三)"××门"之知

"××门"之众众,源于人类的两种认知现象——联想与类比。

1. 联想

联想是一种由当前感知的事物回忆起与之有关的另一事物的心理活动,它是人类最基本、最普遍的一种心理现象(徐国珍,2008)。每当遇到一新现象时,人们可以按照已知现象在头脑中依照此现象展开联想,能在自己的词语仓库中搜寻到所需要的成分进行排列组合,从而构成"仿"此"拟"彼的语言现象。

比如,当我们要用一个词语表达"由于投票不公而出现的丑闻"这一现象时,我们首先会联想到用来表达"由于安装窃听器而出现的丑闻"的"水门"一词,于是循此仿造出"投票门"一词,可见,联想无疑是"××门"词族产生的重要心理理据。

2. 类比

类比指人们根据两个或两类对象在一系列属性上的相同或相似，并且已知道一个对象具有某种属性，从而推知另一对象也具有某种属性。

类比基于人类的客观现实基础，那就是在客观的大千世界里，诸事物之间不是孤立的，而是具有各种普遍的联系。这种普遍联系不仅表明了同类事物具有共性，而且还表明不同类别的事物也具有相似性。借助类比，人类往往能在生活与工作中"举一反三"或"触类旁通"，这一点早在仿生学中就得到了体现。另外，人类的思维往往是通过已知事物推想未知事物，只要已知事物与未知事物具有某种相似性，人类便往往将对这种相似性的深刻认识投射到未知事物上。Harley（2001）认为，人类往往会在客观世界中寻找一致性，从相邻的事物中寻求相似性，这就是认知世界中的相邻效应（neighborhood effects）（王文斌，2005）。这一思维认识可用下列公式表示：

因为 a：a'＝b：X，所以 X ＝ b'。

循此思路，如果那些由于电话被录音而导致的丑闻被称为"电话门"，那么，解说丑闻就被称为"解说门"，虐待囚犯丑闻被称为"虐囚门"，散布艳照丑闻被称为"艳照门"……。

由于人类具有丰富的联想和类比能力，恐怕任何一个物体、一种现象，只要与丑闻联系上，就可以挂上"××门"的称呼。

除此之外，还有一种情况不容忽视，那就是语言发展所遵循的一条原则——"语言经济原则"。马尔丁内（A. Martinet）曾对人类对语言的这项改造做过非常具体形象的描述，他指出："言语活动中存在着从内部促使语言运动发展的力量，这种力量可以归结为人的交际和表达的需要与人在生理上（体力上）和精神上（智力上）的自然惰性之间的基本冲突。交际和表达的需要始终在发展、变化，促使人们采用更多、更新、更复杂、更具有特定作用的语言单位；而人在各方面表现出来的惰性则要求，在言语活动中尽可能减少力量的消耗，使用比较少的、比较省力的、或者具有较大普遍性的语言单位。这两方面的因素互相冲突的结果，使语言处在经常发展的状态之中，并且总能在成功地完成交际功能的前提下，达到相对平衡和稳定，经济原则是支配人们言语活动的规律，它使人们能够在保证语言完成交际功能的前提下，自觉或不自觉地对言语活动中力量的消耗，做出合乎经济的安排。"（徐国珍，2008）

这一论述清楚地阐明了语言经济原则与语言结构演变的特点和原因之间的关系，人们总在力图以经济原则来配置语言、优化语言体系。如果我们有了用来表示丑闻的"××门"的词语，碰到想要表达各种类型的丑闻时，我们必定会依照省力原

35

则,仿照"××门"而创造出新的表达方式来,这样既经济又省力,何乐而不为呢?

(四)"××门"之译

任何语言在发展过程中都会受到其他语言的影响,吸收一定数量的外来词语,以丰富本族语言的词汇系统,增强自身语言的表达能力。改革开放以来,国外大量新事物、新思想涌入人们的生活,掀起了一次吸收外来词的高潮,如"迪斯科"、"卡拉OK"、"欧佩克(OPEC)"、"艾滋病"、"托福"、"伊妹儿"等(葛本仪,2003),"-gate"词族也纷纷进入汉语。但是,在此类词语的翻译问题上有不同意见,一般将其译成"××门",而程丽霞(2003)等主张将其译成"丑闻"。笔者的意见是大可不必的,理由如下:

第一,"××门"比"××丑闻"更易吸引读者的注意。虽然在新闻语言中将"-gate"译为"××丑闻"比"××门"更直观易懂,但我们不能排除新闻语言以求新、求异吸引读者的特性。任何事物都是在变化着的,没有一定的新意,何以吸引读者的眼球?所以,就算标题中的"××门"不为所知,我们不要低估读者的判断力,读完全文后,标题意思一目了然。

第二,直译也是汉语翻译系统的重要部分,不能不加选择地一概否决。在翻译过程中不能受教条主义约束,并非所有外来词都只能采取音译和意译的方式。不管采取什么方式,只要所译为人们所接受,就应得到认可。"电话门"、"监控门"、"解说门"、"骷髅门"已得到官方认可并列入《选目》,其他诸如"艳照门"等也早已众人皆知,这说明我们已经认可了"××门"的翻译。同时,这也给汉语增加了一个新的语缀,一方面丰富了汉语词汇系统,另一方面又体现了汉语具有很大的包容性,这有何不可呢?

第三,有人担心"-gate"译为"××门"后会与政治联想在一起,从而产生误解,对此完全不用担心。因为"-gate"在使用中意义已经泛化,既指政治丑闻,也指生活丑闻;既指政界,也指其他领域。在译成"××门"之后,其含义也随之发生变化。比如"艳照门",人们首先想到的是一起丑闻,而不会与政治联系在一起。就算是人们追查其起源也没有什么不好,语言不是静止不变的,它是动态的,时代在变,反映时代感的语言文字又怎能不嬗变呢?

所以,将"-gate"译成为"××门"是符合时代潮流的,是与时俱进的,因而是可取的。

(五)"××门"之蕴

语言就像一面色彩斑斓的镜子,折射出社会经济、文化、心理等方面的特征。社会文化心理是潜藏在人们意识深层的价值和在长期历史中积淀的牢固的民族文化心理观念。大量新词语的出现说明语言承载着丰厚的文化内涵,人们又用相应的文化心理接纳这些新词(李珂,彭泽润,2005)。"××门"族新词已不仅仅是一种语言现象,它已深入到社会文化的方方面面,形成了一股蔚为壮观的"××门"文化潮流,折射出当今人们的几种社会文化心态。

1．趋时求新的心态

词汇记录着人类社会的变化、思想观念的更新。面对层出不穷的新事物、新现象,新词语要及时记录它们,以适应社会交际的需要。在纷繁复杂的现代社会里,呈现出了各种各样的社会腐败现象,一旦公之于众会受到抨击,我们为了能较为准确地表示它们,往往会寻求一个新的词汇来表达。"××门"便是一个可以用来借鉴的词汇,我们往往会不自觉地用它来描述这一现象,从而体现了人们追求时尚的一种文化心态。

2．强势同化的心态

强势语言的普及是语言发展的基本规律之一,表现为经济强势同化、政治强势同化、文化强势同化和教育强势同化等形式。一些地区或国家的经济发展很快,人们生活质量不断提高,在文化上面就体现出一种强势。比如,在日常生活中,人们分手时一般不再使用汉语中的"再见"二字,而是通常使用英语的 Bye bye,这说明英语是一种强势语言,已经深入人们的日常生活,在口语体中替代了汉语的"再见",体现了一种文化上的强势。"××门"也是如此,只要是具有"丑闻"含义的现象,我们不再说"××丑闻",便通通冠以"××门"。

以上从静态与动态两个角度,通过"××门"的起源、演变、认知、翻译及其蕴涵的文化心态,对"××门"进行了剖析和探讨,希望能引起更多对"××门"的研究。这也是在与国际接轨的大背景下,英汉两种语言之间相互影响、相互渗透的必然。

第二节　仿　　语

"仿语"(parodic phrase),就是在短语层面上仿拟固有短语而创造出"新"的词语。固有短语可以是短语、谚语,也可以是成语中的某一关键词。仿拟是对关键词进行更换,以表达新的内容。仿语可以分为谐音仿语和语义仿语两种类型。

先说谐音仿语。例如:

(1)老教授……喃喃地低声说:"你们别弄错了,我是热爱社会主义的知识分子……"

"你是'吃屎'分子!"

"知识越多越反动!"(从维熙《杜鹃声声》)

上例的"'吃屎'分子"式利用"知识"与"吃屎"声音相似的关系,比照"知识分子"而创造出来的新词,揭露了那个黑白颠倒的年代人性的扭曲与道德的沦丧。

再说语义仿拟。例如:

(2)万一女儿发痴,爱上一个耸肩摊手口香糖嚼个不停的小怪人,该怎么办呢?在理性上,我愿意"有婿无类",做一个大大方方的世界公民。但是在感情上,还没有大方到让一个臂毛如猿的小伙子把我的女儿抱过门槛。(余光中《我的四个假想敌》)

(3)此魇魔法究竟不知谁作? 实是俗话说的"清官难断家务事",此时正是公婆难断床帏事了。因此无法,只得赌气骂薛蟠。(《红楼梦》第八十四回)

例(2)的"有婿无类"是依靠类义关系,仿照"有教无类"创造出来的,表达了作者的幽默风趣。例(3)的仿语与被仿的俗语相互映衬,更增添了表达的情趣,读来清新喜人。再如:

(4)我近年来对于年关颇有些神经过钝了,全不觉得怎样。其实,倘若觉得吧,可以不胜其觉得。(鲁迅《杂论管闲事·做和尚·灰色等》)

(5)假如战争不发生,交涉使公署不撤退;他的官还可以做下去——不,做上去。(钱钟书《围城》)

例(4)中仿"神经过敏"临时创造出一个具有反义关系的词语"神经过钝",初看起来,似乎有悖于人们正常的联想模式,但仔细玩味,却觉嘲讽、无奈之情顿生。例(5)的"做上去"与上文的"做下去"是反义关系,在仿造的过程中,语义发生转移,尽情地表达了作者对赵辛楣之流自我吹嘘的虚伪本性的嘲讽与蔑视。

英汉语中仿成语现象俯拾皆是,不胜枚举。如我们所熟知的佳洁士牙膏广告"Do your teeth a favor."就完全对应了英语中现成短语"Do somebody a favor."(帮某人一个忙)

日本航空公司 All Nippon Airways 广告"Love at first flight."仿常用短语"love at first sight"(一见钟情)。萧伯纳的杰作"All roads lead to socialism."是根据谚语"All roads lead to Rome."(条条大路通罗马)仿造而来。汉语中"一箭数雕"原为"一箭双雕","横向联吃"仿"横向联系","股迷心窍"仿"鬼迷心窍","身经百告"仿"身经百战","'衣'见钟情"仿"一见钟情"。又如:

(6)赌海无边,回头是岸。(中央电视台,1990年12月12日广告)

(7)凡以无股一声轻的心态清仓过节的悉数踏空,欲哭无泪;而为节前热烈气氛所感染,以主动买套心理入市的均获利不浅,眉开眼笑。(《金华晚报》,1996年3月9日)

上述两例的本体分别是短语"苦海无边,回头是岸"、"无官一身轻",自然,它们的构成单位也是短语。

(8)Lady Hermits — Down But Not Out.（潦而不倒的女隐士们）它仿拟的是习语 down and out(贫困潦倒)。

(9)金城所至，金石为开。

这是金城牌摩托车所做的一则广告。广告词对成语"精诚所至，金石为开"进行仿拟，巧妙地将"精诚"二字换成摩托车品牌"金城"，生动地表达了金城摩托车竭诚为大众服务的承诺。

第三节 仿 句

所谓"仿句"，是指在特定语境下有意模仿特定既存的句子结构形式而临时创造出一个新句子以与原来的句子对应对照的情形。例如：

(1)……有一次过年时，我向妈妈以下的各位，讲述李济说我气死老头子的话，大家听了哈哈大笑。我开玩笑说："我若真有气死老头子的本领，那我该把别人的老头子气死几个，我是绝不遵守传统'气吾老，以及人之老'的！"

这是李敖在其所著《李敖回忆录》中的一段文字。其中李敖所说的"气吾老，以及人之老"，是根据《孟子·梁惠王上》孟子所说的名言"老吾老，以及人之老，幼吾幼，以及人之幼，天下可运于掌。"中的"老吾老，以及人之老"临时改写而成。孟子原句的意思是："尊敬关爱我的老人，同时将这爱老尊老之心推及别人家的老人。爱护自己的孩子，也将这种关爱孩子之心推及到爱护他人的孩子上。那么，天下就可以玩于掌上了。"这是孟子所构想的理想社会中的人之高尚精神境界，而李敖这里的改写是反其意的调侃。

(2)所以被压制时，信奉着"个人自扫门前雪，莫管他人瓦上霜"的格言的人物，一旦得势，足以凌人的时候，他的行为就截然不同，变为"各人不扫前雪，却管他人瓦上霜"了。(鲁迅《南腔北调集·谚语》)

鲁迅先生在这里讽刺那些一朝得势进入统治者阵营就到处横行霸道、胡作非为、越权干预他人之事的人，讽刺得贴切而又有力。

(3)对于男歌手，大众的要求一般是："帅"我所欲也，"酷"亦我所欲也，两美相权，取其沧桑者也。(《都市快报》，2001 年 2 月 4 日)

例(3)句仿的是当年孟老夫子说的"鱼，我所欲也；熊掌，亦我所欲也；二者不可兼得，舍鱼而取熊掌也。"

仿句在广告中常见，我们不妨看看下列几句：

(4)Better late than the late.（迟到总比最后到好。）

这是一句向司机宣传谨慎驾驶、安全行车的广告口号，它来自于英语成语

Study of English and Chinese Parody
英汉仿拟研究
A Study of English and Chinese Parody

"Better late than never",意思是"晚来总比不来好"。此广告不仅引用了成语的结构,而且还巧妙地利用了 late 一词的双重意义,因为 late 除了含有"晚的,迟到的"的意义外,在这里,the late 指 the dead 之意。

（5）Music speaks louder than words.

此句显然脱胎于谚语 Facts speak louder than words. 后者一般译为"事实胜于雄辩",于是有人将前者译成"音乐胜于雄辩"。这样恐怕不确切,音乐不是为和某人辩论,现实中不可能大家都成刘三姐,通过唱歌去斗地主老财。人们说,音乐是一种语言,而且是国际通用、无需翻译的。那么,全句不妨译成"音乐（歌声）比言辞更能传情"。

（6）Thirst come, thirst served.

这是模仿英语中的熟语,"First come, first served"（先到者,先招待）而创作出来的,这句广告语音和谐,生动巧妙,让人过目不忘,回味无穷。

如"碧丽"牌花露水的广告词:

（7）To choose it or not? This is the time to decide.（买还是不买？现在是做决定的时候了。）

这则广告词也仿造名言"To be or not to be, that is a question."。在翻译这则广告时,我们借一个消费者的口吻来表达他们面临"碧丽"牌花露水的强大诱惑时所产生的抉择性心理——经过一番比较和内心斗争之后,他们毅然选择了"碧丽"牌。

又如,在 2009 年春节联欢晚会上,小沈阳的一句台词"走别人的路,让别人无路可走。"仿自本体"走自己的路,让别人去说吧"。后来,小沈阳为某品牌汽车做广告,其广告词"走自己的路,让别人跟着你走。"也仿自该句。

这种以家喻户晓的名言名句为基础仿拟出的广告语句特别引人注目,能不胫而走,迅速产生巨大的影响力；而且借用名言等警策句,能发人深省,从而注意宣传中的商品,这样的广告对于商家打开市场,推销自己商品将发挥很大作用。

除了广告外,英语仿句还多见于文章标题（徐鹏等,2007）。例如:

（8）Helping the Homeless to Help Themselves (John Carlin)

（9）They came, they saw, they brought out.

例（8）是一篇文章的标题。文章讲的是美国首都华盛顿高级餐馆的剩余食物正成为该市穷人的生命线,而现在这些穷困潦倒的人正在学习自强自立。标题是根据英语谚语 God helps those who help themselves（天助自助者）仿造的。例（9）是《时代周刊》一篇报道的标题,句式套用了恺撒（Julius Caesar,公元前 100—44 年）的一句名言:I came, I saw, I conquered。相传古罗马统帅恺撒在公元前 47

年率领部下,在小亚细亚的吉拉城,一举击溃帕尔纳凯斯,全部战役只用了五天时间。恺撒写信给在罗马的一个友人报捷时,只用了三个音节简炼、音响铿锵的拉丁词 Veni,Vidi,Vici(I came,I saw,I conquered),以夸耀自己用兵如神、无坚不摧,捣毁敌巢如探囊取物。

分析上述仿句,我们可以发现,仿句中的本体和仿体不同现,一般本体隐藏起来。不过,本体应为人们所熟悉的语句,应该具有高度的联想性,使人一看到句子就能回想起其原文即本体,这样仿拟方能成功,否则不能称之为仿拟。

第四节 仿 调

有的仿拟所涉及的不仅仅是句中的某个或几个词语,也可能是整个句子、整篇文章,甚至是文章体裁、语气等。将整个章节或整篇诗文进行仿拟来表现新的内容,或对人们熟知的文章体裁、语气等适当地"改头换面",这样形成的仿拟叫仿篇,又称仿调。如前面所提及的陆游的诗《题壁庵》乃模仿白居易《解苏州自喜》中的诗句而成。又如人们模仿朱自清的著名文章《春》[①],创造了一篇情人节搞笑版的文章:

盼望着,盼望着,东风来了,情人节的脚步近了。

一切都像刚睡醒的样子,欣欣然张开了眼。女孩的脸润起来了,男孩的心动起来了,太阳的脸红起来了。

情人偷偷地从家里钻出来,甜甜的,蜜蜜的。商场里,餐厅里,瞧去一大片一大片满是的。坐着,躺着,打两个滚,打几个俏,说几个笑,接几回吻。情轻悄悄的,意软绵绵的。

玫瑰、郁金香、康乃馨,你不让我,我不让你,都开满了花赶趟儿。红的像火,粉的像霞,白的像雪。花里带着甜味儿;闭了眼,心上仿佛已经满是甜蜜、幸福、缠绵。

花下成千成百的情人嘻嘻地闹着,大小的爱心飞来飞去。情人遍地是:牵手儿,搂抱的,撒娇的,散在广场里像眼睛,像星星,还眨呀眨的。

"情浓化不开",不错的,像巧克力的香味吸引着你。爱里带来些新翻的浪漫的气息,混着香水味儿,还有各种花的香,都在微微润湿的空气里酝酿。孤独的人将目标安在繁花嫩叶当中,高兴起来了,呼朋引伴地卖弄清脆的喉咙,唱出宛转的曲子,跟轻风流水应和着。商场上寻人的广播,这时候也成天嘹亮地响着。

逛街是最寻常的,一下就是三两小时。可别恼。看,像牛毛,像花针,像细丝,密密地斜织着,男人头上全笼着一层薄烟。女孩子却笑得发靓。钱包儿也青得逼你的眼。

傍晚时候，上灯了，一点点黄晕的光，烘托出一片安静而温馨的夜。在树下，小路上，小摊边，有拿着花慢慢走着的人；电影院里还有亲热的恋人，抱着亲亲密密。他们的动作，小心翼翼的，在投影下静默着。

晚上月渐渐浓了，公园里情侣也多了。城里乡下，家家户户，老老小小，也都赶趟儿似的，一个个都出来了。舒活舒活筋骨，抖擞抖擞精神，一起去做一份事儿去。

"一年之计在于春"，刚起头儿，有的是工夫，有的是希望。春天像刚落地的娃娃，从头到脚都是新的，它生长着。

情人节像小姑娘，花枝招展的，笑着，走着。

又如昆明华亭寺一石碑文：

药有十味：好肚肠一根，慈悲心一斤，温柔半两，道理三分，信行要紧，中直一块，孝顺十分，老实一个，阴阳全用，方便不拘多少。用药方法：宽心锅内炒，不要焦，不要燥，去火理三分。用药时切忌：言清行浊，利己损人，肠中毒，笑里刀，两头蛇，平地起风波。

这段碑文的目的是为劝恶扬善，教人达观处世，行文却不正面说教，而是巧借药方体式，读来令人耳目一新。

我们还发现，流行歌曲容易成为人们更改的对象，模仿流行歌曲而拟就的作品比比皆是。如北京奥运会上两首最受欢迎的奥运歌曲《我和你》和《北京欢迎你》，播出不久就被改编歌词在群众中传唱开来。

奥运开幕式上，刘欢和莎拉·布莱曼深情演唱的北京奥运会主题歌《我和你》[2]，感动了全场观众和所有看电视直播的人们。奥运会闭幕式上，中国球星姚明和澳大利亚金发美女劳伦·杰克逊的邂逅熊抱，使国人惊喜不已。于是很快便有高手整出了一曲姚明和劳伦版的《我和你》：

"我和莉，心连心，已经领了证。别幻想，别多情，我对她很忠诚。走吧，劳伦，撒开你的手。我和你，不可能，你快去找别人。姚挨着 ME，拥完我，为俺不离分。狂风吹，啊，搞散他们，每天伊抱紧。好多人跟着，拍得好过瘾……"

此歌一时唱红网络市井，唱者故作多情，听者一笑了之。有趣！

至于风行大街小巷的《北京欢迎你》则被改编为《国足欢迎你》献给了倒霉的国家足球队。

"我家球门常打开，要进几个随你。交锋过后就有了底，你会爱上这里。不管远近都是客人，请不用客气。进的少了别在意，下次补给你。……我家球门常打开，开怀容纳天地。一个两个不算稀奇，再多也输得起。天大地大都是朋友，请不用客气。场上梦游是惯例，场下才牛 B。国足欢迎你，用红牌感动你。你们捞足积分，我们来出局。国足欢迎你，遇上了你就随便赢，有我们就会有奇迹。"

唱者恶搞解气，听者乐中有气。无奈！

如今，一些大家喜爱的流行歌曲经过无名作者些许改编后，在网络和民间传唱，已成时尚之风。那么，为什么老百姓尤其是青年人喜爱改写流行歌曲呢？我想，大概有以下这些原因吧。

其一，创作相对比较容易，歌词充满情趣。

实际上，一些流行歌曲的歌词被改编后传唱，古已有之。改编歌词的创作可以算作仿作，或仿拟，或仿古，也有称为戏作的。据罗维扬先生编著的《非常语文》一书介绍，仿拟的历史源远流长，古人的诗文中，就有一部分是仿拟前人的。这种仿拟之作，有文体的仿拟，也有语句的仿拟。诗词的唱和，也是仿拟，所谓"步其韵而和之"。文学史上，一种新的文学样式出现，必然有人竞相模仿而制作新篇，这便是文体的仿拟。至于语句的仿拟，那更是数不胜数，比比皆是。"《客难》出，而《解嘲》、《宾戏》、《应间》、《达旨》、《释海》、《释劝》、《抵疑》继起矣；《七发》出，而《七激》、《七辨》、《七依》、《七启》、《七命》、《七召》、《七励》继起矣。……古人何尝不重模拟乎？"今人仿拟之作更甚。鲁迅《我的失恋——拟古的新打油诗》仿拟了东汉张衡的《四愁诗》；郭沫若的《归国杂咏》仿拟了鲁迅《为了忘却的纪念》里的悼亡诗。仿拟唐代诗人刘禹锡《陋室铭》的不计其数，仿拟明代文人金圣叹《不亦快哉》的有林语堂、梁实秋等文学大家。至于仿拟京剧唱词、流行歌曲歌词的创作，民国以后也不少见。曾几何时，改编传唱当时流行的儿歌、民歌和革命歌曲也是青少年的一大快事。就是知青时代，在偏远的农场，知青们甚至还敢改编样板戏唱词、台词来调侃作乐。

其二，便于表达民生诉求，朗朗上口，韵味悠长。

因为流行歌曲为广大群众尤其是青年人喜爱，本来就有很好的传唱基础，经过一个或几个甚至更多的无名诗人重新填词改写，能够更好地表达老百姓对政治、经济、社会上一些现象的意见和诉求。或歌颂、或赞美、或褒扬、或揭露、或批评、或讽刺、或调侃。例如，下面这首改编自歌曲《美丽的神话》：

"每一刻，孤独地承受，只因你曾许下承诺；我为你的承诺感动，爱就要苏醒。2009 希望房子不再是神话，房价涨涨跌跌不会伤害我，几番苦痛的纠缠，多少黑夜挣扎，经济适用、廉租房，我和你再也不离分！谁都没有遗忘古老的誓言，安得广厦千万间，你是我心中唯一，美丽的神话！"

歌词将老百姓盼望房价趋于平稳，中低收入家庭能够有安居之所的心态表现得淋漓尽致。人们期待着：2009 年，住上一套自己的房子不再是"神话"！

三鹿奶粉添加三聚氰胺的事件等一系列涉及生命的重大食品安全事件震惊全国。不久就有一首改编自歌曲《求佛》的歌词，充分反映了老百姓对 2009 年食品药品安全问题的渴望："当检测洒在你的脸上,你为什么就会变了模样。那一种强身健体的奶,喝了它有神奇的力量。为了钱,你就变成狼人模样;为了钱,染上了疯狂;为了钱,加了无数添加剂;为了钱,换了心肠。人们还能不能、能不能更放心?我在佛前苦苦求了几千次,不要让人们在踏上这条奈何桥之前,才明白不幸是因为添加了你!"

2008年,股市大起大落牵动着亿万股民的心。很快就有人改编流行歌曲《死了都要爱》为《死了都要买》、《死了都不卖》等并迅速在股民中传唱开来,从一个侧面反映了股民复杂的心态和对股市好转的期待。

"把每天当成是末日来炒股,一分一秒都悔到泪水掉下来。不理会大盘是看好或看坏,只要你勇敢跟我买。……死了都要买,不追涨杀跌不痛快,调整多深只有反弹才足够明白。死了都要买,不输光不痛快,股票割肉梦还在,砸锅卖铁还要买。……"

周杰伦的歌曲为歌迷喜爱,于是根据他的流行歌改写的歌曲也不少。如根据他的名曲《菊花台》改写的《押了房,去贷款》:"押了房,去贷款,我的股票已泛黄。股跌人断肠,我心事怎静躺。断肠人,不怕伤,我的股票还不涨。徒留我孤单在大厅张望。"还有一首改编自周杰伦谱曲的《千里之外》的歌词,表达了老百姓对未来一年出行更为便捷的渴望:"我送你离开,千里之外,你能有车票。人潮汹涌,或许还能,弄到个座位。我送你离开,天涯之外,你不用挤车,汽笛传来,平平安安,不用太等待。"

在当前的金融危机面前,改编自《那一夜》的歌词,充分表达了人们战胜危机的信心,值得推广传唱。

"这不是偶然,也不是初愿,这是危机对重逢的安排;不相信眼泪,要相信改变,可是坚信彼此热情无间。你应该尽快,尽快回到我的怀抱;你应该努力,努力走进我的生活。你想呀想,盼呀盼,盼望回到我们的初恋。你望呀望,看呀看,我们再次重逢的笑脸!危机中,我迎接你;风暴中,我补偿了你;你重归我怀抱,我们共同抵御风险!你如此迷人,我举起酒杯,我心儿已醉。"

仿拟改写的流行歌曲歌词,为老百姓的文化生活增添了一点情趣,希望多一些"民生流行歌曲"在人群中唱响,让它们承载着民生诉求,表达着民生畅想。

通过上述分析我们发现,人类的语言是丰富多彩的,作为一种表现手段,仿拟现象显然也是多种多样、并不断发展变化的。这种变化不仅为我们展开了一个极其广阔的研究空间,同时也向我们展示了仿拟研究的无穷魅力。

除了上述四种类型外,仿拟还有如下三种特殊类型:

1. 多层仿

多层仿是指在一个句子中同时出现两个或多个仿拟现象。例如：

(1)妹妹你慢慢地往"钱"走。

该句是仿歌词"妹妹你大胆地往前走"。"慢慢"是"大胆"的仿用，属反义仿，"钱"仿"前"音，属谐音仿。这种意义和读音的多层仿用，使表达情趣倍增。

2. 辐射仿

辐射仿即以同一个本体为中心，同时向周围辐射出多个仿体的一种仿拟形式。例如：

(2)正如"水感"特好的人有可能成为世界级游泳运动员一样，让有"球感"的人去打球、踢球，有"生意感"的人去担任厂长、经理，有"新闻感"的人去当记者，"群众感"特强的人当干部，这于本人于国家于事业都大有好处。(《文汇报》，1991年4月2日)

这一段文字中的"水感"、"球感"、"生意感"、"新闻感"和"群众感"等是仿"手感"一词而创造出来的，读后颇能让人领略到一种"好戏连台"似的独特的幽默情趣。

3. 双关仿

双关仿是两种修辞格的重叠，既是仿拟，又有双关，双关是在仿拟基础上进行的，通过句子的仿拟，收到一语双关的效果。例如：

(3)如果对柯云路这样的为"胡"作伥祸害人民的可耻行径无动于衷，不置一辞，相安无事，从道义上讲不是"同流合污"是什么？(《杂文报》)

这是对作家柯云路鼓吹伪科学、为胡万林借行医为名行骗钱之实作帮凶一事的评论。其中的"为'胡'作伥"是仿语，在"胡"和"虎"读音相近的奇妙组合中，又隐含了"胡万林类吃人的虎"的影射，其双关之妙令人叫绝。

(4)费新我老先生一次对客挥毫，写孟浩然《过故人庄》，当写到"开轩面场圃，把酒话桑麻"一句时，不留神漏掉了一个"话"字，旁观者窃窃私语，皆有惋惜之情。费老这天喝了点酒，而酒后容易失话(言)，于是费老拍拍脑袋连声说："酒后失话！酒后失话！"并在词尾用小字补写了这四个字，以示阙如。(《演讲与口才》)

"酒后失话"一说，是对"酒后失言"的仿拟之笔，然其妙处在于："酒后失话"这一仿词，既含酒后容易"失手"之意，又指"酒后写字，漏失了一个'话'字"一事。一语双关，音意相谐，含蓄巧妙，真可谓神来之笔。

注：

① 朱自清的《春》全文如下：

盼望着，盼望着，东风来了，春天的脚步近了。

一切都像刚睡醒的样子，欣欣然张开了眼。山朗润起来了，水长起来了，太阳的脸红起来了。

小草偷偷地从土里钻出来，嫩嫩的，绿绿的。园子里，田野里，瞧去，一大片一大片满是的。坐着，躺着，打两个滚，踢几脚球，赛几趟跑，捉几回迷藏。风轻悄悄的，草绵软软的。

桃树、杏树、梨树，你不让我，我不让你，都开满了花赶趟儿。红的像火，粉的像霞，白的像雪。花里带着甜味，闭了眼，树上仿佛已经满是桃儿、杏儿、梨儿！花下成千成百的蜜蜂嗡嗡地闹着，大小的蝴蝶飞来飞去。野花遍地是：杂样儿，有名字的，没名字的，散在草丛里，像眼睛，像星星，还眨呀眨的。

"吹面不寒杨柳风"，不错的，像母亲的手抚摸着你。风里带来些新翻的泥土的气息，混着青草味，还有各种花的香，都在微微润湿的空气里酝酿。鸟儿将窠巢安在繁花嫩叶当中，高兴起来了，呼朋引伴地卖弄清脆的喉咙，唱出婉转的曲子，与轻风流水应和着。牛背上牧童的短笛，这时候也成天在嘹亮地响。

雨是最寻常的，一下就是三两天。可别恼，看，像牛毛，像花针，像细丝，密密地斜织着，人家屋顶上全笼着一层薄烟。树叶子却绿得发亮，小草也青得逼你的眼。傍晚时候，上灯了，一点点黄晕的光，烘托出一片安静而和平的夜。乡下去，小路上，石桥边，撑起伞慢慢走着的人；还有地里工作的农夫，披着蓑，戴着笠的。他们的草屋，稀稀疏疏的在雨里静默着。

天上风筝渐渐多了，地上孩子也多了。城里乡下，家家户户，老老小小，他们也赶趟儿似的，一个个都出来了。舒活舒活筋骨，抖擞抖擞精神，各做各的一份事去。"一年之计在于春"；刚起头儿，有的是工夫，有的是希望。

春天像刚落地的娃娃，从头到脚都是新的，它生长着。

春天像小姑娘，花枝招展的，笑着，走着。

春天像健壮的青年，有铁一般的胳膊和腰脚，他领着人们上前去。

② 北京奥运会主题歌《我和你》的歌词全文如下：

我和你，心连心，同住地球村，为梦想，千里行，相会在北京。来吧！朋友，伸出你的手，我和你，心连心，永远一家人。

You and Me.

From one world.

We are family.

Travel dream.

A thousand miles Meeting in Beijing.

Come together.

Put you hand in hand.

You and Me.

From one world.

We are family.

参考文献

[1] 程丽霞."情报门"还是"情报丑闻"？[J].科技术语研究,2003(4).

[2] 葛本仪.汉语词汇学[M].济南:山东大学出版社,2003.

[3] 黄伯荣,廖序东.现代汉语(下)[M].北京:高等教育出版社,1997.

[4] 李国南.辞格与词汇[M].上海:上海外语教育出版社,2001.

[5] 李珂,彭泽润.湖南时尚方言词语及其文化心理透视[J].湖南社会科学,2005(2).

[6] 李鑫华.英语修辞格详论[M].上海:上海外语教育出版社,2001.

[7] 李鑫华.试论仿拟的哲学思维特点[J].四川外语学院学报,2001(6).

[8] 刘泽权.广告英译中的仿拟[J].现代外语,1995(2).

[9] 陆国强.现代英语词汇学[M].上海:上海外语教育出版社,1999.

[10] 邵敬敏,马喆.网络时代汉语嬗变的动态观[J].语言文字应用,2008(3).

[11] 徐鹏等.修辞和语用——汉英修辞手段语用对比研究[M].上海:上海外语教育出版社,2007.

[12] 魏志成.英汉语比较导论[M].上海:上海外语教育出版社,2003.

[13] 王德春.修辞学词典[M].杭州:浙江教育出版社,1987.

[14] 王文斌.英语词法概论[M].上海:上海外语教育出版社,2005.

[15] 汪榕培.英语词汇学教程[M].上海:上海外语教育出版社,2000.

[16] 汪榕培.英语词汇探胜[M].上海:上海外语教育出版社,2000.

[17] 汪榕培.英语新词追踪[J].外语与外语教学,2000(8).

[18] 徐国珍.仿拟造词法的外部理据[J].修辞学习,2008(1).

[19] 周日安,邵敬敏.美英式原型标记"一门"的类化和泛化[J].外国语,2007(4).

第四章
仿拟的功能

与其他修辞手段相似,仿拟的修辞功能是不言而喻的,运用得好,可以提高言语表达效果。与此同时,仿拟还可以用来构成新词,这就是仿拟的又一大功能——构词功能。本章将着重讨论仿拟的这两种功能。

第一节 修辞功能

修辞是人们根据特定的言语目的和言语环境,有效地运用修辞手段进行双向交流,以追求最佳交际效果的一种言语交际活动。王德春、陈晨(2001)认为,按照现代修辞学理论,修辞学可以分为语言修辞学和言语修辞学两类。前者以语言体系的修辞手段为研究对象,研究语言体系中有修辞分化的语言单位,收集、归纳各种语言表达手段,并使之体系化。而后者以言语规律、言语中的修辞现象为研究对象,它研究语言材料在具体的言语环境中的修辞效果。

语言修辞学分为修辞手段学和修辞方法学两大分科,具体包括"语音修辞学"、"词汇修辞学"、"语法修辞学"、"辞格学"、"语言语体学"等。其中语法修辞学研究作为修辞要素的语法手段、同义语法手段的修辞分化以及语法要素的修辞作用,即研究语法的表达功能。对比、排比、设问、反问、回环等辞格就是利用语法手段形成的,析词、仿词等辞格则利用构词法手段形成,可以用来表现不同的修辞色彩。

关于仿拟辞格的修辞效果,徐国珍(2000)做过一定归纳,大致将其归纳为以下四个方面:

1. 幽默讽刺

仿拟是一种借助某种违背正常逻辑的想象和联想对语言单位进行超常规运用的修辞手段,这种手法能有效地突破人们的惯性思维方式,造成一种令人恍然大悟的幽默风趣的修辞效果。这种幽默风趣用于不同的对象,带上不同的感情色彩,又可以表现为强烈的讽刺嘲弄或揶揄自嘲。

2. 新颖别致

仿拟使一个人们原来十分熟悉的言语形式突然一变而成了一个新面孔,给人一种看似陌生却又面熟、说是面熟却又陌生的感觉,从而让人耳目一新,表现出一种新巧别致的陌生化效果。如"狗仗人势"是人们司空见惯的词语,而当它摇身一变为"人仗狗势"时,人们自然就会觉得其新颖别致了。

3. 对比强调

仿拟是一门"仿"此而"拟"彼的艺术,而在这一仿一拟之际,其所仿与所拟自然也就构成强烈、鲜明的映衬和对比了。

4. 简洁凝炼

有些仿拟,是仿照现成的词句对某些事物、现象、观念等的概括,这一类仿拟往往具有简洁凝炼的修辞效果。如"网吧"是"酒吧"的仿词,指的是近几年出现的新事物——"营业性计算机房"。这类仿词往往都以最经济的文字表现了极其丰富的内涵。达到了高度简洁、凝炼贴切的修辞效果。

另外,有的学者经过深入的研究和分析,还提出了一些独到的见解。如薛玲(1998)在《仿词的构成及其对原词的影响》一文中谈到:仿词还有另一个重要的特点,就是它一旦构成,就会反过来对原词产生影响,仿词的结构和意义会以或强或弱的程度,把自身的特点投射给原词,使原词发生变化。……在一定的条件下,仿词对原词的影响,是构成修辞效果的主要因素。如《红楼梦》中鸳鸯的哭诉:

"我是横了心的,当着众人在这里,我这一辈子,别说是宝玉,就是'宝金'、'宝银'、'宝天王'、'宝皇帝',横竖不嫁人就完了!"

薛玲指出:"这里的'宝金'、'宝银'、'宝天王'、'宝皇帝'不是临时新造出来指称真实存在的客观对象,而是用来'挤压'宝玉的:即用这些仿词来贬低原词'宝玉'的重要性。"因此,在这里,仿拟还具有一种表示"无论"、"泛指"、"厌恶"、"不赞同"等意思和情绪的作用。

以上是关于仿拟修辞功能的比较全面的论述。不过,我们认为仿拟的修辞功用似乎还可以进一步深挖。经过归纳,仿拟的修辞功能如下:

一、适应表达需求,表现人物形象

人们掌握了一种语言,只要不违背这种语言的语音、语义、词汇和语法规范,一般都能表达思想,达到相互了解的目的。但是,人们在不同的交际场合,为着不同的交际目的,使用不同的交际方式就会对语言表达提出不同的要求。这些不同的要求促使语言使用者运用和寻求各种修辞手段来实现它,从而更好地达到言语交际目的。仿拟的运用可以达到此目的。例如:

(1)五儿急着便说:"原来是宝二爷屋里芳官给我的。"林之孝家的说:"不管你'方官''圆官',现有了赃证!我只是呈报了,凭你主子前辩去!"(《红楼梦》第六十

一回)

(2)怪,我一个拉板车的,要知道那些干嘛,未必知道什么李白李黑,莎士比亚"泥"士比亚的,我的车就轻了?见鬼!(方方《大篷车上》)

例(1)是先将"芳官"的"芳",谐音为"方",然后再利用"方"与"圆"的相互关联,在"方官"的基础上临时创造出个"圆官"。这里,仿词的运用,凸显了说话人不讲道理、态度强硬、仗势欺人的奴才嘴脸。例(2)也是谐音仿拟。请看:"莎士比亚"→"沙士比亚"→"泥士比亚",多么奇妙的一波三折啊!它不仅显示出说话人的粗俗无知,更使整个表达诙谐轻松,充满情趣。又如:

(3)宝玉方住了手,笑问道:"你还说这些不说了?"黛玉笑道:"再不敢了。"一面理鬓笑道:"我有奇香,你有'暖香'没有?"宝玉见问,一时解不来,因问:"什么'暖香'?"黛玉点头笑叹道:"蠢才,蠢才!你有玉,人家就有金来配你;人家有'冷香',你就没有'暖香'去配他?"宝玉方听出来,因笑道:"方才告饶,如今更说狠了!"说着又要伸手。黛玉忙笑道:"好哥哥,我可不敢了。"(《红楼梦》第十九回)

例(3)中,"冷香"原是宝钗用来治病的一种药。宝钗"从胎里带一股热毒",一个和尚给她一个"海上仙方"——"冷香丸",专治此病,吃了这种药后,香气袭人。宝玉是第一个发现冷香的香气的。因为薛家有"金玉姻缘"的舆论,所以林黛玉在很长时间内把宝钗看成是实现爱情理想的最大情敌,因此利用"冷"的反义造出个"暖香",充分表现了林黛玉的多疑心理,她旁敲侧击地试探宝玉对自己、对宝钗的态度。

文学作品中的人物众多,适当运用仿拟辞格,对于刻画人物形象,展现文学魅力有较多帮助。所以,我们使用语言时,要根据表达要求灵活运用仿拟辞格,达到既明白、又生动的境界。

二、表达诙谐用意,增强幽默效果

仿拟是一种借助某种违背正常逻辑的想象和联想对语言单位进行超常规运用的修辞手段。这种手法能有效地突破人们的惯性思维方式,造成一种诙谐幽默的修辞效果。

幽默是一种特殊的情绪表现,它是人们适应环境的工具,是人类面临困境时减轻精神和心理压力的方法之一。幽默可以淡化人的消极情绪,消除沮丧与痛苦。具有幽默感的人,生活充满情趣,许多看来令人痛苦烦恼之事,有人却应付得轻松自如。用幽默来处理烦恼与矛盾,会使人感到和谐愉快,相融友好。俄国文学家契诃夫说过:不懂得开玩笑的人,是没有希望的人。可见,生活中的每个人都应当学会幽默。多一点幽默感,少一点气急败坏,少一点偏执极端,少一点你死我活。适

当运用仿拟,进行自我调侃,可以收到幽默效果,是人际关系的融洽剂。例如:

(4)明天虎子从部队回到咱们海港来,和甜女成亲,再加上阿嬷带着海兰到卫生院去检查有了喜……哼,凑在一起,也算得上是个家庆节了!(赵寰《南海长城》)

(5)那几年,我不就改造成家庭妇男了吗?不信,你们问文婷,我什么不干?什么不会?(谌容《人到中年》)

(6)昔人已乘奔驰去,此地空余多情郎。

例(4)仿"国庆节"造出"家庆节",幽默风趣地渲染了家庭的欢乐气氛,烘托出了一家人的欢乐气氛;例(5)中的"家庭妇男"乃"家庭妇女"仿造而成,幽默风趣地表现了说话人的无奈;例(6)仿的是唐代诗人孟浩然的名篇《登黄鹤楼》中的佳句"昔人已乘黄鹤去,此地空余黄鹤楼。"在现实生活中,男孩遭女友抛弃,女孩另攀高枝,找了大款,男孩心情沮丧,无可奈何之际,只能自嘲、自我调侃一番,故仿拟而作此句。

三、借用言语变异,增加讽刺功能

变异修辞的"超常性"(abnormality)就是超越常规的措辞,有意更换固有词的词素,由于突出表达的需要而仿造(coinage)新词,造成别开生面、对比强烈的审美效果。这种变异修辞完全超越了语词原有的固定意义。例如:

(7)后来这终于从浅闺传进深闺里去了。(鲁迅《阿Q正传》)

(8)读者定会觉得这是一条"新闻"吧,其实却是一条"旧闻"。(毛泽东《质问国民党》)

(9)President Clinton shocked the world with his zipgate.(克林顿总统的桃色新闻震惊了世界)(from Weekly News)

在例(7)和(8)中,作者更换了"深闺"和"新闻"两个语素,仿造出"浅闺"和"旧闻"的临时性新词,这两个仿造词都与原有词构成反义词,用的是"反仿式"的变异修辞;在例(9)中,zip本意为衣服上的"拉链",作者模拟英语单词watergate,从中掇取了后缀gate而仿造了新词zipgate,隐含"不可见人的桃色新闻",这种临时仿造的新词拓展了原有词的含义,产生了另辟蹊径、相映成趣的表达效果。修辞的偏离性、错位性、超常性充分展示了修辞的变异性。

鲁迅作品的风格一向以幽默著称,这种鲜明的特色可以和古今中外任何一位幽默语言大师相媲美。鲁迅作品幽默风格的形成有其多方面的原因。除了笔战的需要等外部原因之外,作者自身深邃、睿智的思想,敏锐、精准的观察力,深厚、精湛的艺术造诣都是重要的因素。而其中直接的原因还在于鲁迅先生对民族语言的高超的驾驭能力。可以说,鲁迅有些构成幽默风格的语言技巧已达到令人叹为观止的程度。仿拟修辞的运用,是鲁迅作品中突出的幽默手法。在鲁迅作品中,一般意义上的仿拟如仿词、仿语比比皆是,如由"同胞"仿出"异胞",由"无聊"仿出"有聊",由"人格"仿出"鬼格",由"国花"仿出"国骂",由"正人君子"仿出"歪人奴子",等等。但是,鲁迅作品中的仿拟手法更多的是突破了传统用法,具有创造性。例如(选自《鲁迅全集》):

(10)一个阔人说要读经,嗡的一阵一群狭人也说要读经。岂但"读"而已矣哉,据说还可以"救国"哩。(《这个与那个》卷三)

(11)满心"婆理"而满口"公理"的绅士们的名言暂且置于不论不议之列……。(《论"费厄泼赖"应该缓行》卷一)

(12)有一种所谓"丈士"而又似批评家的,则专是个人的御前侍卫,托尔斯泰呀,托她斯泰呀,指东画西,就只为一个人做屏风。(《并非闲话》卷三)

(13)于是有人慨叹曰:中国人失掉自信力了……先前信"地",信"物",后来信"国联",都没有信过"自己"。假使这也算一种"信",那只能说中国人曾经有过"他信力",自从对国联失望之后,便把这他信力都失掉了……中国人现在是在发展着"自欺力"。(《中国人失掉自信力了吗?》)

在例(10)中,"阔人"按常规用法应仿出"穷人"来,但鲁迅在这里却抛开"阔气"的意思,而取"宽阔"之义加以仿造成为"狭人",这就令人想到文人侠客,实际影射帮闲文人,语言幽默,极具讽刺性。在例(11)中,"公理"是语言中常用的词,按常规应仿出"私理"、"歪理"之类,但作者却抛开"公正"之义,而取同形字的"公公"的"公",仿出"婆理"来,这既符合"公"和"婆"相对的习惯,又影射了杨阴榆以婆婆自居镇压学生的行径,语言的幽默犀利不言而喻。在例(12)中,"托尔斯泰"中的"尔"是译音,并无任何含义,而鲁迅这里故意将它当做古汉语中的人称代词"你",仿出"托她斯泰",语言妙趣横生。例(13)中仿"自信力"而拟的"他信力"、"自欺力"等,简奥深刻,语含讥刺,表现了作者对那些不了解国情,盲目套用近代资产阶级自由、民主、平等这样一些西方理论来作为自己社会理想的人及那些缺乏民族自信心的人的冷峻批评。

通过以上几个用例可以看出,仿拟手法是鲁迅作品用以形成幽默风格的重要手段之一。

作品《红楼梦》中也有许多仿拟运用的例子,下面我们也试做分析。

(14)袭人冷笑道:"你问我,我知道吗?你爱过那里去就过那里去。从今咱们两个人丢开手,省的鸡声鹅斗,叫别人笑话。横竖那边腻了过来,这边又有什么'四儿''五儿'服侍你。我们这起东西,可是白'玷辱了好名好姓'的!"(《红楼梦》第二十一回)

　　袭人仿照小丫头"四儿"的名字,造出个"五儿","四"与"五"之间是数目上递增的关系。"五儿"这个人并不存在,袭人屡次劝宝玉改掉不好的习惯,但宝玉听不进去,仍然不分白天黑夜地与姊妹们厮闹,从而赌气地说以后用不着自己侍候宝玉,叫四儿或其他人做就可以了。从更深层次上理解,在王夫人默许了袭人是宝玉未来的姨太太以后,袭人便在各方面对贾宝玉软硬兼施,想把宝玉控制于自己的手掌之中。因此,一方面,袭人不愿辜负王夫人委以的重命;另一方面,也是更重要的,情爱是有排他性的,袭人也不例外。当她亲眼看见在黛玉房里湘云给宝玉梳头,以及宝玉吃胭脂的情景,也不免妒火如焚,这种妒情是很自然的。因为随着时间的推移,袭人又发现原来姨太太的宝座不是仅对她虚席以待的,晴雯、芳官、四儿等无形中成为她的竞争对手,对她造成了极大的威胁。所有原因加起来,自然她说出这样的话语。通过对"四儿"的仿拟,她对宝玉的抱怨跃然纸上。

　　以上是对文学作品文本的分析,其实,在我们身边,也有许多借用仿拟来表达讽刺的例子。如有一首"考研吉祥三宝"是这样写的:

爸爸

哎!

本科毕业就非得考研吗?

对啦!

不考研难道就没有出路吗?

哪有啊!

许多硕士生也相当郁闷啊!

接着读博嘛!

学士硕士博士就是吉祥的一家!

妈妈

哎!

病中的儿子何时能够回家?

等考研成了!

考不上难道你就不爱我吗?

去火葬场吧!

李嘉诚也就是小学毕业啊!

少跟我废话!

硕士博士烈士就是吉祥的一家!

宝贝

啊?

爸爸像太阳照着妈妈！

那妈妈呢？

妈妈像绿叶托着红花！

那我呢？

你是考研无意识的苦瓜！

噢！明白啦！

考研盲从抑郁症就是吉祥如意的一家！

这首仿自歌曲《吉祥三宝》而写的作品讽刺了这样一个社会现实：教育与市场需求脱节，不仅体现在传授的知识和技术滞后于技术发展、与生产实践脱节，跟公司需求矛盾，更造成了求学历程中职业意识缺位——不知道一切学历必须以职业定位为最终目标，结果"今年硕士明年博士后年烈士"。

四、巧妙更换语素，收到双关效果

双关是让一个词句同时关涉到两个方面。它主要是利用词句的多义、语音的相同（或相近）或语境的相似构成的。双关的话语语言比较含蓄，语义比较丰富。运用双关常常要利用语言的歧义，但又要注意双关与一般歧义的区别。双关有以下几种类型：

1. 语义双关

这是利用词句固有的多义或临时的多义（如比喻性使用）构成的双关。例如：

匪徒们走上了这几十里的大山脊，他没有想到包马蹄的麻袋片全踢烂掉在路上，露出了他们的马脚。（曲波《林海雪原》）

2. 语音双关

语音双关即谐音双关，是利用语音上的相同或相似建立的双关。例如：

东边日出西边雨，道是无晴却有晴。（刘禹锡《竹枝词》）

3. 语境双关

语境双关是指利用语境条件，一句话同时关涉到两个对象的双关，即平常所谓的"指桑骂槐"。例如：

院子里，强英在喂猪。

水莲和仁芳哼着歌子回到家里。

强英白了她们一眼，挖一勺猪食骂一句："死东西，哼呀哼的，看把你们自在的！"两头猪抢食吃，她用勺子敲黑猪，骂道："再叫你这张狂嘴称霸道！"又用勺敲白猪，骂道："再叫你大白脸耍心眼！"

水莲皱皱眉头没吱声。仁芳……（辛显令《喜临门》）

与不须更换字词就能表达两个甚至是多个不同意思的双关辞格不同的是,仿拟需要在原有本体的基础上,更换某些词汇,这是二者的不同之处。虽然不同于双关,但是仿拟却可以收到双关效果。例如:

(15)防患于未燃(城市公益广告)

(16)川越暖冬(2008年湖南经视台一节目名)

(17)中意空调,终身无汗(中意牌空调广告)

例(15)仿成语"防患于未然",其中的"燃"是本体"然"的谐音。该广告有双层意思,一是告诉大家,对于火灾隐患要消灭在萌芽状态;二是体现了"燃"的字面意思,告诉大家在火尚未燃烧之前,要采取措施加以防范。例(16)是一档节目名,源自2008年5月12日汶川大地震后,湖南经济电视台为了支援灾区安全度过灾后的第一个冬天而举办这一档节目。节目名中"川越"仿自"穿越",通过这一仿拟,收到一语双关的效果:一方面,我们要穿越冬天,迎来春天,另一方面,我们希望四川灾区能走出地震带来的阴霾,故云"川越"。例(17)中,"汗"仿自"憾",形式上是仿拟,但同时还有多层意思:一方面,中意空调让你终生无憾;另一方面,夏天吹中意空调不会让你流汗,说明质量好;再者,中意空调永不出汗(渗水)。这不是一语双关,而是一语三关。由此看出,一个好的广告语言,要善于利用修辞手段,产生多重表达效果,从而让人回味无穷。

五、利用谐音功能,突出听觉效果

作为仿拟的一种,谐音仿拟具有谐音表义功能,这是因为汉语中存在大量的同音词或近音词,在语用的过程中容易造成谐音。如广告语"汾酒必喝,喝酒必汾",仿拟自《三国演义》开篇的第一句话:"话说天下大事,分久必合,合久必分"。该例巧妙地利用谐音,让人一听到这句广告词,就仿佛是回到了熟悉的《三国演义》中的场景,从而在观众或听众中产生了强烈的听觉效果,从而使这类广告语具有了一定的商业传播价值。实际上,这种现象在一般语用领域中也有,比如:"沪深股市'跌跌不休',拿什么拯救你,我的股市?"。"跌跌不休"就是"喋喋不休"的谐音仿拟。当然,这种谐音不仅仅限于成语,一些固定词组也有此类现象,如:"'缘'来如此"、"天赐良园"。这类谐音仿拟给人的听觉以一种和谐的感受,同时也收到了应有的效果。

上面我们分析了仿拟所具有的五种修辞效果,作为一种辞格,仿拟的修辞作用显而易见,值得我们注意和研究。

第二节　构词功能

　　每一个时代,人们都希望能够清晰地表达自己的思想和情感,而每一个时代人们都发现,传统的语言不足以完全表达自己全部的思想感情。这一方面是因为随着社会的变化,有很多新生事物和新生情感产生,现代社会中不断涌现的新事物、不断产生的新情况、不断生成的新观念使原先的词语仓库已无法满足人们的表达需求;另一方面,是因为语言在不断的使用过程中,往往会丧失新鲜感和生动性,人们对一些词汇的过分熟悉反而导致这些词汇能够表达的东西十分局限和平常。所以,人们为了让语言有更强的生命力和表现力,就会创造出一些新的词汇,或者采用一些新的形式重新组合语言,让人耳目一新。从这个角度来说,除了扮演修辞角色外,具有方便快捷的生成特点的仿拟辞格还充当另一角色,那就是构词角色,它被人用做创造新词的手段——通过模仿现有词汇,运用类比而构成新词。在目前,这已经成了构词方法中的典型倾向。关于仿拟的构词功能,我们拟从两个层面分析:表层分析和深层分析。

一、仿拟造词的表层分析

(一)类型

　　从表面上看来,仿拟造词主要有两种类型:仿词和仿语。

1. 仿词

　　仿词即通过仿照已有词汇,产生出新的词汇,英汉语中都有。这种方式能产性极强,在英汉语特别是当代社会,仿词成了构词的有力手段。例如:

本　体	仿　体
sunrise	moonrise, earthrise
chairman	chairwoman, chairperson, chairone
earthquake	starquake, youthquake
housewife	househusband
nightmare	daymare
simpleton	singleton
marathon	talkathon, telethon
酒吧	网吧、茶吧
朋友	文友、笔友、室友、网友、战友、股友等
国手	国脚
商场	官场、赌场

2. 仿语

除了词汇之外,常见的还有模仿已有短语和词组仿拟出新的短语和词组。例如:

本　体	仿　体
future shock	culture shock
environmental pollution	air pollution, sound pollution, cultural pollution
on-the-job	off-the-job
hot war	cold war
first world	second world, third world
hot line	cold line

随着社会的不断发展,新词语作为观察社会生活的晴雨表,是反映现实的一面镜子。处于转型期的中国社会,其人文景观绚丽多彩。改革的大门开放以后,国外文化蜂拥而至。诸如"的士"、"酒吧"等词语纷至沓来。国内、外文化相互碰撞,彼此之间相互交融、相互渗透,产生了一批反映时代变革的新词语。随着国内旅游热兴起,在市场经济的驱动下,许多农村人口投身于旅游景点的商业服务,于是便在原先的交通工具上精心修饰,仿照"的士",出现了"马的"、"驴的"、"轿的"、"摩的"、"板的"等一系列新词。这种由修辞方式构成的新词从一个侧面反映了旅游文化的发展,农业文明开始向现代文明转换。研究这种新词语具有广义文化学的意义。研究这种新词语还有社会学的意义。比如"下岗"一词,在计划经济时期是不存在的。进入 20 世纪 90 年代后,由计划经济向社会主义市场经济转轨,市场经济严酷的竞争机制,必然使有的企业破产,有的工厂倒闭,职工下岗不可避免。与"下岗"相对应,运用对义仿拟手段出现了"上岗"这个新词语。此外,"绿灯"、"黄昏恋"等,都反映了这一特定时期的重要社会问题。

最重要的是研究这种新词具有语言学的意义。语言同社会生活联系密切,反映生活也最为迅速。如"绿色工程"、"绿色食品"、"绿色能源"、"绿色产业"、"绿色农业"、"绿色事业"、"套书"、"套裙"、"套餐"、"套会"、"套票"等系列套词反映了修辞构词的灵活性、形象性和系统性。语言的活跃,反映思想的活跃,是改革开放以来思想解放的结果。研究由修辞构成的新词语,其目的是要寻找其规律,预测其走向趋势,引导正确理解和使用祖国的语言文字,促进语言规范化、标准化。这是精神文明建设的重要内容,也是信息时代全球化国际交往的需要。

(二)方式

采用仿拟手法构成的新词语,实际包含两种不同的情况:一种是在具体的语言环境中为了修辞目的,利用仿拟格而产生的偶发性新词语。这类新词语有些会超越原语言环境,被更多的人认可并使用,逐步获得一般词语的性质;有些只是偶尔出现或偶尔重复出现,很快被遗忘和淘汰。另一种情况则是依据汉语词汇中已有的词语,利用仿拟手法来构成表达新事物新概念的词语,可视为用仿拟构词法构成的新词语。利用仿拟构词法产生的新词语有着一般新生词语的性质,接下来我们着重分析仿拟型新词语的构成方式。

1. 格式仿

汉语词汇中有些词语的构成在形式上呈明显的框架结构,这种框架结构也即一类词语构成的格式,依据一定的格式,通过改换某些构词要素,能产生一系列同格式的词语。"格式仿"就是通过仿拟词汇系统中这类典型格式而构成新词语的方法。依据结构的不同,可以分为如下几类:

仿前式。即仿造词仿拟原型词的结构,更换原型词的前一个词素,后一个词素不变的方式。这种方式在仿词造词法中占多数,下列两组例子都属于仿前式:

面的→轿的	酒吧→网吧
→货的	→陶吧
→残的	→奶吧
→摩的	→清吧

仿后式。与仿前式相反,这是一种仿拟原型词结构,并替换原型词的后一个词素,前一个词素不变的方式。这种方式在仿拟造词法中不多见。例如:

国手→国脚　　　的哥→的姐　　　廉政→廉业　　　陪读→陪教

格式仿产生的新词语四音节的也较多,所仿格式有些是词汇系统中具有的,有些则是近年新造、经反复使用获得习用性特征的新格式。格式仿构成的四音节的新词语大多是在一个固定格式中嵌入新语素,如:由"大×大×"仿拟出"大红大绿"、"大红大紫"、"大操大办"、"大包大揽"等;由"小×小×"格式仿拟出"小打小闹"、"小夫小妻"、"小修小补"等。这些新仿拟的词语,均在原格式中嵌入一定的语素,词型格式化特征突出。格式仿利用已有的格式,形势特征明显,改换语素灵活便利,是一种常用的仿拟构词的手段。

此外,还有一种仿拟则是依据一定的句法形式,即所仿格是汉语中一种常见的句法模式。它们大多是汉语词汇系统中使用时间长、出现频率高、生成能力强的句法模式。因而往往带有一定的文言句式的色彩。如:"以名动名"中,介词"以"在这种句法模式中表示"凭借、依据",是一种文言格式。根据这种格式仿拟的"以权谋私"、"以党代政"、"以工挤农"等新词语,概括性强,具有明显的文言特征。

2. 语义仿

语义仿即利用词语间语义上存在的类义、对义、反义等关系来仿拟构词。

类义相仿。这是指利用类义关系仿拟出新词语,如由"奖学金"仿拟出"奖教金",由"空姐"仿拟出"海姐",由"廉政"仿拟出"廉业"等。这些仿拟词与原型词都是同类事物,同属一个范畴,利用同类事物的相关性,类推联想,仿拟出新词。

对义相仿。对义仿拟则是由记录某一事物、现象、行为的词语,仿拟出另一与之相对应的新词语。如以性别为对应关系,由"公关小姐"仿拟出"公关先生",由"家庭妇女"仿拟出"家庭妇男","空姐"仿拟出"空哥","的哥"仿拟出"的姐"、"的嫂"等。

某些相对应的概念,也会产生对义仿拟构词。例如,由"民办"仿拟出"官办",由"民风"仿拟出"官风"等,"民"与"官"便是建立在相对应的概念基础上的仿拟。

反义相仿。这种仿拟词与原型词意义相反,这是由于仿拟词语中替换的词素与原型词中对应的词素意义相反造成的。这种仿拟是语义仿中最普遍存在的一种现象,许多仿拟型的新词语,都是通过反义仿拟构成的。例如,以"大"与"小"相仿拟的"大我"与"小我"、"大气候"与"小气候";以"冷"与"热"相仿拟构成的"冷销"与"热销"、"冷板凳"与"热板凳"等;以"优"与"劣"相仿拟的"优生"与"劣生";等等。此外,如"上"与"下","公"与"私","正"与"负","快"与"慢","强"与"弱"等反义语素的变动,都是仿拟构词的重要手段。

依据是否只用仿拟手段来划分,可以分为单纯式和兼用式。单纯式是指仅仅利用仿拟这一修辞方式造词的方法。根据兼用的修辞方式的不同,又可以分为以下几种:

第一,仿拟兼谐音。例如,"气管炎"→"妻管严","哑巴亏"→"喇叭亏"。

第二,仿拟兼简缩。例如,博导(博士生导师)→硕导(硕士生导师)。这里人们兼用了仿拟和简缩两种造词法。

第三,仿拟兼夸张。例如,"豪华本"→"火箭本"(称出版速度快、质量低劣的图书)。仿拟词语"火箭本"显然也兼用了夸张的手法。

在现代英语中,存在一种构词方式,即通过使用组合式(combining form)来构成新词。什么是组合式?按照 Merriam Webster's Collegiate Dictionary(第 11 版)的定义,组合式是一种语言形式,只出现在合成词或派生词当中。组合式是指从一个现有词汇当中析取出来其中的某一部分,然后再将这部分加到另一个词上去,从而组合成词。与英语中的前缀和后缀不同的是,它不是固有的,而是从别的词当中析取出来的。现以-athon/thon 为例说明如下:

-athon/thon 从 marothon 中析取出来，意思是"一种延长或者延伸的，常常需要有一定耐力的活动、事件等"。这个词加在别的词中，新词即产生：walkathon（为了筹集资金而进行的长距离的行走）、telethon（一种旨在为慈善事业募捐的为时较长的电视节目）、talkathon（会谈马拉松）。自从 1972 年以来，组合式-athon/thon 非常能产，常用来临时组合成词，例如 bikeathon，discothon，singathon，workathon 等①。

类似的组合式的例子还有不少。如-meter，radio-，psycho-，iso-，hydro-，logy-，hygro-，hypno，micro-，macro-，magneto-，petro-等。

在此，我们也把组合式看成仿拟构词的一种，这是因为它符合仿拟的基本特征：模仿和拟创。在产生的过程当中也经过了"去、留、添"三个步骤。比如说，我们将 marothon 中的前面几个字母 mara 去掉，只留下-thon/-athon，然后在剩下的部分添上新的组成部分（如 walk），组合成新词 walkathon。

由此可见，仿拟构词在英汉语中也存在，它是一种有力的构词手段。正是由于这种功能的存在，从而使得英汉语中的语言不断产生变化，其语言内涵才能得以扩充。

（三）特点

由仿拟构成的新词语到底具有什么样的特点？首先，仿拟型新词语具有对应性。仿拟型新词语与原词之间存在对应关系。仿拟型新词语中以类义、对义、反义等关系构成的语义仿新词语是对应性的突出体现。格式仿中许多新词语内部甚至也表现了类义、对义的对应关系。其次，仿拟型新词语具有鲜明的感情色彩。有的带有表扬倾向，如"新秀"；有的带有嘲讽、戏谑的色彩，如"喇叭亏"、"家庭妇男"等；有的则带有较强的贬义色彩，如"以权谋私"。鲜明的感情色彩，反映了这类新词语的构成与仿拟这一修辞手段运用的内在联系。再次，仿拟型新词语体现了仿拟构词手段的丰富性。从这类词语的构成方式看，仿拟词与原词之间，涉及音、形、义三个方面。就拿"语义仿"来说吧，语义上的"类义"、"反义"都可以作为联想的线索，这就使仿拟构词具有丰富的手段，构成新词的能力也较强。

那么由仿拟构成的新词语将何去何从呢？我们认为，词汇发展的总趋势是日益丰富和扩大的。由仿拟构成的新词语既是对语言的继承，又是对语言的创造，它使语言旧有的形式得以保存的同时，又添加了新的内容，使新的词语更富有生命力，更富有时代的特征。仿拟现象是社会发展和人们快节奏生活的必然产物。人

---

① 组合式的详细资料见林承璋、刘世平编著，由武汉大学出版社 2006 年出版的《英语词汇学》引论（第三版）39～47 页。

们利用语言系统中的某些已有的成分表达他们认识和思维活动中取得的新成果，这样便产生了新词。而人们利用旧有的词语模式，替换原词的某个语素而快捷地举一反三地构成新词，势必导致新词生成中仿拟现象的出现，这种现象是人们追求简单、高效心理的反映，符合时代和社会发展的总趋势。新词语一经产生，便要经受社会和历史的检验，仿拟生成的新词语能不能顺利地进入现代汉语的词汇库还要看它是否符合构词的规律，是否符合大众的语言习惯。仿拟的积极作用是主要的，但一味模仿也会产生消极作用。近些年，有的人为了标新立异，或者为了达到一定的目的，特别是一些广告媒体，无视语言规律，利用谐音胡乱造词，如"咳不容缓"、"衣衣不舍"等。这些"词语"意义上完全背离了原词，长此以往，词将不词了。但从总体上说，仿拟能产性强，生命力强，其积极作用是主要的，它符合词汇发展的总趋势。

（四）影响

下面我们来谈谈仿拟辞格给汉语词汇系统带来的影响。

仿拟所具有的造词功能，给汉语词汇系统带来了一定程度的影响。这主要体现在如下两个方面：

1. 仿拟极大地丰富了汉语词汇宝库

出于语言符号的有限性和社会新事物、新现象的多样性引发的矛盾，人们用仿拟造词这一高效手法迅速创造出一大批新词语。不但是按照固有的构词方式来进行，而且出于被仿词和仿词的相同语素在语义上一般有较强的概括性，并以此为再生基础。虽然这些高产性的新词语还不够稳定，有的仍处在言语词向语言词过渡阶段，但从创造新词语这一角度来看，它们极大地丰富了词汇的宝库，同时也使汉语词缀化趋势进一步加剧。

在 20 世纪 60 年代，随着黑人民权运动的兴起，出现了 sit-in（静坐示威）一词，以后又相继出现了 kneel-in（在教堂里祈祷示威），ride-in（在公共汽车上坐车示威），camp-in（在白宫外露宿示威）；近年还出现了 sing-in（齐唱），study-in（学习会），1augh-in（电视里的谐趣节目）等更新的词。肖伯纳首创了 superman 一词后，人们又仿化出许多新词，如 superwoman，super-critic，super-secrecy，superpower，但其表现力却远不如汉语那样灵活。如：从"酒吧"到目前各种形式的"吧"；从"文盲"到"计算机盲"、"股盲"、"舞盲"、"医盲"、"药盲"；此外还有"感"（失落感、紧迫感、超脱感、现场感）；"热"（足球热、旅游热、自考热）；"高"（高效益、高速度、高竞争、高品位）；"多"（多渠道、多层次、多功能、多角度、多方位）。仿词造词的使用使一些老词缀扩大了使用范围，构词能力有所增强。吕叔湘先生主编的《现代汉语八百词》中确认的词缀有 26 个：儿、小、子、无、手、化、反、可、门、头、老、件、自、员、初、者、非、具、物、性、界、品、度、谁、家、第等。这些词缀发展完善,已完全具备了词缀的特点:有类化作用,其位置固定,意义虚化,因此我们把它们叫做"老词缀"。在仿拟造词类推作用的影响下,这些老词缀在现阶段的构词能力也有所增强,适用范围也有所扩大。如:"化",以前这个词缀往往是附在名词性或形容词性的语素后,使之成为动词,是一个动词标志的词缀,如"工业化"、"绿化"。随着仿拟造词的运用,"化"不仅可以附加在一些不常组合的名词性和形容词性的成分后,如"地方化"、"时代化"、"野蛮化",而且还可以附加在动词性成分之后,如"建立化"、"传播化"。也还可以附着在数量结构之后,如"一胎化"、"一孩化"。再比如"老",作为词缀,"老"可以加在称人的语素上,如"老乡"、"老师"、"老外",但以前这类词数量上比较少,仿拟造词的运用使"老"的这种用法得以扩大,把"记者"叫"老记",把"炊事员"叫"老炊",把"编辑"叫"老编",并且"老"后面的名词语素几乎全是简称。"性"也是仿拟造词使用频率很高的词缀,如"可读性"、"可看性"、"可笑性"、"排斥性"、"无效性"等,与原来"性"所构成的"阶级性"、"积极性"相比较,也大大扩大了使用范围。

2. 仿拟给语言系统带来了不规范现象

仿拟给语言系统带来的积极影响是毫无疑问的,它对丰富和扩大汉语词汇系统意义重大,作用非凡。但是不可忽视的是,在产生积极影响的同时,仿拟的运用又给汉语带来了一定程度的消极影响,使得汉语语言系统产生了不规范现象,尤以广告界为甚,一些广告用语因为滥用这种辞格,非但收不到应有的广告效果,反而给语言带来了一些不伦不类的现象,甚至到了令人难以容忍的地步。如:令人"芯"动(电子产品);无"泻"自通(某泻药广告);有"痔"无恐等。关于仿拟,特别是广告仿拟的规范问题,我们将另文专述。

二、仿拟造词的深层分析

以上我们从表面上分析了仿拟造词的形式和类别,对于这种造词法的内部根源并没有进行深入挖掘。我们认为,仿拟造词从深层次来讲,体现了语言演变的规律性。社会生活中新事物的产生、旧事物的消失,以及人们观念的改变,是经常发生的,其在语言的词汇中必然会得到反映,具体而言,体现于新词语的大量产生。下面,我们拟以"××族"为例,对仿拟造词的内部动因做进一步的剖析,从而挖掘语言演变的规律。

"族"在《现代汉语词典》中有四种解释:① 家族:宗～│ 合～│ 同～。② 古代的一种残酷的刑法,杀死犯罪者的整个家族,甚至杀死罪犯母亲、妻子的家族。③ 种族:民族:汉～│ 斯拉夫～。④事物具有某种共同属性的一大类:水～│ 语～│ 芳香～。在这些新兴的"×族"中,"族"的含义显然应该是词典上的第四种解释"事物具有某种共同属性的一大类",并且应该是对这种解释的进一步引申,即特指"具有某种共同属性的一大类人"。

教育部于 2007 年 8 月 16 日发布的《中国语言生活状况报告(2006)》公布了171 条新词语,其中关于群体类别称谓的不少,以"族"命名的就有 15 个,且词义新颖。这反映出,作为一种语言现象,类似于"××族"的组词成句方式成了语言新词语产生的一个途径。与此同时,"××族"是社会现象的反映,一定的社会现象必定通过语言现象反映出来,因此,有着双重作用的"××族"词族,值得我们研究。我们拟从以下几方面对"××族"进行分析:

(一)"××族"的构造和功能分布

本节首先从六个方面来考查带有类后缀"-族"的"××族"所附对象"××"的音节、词性和类别,进而从功能分布与搭配两个方面考查"××族"的句法功能。

1. "××族"的构造

a. 从"××族"的音节来看,常见的"××"是以双音节占优势的语素,加上类后缀"-族"之后,构成一个"2+1"音步的三音节附缀式词语。例如:

(1)鹿城区乡镇机关的一个不限专业的职位,引来 544 人报名,成为考录比最悬殊的职位。公务员报考热潮一浪高过一浪,报考中出现"考碗族",出现了"考霸"现象。(wznews.66wz.com,2007 年 4 月 10 日)

(2)"飞鱼族"初露峥嵘,这种文化冲突的形象概括,就是作者在结尾处点出的"飞鱼"。作家周梅森评论说,《巴黎飞鱼》令人耳目一新的是分类描绘了"海归"中的"飞鱼族"。(《上海证券报》,2006 年 7 月 12 日)

除了上两个例句中的"考碗族"和"飞鱼族"外,还有少量的单音节和多音节附缀式词语。如"读族"、"摩托车族"、"以卡养卡族"、"草原百灵族"、"职业撞车族"、"网上同居族"、"低薪休闲族"、"网络晒衣族"、"国际自由族",等等。

b. 从"××族"的语言来源看,"××"多由汉语组成,但也有英语缩写词和字母词出现。例如:

(3)BOBO 族(布波族)

该词最早出于纽约时报记者戴维·布鲁克斯的著作《天堂里的 BOBO 族——新社会精英的崛起》。BOBO 是由 Bourgeois(布尔乔亚)及 Bohemia(波西米亚)两词缩略复合而成的。BOBO 族指占有了资产阶级式物质的社会精英,他们享受富裕成功,同时又渴望心灵的自由超脱,追求不羁与流浪。

(4)SOHO 族

指居家工作人士。SOHO 是英文 Small Office Home Office 的缩写,意思是小额投资、在家办公。

(5)3P 族

3P 族指生活以计算机、移动电话、游戏机为中心,对现实世界感到陌生的人。

c. 从"××族"的构成成分分析,"××族"类词由前后两部分构成,"族"处于后位,定位性明显。除了"××族",出现在此位置上的还有"一族",二者并存,例如:"纤夫族"、"逐名族"、"私家车族","龙卡一族"、"北漂一族"、"年轻时尚一族"。很多时候同一前位成分可分别与"族"和"一族"构词,用来满足不同语言环境的需要,如"上班族"、"上班一族","电脑族"、"电脑一族"(曹大为,2007)。

d. 从"××"的词性来看,大多数"××"的语素是名词性和动词性的。例如:

(6)"拇指族"中以青年人居多,流行于台湾的"草莓族"也直接跟青年人有关,……也有以"柿子"、"水蜜桃"作比,称之为"柿子族"、"水蜜桃族"(浩富,2007)。

(7)"奔奔族"不仅物质上匮乏,精神上也缺失一定的信仰,相当一部分"奔奔族"由于精神空虚、文化和社会认同缺乏、信仰缺失使得自己的心灵得不到慰藉,并不能形成正确的价值观念和良好的精神状态。(《当代青年研究》,2007 年第 6 期)

e. 从双音节"××"的内部结构关系看,多为动词性短语和名词性短语,如"啃老族"、"拼客族"、"吊瓶族"、"狩猎族"、"暴走族"、"刷卡族"、"书包族"、"博客族"等,例如:

(8)不少餐厅或小吃店都有类似情况,顾客买上一杯饮料或叫上一份小吃便坐着不走,最多达到两三个小时。小部分店主还向记者表示这已不再是罕见事,他们还像其他城市一样戏称这些长时间占位的人为"啃椅族"。(《赣州晚报》,2006 年 8月 16 日)

(9)他们吃在学校、住在学校、玩在学校,一切与以前似乎都一样,唯一不同的是他们手里多了一张毕业证。他们被统称为"赖校族"。(《青年时讯》,2006 年 6月 9 日)

也有少数形容词性短语,如"贫困一族"、"时尚一族"等,以及拟声、字母、数字形式的,如"'咔嚓'一族"、"OK 族"、"SOHO 一族"、"26 岁一族"。但不论与"族"组合的成分是什么性质的,一经形成"族"类词,则一律为名词,可见"族"具有明显的语法标志作用,这一点与"子、头、者、化"等词缀的语法意义是相同的。

f. 从"××族"中的"××"的构词法上分析,有如下几种:

第一,音译法:

音译法主要是根据英语发音音译成汉语的方法。例如:

(10)嘻哈族

指热衷于跳街舞,打扮前卫,崇尚动感的年轻人。"嘻哈"译自 Hip-Hop。Hip-Hop 文化源于 20 世纪 70 年代美国黑人的一种街头说唱文化,中文译为"嘻

第四章 仿拟的功能

哈"，20世纪90年代在日本、韩国和台湾等地盛行，近年伴随"韩流"进入大陆，在十七八岁的年轻人中流行。

(11)飞特族

译自 Freeter 一词，Freeter 由英文的 free(自由)和德文的 Arbeiter(工作者)结合而成。Freeter 代表的是一种自由的工作方式。飞特族即指不求长期稳定的工作，为了有自主空间，更愿意"打短工"的人士。

第二，比拟法：

比拟法就是用现有的语言材料，通过比拟、比喻等手段创造新词的方法。例如：

(12)草莓族

该词源于台湾，借草莓外表光鲜且疙疙瘩瘩，内里绵软不耐压的特性形容20世纪80年代后出生的年轻人。他们心理上承受压力、抗挫折能力差，就像是一压即烂的水果，也称"柿子族"、"水蜜桃族"。"草莓族"也用来形容因新陈代谢不佳造成脸部坑坑洼洼，毛孔粗大，满是豆豆、粉刺的人。

(13)夹心族

指上要赡养老人、下要抚育小孩，家庭物质基础尚不丰厚的年轻夫妇，又称为"三明治族"。

(14)飞鱼族

指国内事业有成，却突然出国读书的一族人，这种人在韩剧和港片中很常见。

(15)啃老族

它的前身叫"袋鼠族"，最早见于法国的《快报》，指到了工作、独立生活的年龄仍不愿脱离家庭而依赖父母维持生计的，不愿长大，不能独立的人，像袋鼠一样躲在妈妈的怀里。

第三，说明法：

说明法是通过对事物加以说明从而产生新词的造词法。用这样的方法产生的词，词义一般比较明确，容易理解。例如：

(16)月光族

指月月把钱花光，无储蓄，敢于超前消费、高档消费，敢于今天花明天钱的人。主要指自己有工资的白领和花他人钱享受今天生活的人群。

(17)陪拼族

指陪夫人或女朋友逛街的男士。

(18)网络晒衣族

指女生把自己的宝贝衣服拍下来挂到网上，也有的是穿好衣服拍自己，显示自已的搭配衣服技巧。

(19)校漂族

指因报考研究生、工作未落实、留恋校园等各种原因,仍滞留在校或在学校周边租房住的高校毕业生。他们已不是在读生,但还在一定程度上依赖学校的资源生活,保留着某些在校生的习性。"校漂族"是高校毕业生中尚未完全"社会化",介于学校和社会之间的"边缘人群"。

2."××族"的功能分布和构词能力

从功能分布上看,由于"族"本身是个体词性语素,所以"××族"总体上是体词性的。

a. 经常充当主语、宾语、定语。无条件地充当主语、宾语,充当定语时一般要带"的"。例如:

(20)随着生活水平的提高,有车族越来越多。

(21)在地铁、商店、医院、剧场,随处可以看见穿孔一族。

(22)广场上的"露天电影"极大地丰富了打工族的文化生活,为城市的夜晚增添了亮丽的景观。

b."族"的生成能力非常强。

一方面,它可以根据需要随时随地生成新词;另一方面,它还常以某个"族"类词为基础,仿造出一批具有相同构成成分的词。如在"打工族"之后出现了"打农族",在"追星族"之后,出现了"捧星族、吹星族",在"上班族"之后,出现了"下班族、走班族、加班族",其中尤为突出的是围绕"车"构成的"族"类词,计有"有车族、无车族、骑车族、乘车族、驾车族、开车族、打车族、购车族、销车族、私车族、洗车族、爱车族、追车族、飙车族、玩车族、飞车族、职业撞车族"等,既有类仿,也有反仿,不一而足,形成了一个庞大的群体。这些大大小小的词语类聚,既反映了所指成员间的密切关系,也展示了"族"生成能力强的突出特征(曹大为,2007)。

总之,"××族"在构词方式和句法功能等方面同一般的附缀式词语基本相似,搭配关系基本定型。在"××族"中,"族"是一个黏着性构词成分,不单独成词,一般附着在词根之后。词根"××"和词缀"族"之间也不是简单的相加关系,其意义已经有进一步虚化的倾向。而且,"族"也可看做名词的标记性成分。虽然与典型的词缀之间存在一定的区别,但"族"已具有明显的词缀化趋势,其构成新词的能力是显而易见的。"族"使用外延的扩大意味着它原有意义的内涵变小了,换言之,它强化了作为功能性成分的语法性质。"族"的词缀化趋向明显,已成为构词领域的新宠。

3. "××族"类词出现的原因分析

"××族"类词之所以大量出现,出于四个原因:第一,交际需要。"××族"中的"族"专指具有某种共同属性(如特点、爱好、习惯、行为、条件)的一类人。用一个"××族"就可以言简意赅地称谓一个群体,人们往往乐意这样称呼,以便能与其他非该群体的人区分开来,这是在交际过程中的一种手段。第二,流行时尚。年轻人一般喜欢追求时尚,新新词汇一旦产生,通过媒体的传播,往往容易受到追捧。第三,具有修辞效应。"××族"往往因其具有鲜活、生动、诙谐等特征而得到应用。第四,造词机制灵活简便。汉语造词机制具有灵活、便捷等特点,除了连绵词和音译外来词,单词当中的每一个汉字都代表一个语素,这种具有一定意义的、最小的语言单位数量众多,其中有一部分自由度很高,组合能力特别强,是汉语造词机制灵活便捷的基础。像"心、子、家"等常用语素都已经分别构成了数百个词语。所以人们正是利用汉语的这一特点不断推出新词语,令人目不暇接。像"××族"、"×门"至今都已超过 100 个成员了,而且还有不断扩大之趋势。汉语词汇就是在这样一种动态机制下生生不息、永葆青春的。

(二)"××族"的模因论分析

以上是对"××族"的共时研究。共时研究和历时研究是语言研究必不可分的两个不同层面,我们不仅描写语言事实,还要对语言事实进行解释,两者必须结合起来。为此,我们借助于模因论,继续探讨"××族"的历时演化,从理论角度解释其产生方式,从而为语言演变提供一定揭示作用。

1. "族"的来源

从词源上说,中国古代的"族"字原指氏族军事组织,后具有了分类学意义,西周时期主要指宗族。甲骨文中的"族"字从字形上表达了"旗所以标众、矢所以杀敌"的意思,代表了古代以家族或氏族为单位的军事组织。随着国家组织的发展,血缘关系意义上的周氏宗族组织成为统治阶级力量,同族的观念也在国家形式的政治层面渐次扩大,中原诸夏为"同族",蛮夷戎狄为"他族"。

在先秦文献及其后人释义中,可以看出"族"字的含义在不断扩展,如在表达"聚结"、"集中"、"群"、"众"等含义方面的"木族生为灌",后人释义为"族丛也","丛生者为灌",即指灌木丛。又如"云气不待族而雨"、"工不族居"等,这些例证虽然都突出了"聚集"、"群"的意思,但是与"军事组织"或"战斗单位"已无干系了。同时,"族"字作为一种分类概念,也反映出"物以类聚"的含义,如后人注疏瓜瓞云:"然则瓜之族类本有二种,大者曰瓜,小者曰瓞,此则其种别也。"当然,"族"作为一种分类概念,不仅用于自然万物,而且也用于人类社会的群体。诚如《周易》所记:"君子以类族辨物。"即后人所谓"族,聚也。君子法此,同人以类而聚也;辨物为分辨事物,各同其党使自相同不问杂也"。这种以"自相同"、"不问杂"为界限的"人以群分"观念及其所形成的"族聚",在先秦时期依托于"家族"、"宗族"而对中国社会文化产生了深远的影响。因此,中国古代"族"的观念,既包括"有血缘关系之亲属的合称",如家族、宗族、氏族之类,也有"品类"之意,如后人理解的"族,犹类也。同宗者生相近、死相迫也者"。因此,"族"也成为划分人群的分类学概念(郝时远,2004)。

2."××族"的模因论阐释

以上我们从历史的角度分析了"××族"的来源。发展至今,在其使用过程中不断衍生出新的词语,这些都围绕着"族"的基本含义进行。我们所要探究的是,该类词产生的理据是什么。从语言学的角度来说,"××族"类词的产生有着一定的理论依据。一些学者也探讨过类似问题。如张谊生、许歆媛(2008)在论述"×客"的产生时所说,"'×客'是根据引入后固定下来的词语模,利用自身的汉语词语造出来的"。这里提到的"词语模"这一概念,亦即汉语中一固定模式。"×客"就是照此类推而成。按理,这对"××族"的产生也可以提供一定解释,可是,我们认为这种解释比较笼统,它既没有从理论上解释为什么语言能够按照"词语模"进行类推,又没有提供详细的类推模式,因此不构成此类新词语理想的解释。反观模因论,它能弥补这两个缺陷,可以构成"××族"产生与传播的理论基础。

模因论或模因学认为,模因是一种与基因相似的现象。基因通过遗传而繁衍,模因是通过模仿而传播。判断模因的基本依据是"模仿",任何一个信息,只要它能够通过广义上成为"模仿"的过程而被"复制",它就可以称为模因(Blackmore,1999)。因此,它可以是"音乐曲调、思想观念、谚语、服装样式、房屋建筑样式、链式信件和电子邮件病毒、宗教"等等,传播开来就是各种各样的模因(陈琳霞,何自然,2006)。

在语言学领域里,用模因论的观点来解释语言可以加深或改变我们对语言起源、语言习得、语言使用等问题的认识。语言本身就是一种模因,模因也寓于语言之中,任何字、词、短语、句子、段落乃至篇章,只要能通过模仿得到复制和传播,都有可能成为模因(谢朝群,何自然,2007)。故有"语言模因"(linguistic memes)之说。

模因是一个抽象的概念,它通过复制和传播来体现自身的存在。语言模因在交际过程中不断复制和传播的方式可以是内容相同、形式各异,或者是形式相同、内容各异。从另外的角度说,不管语言模因的形式和内容如何,其复制和传播方式基本上是重复与类推两种。

重复是模因复制与传播的手段之一,有两种类型——直接套用和同义异词。

所谓类推,就是根据两个(两类)对象之间在某些方面的相同或相似而推出它

仿拟的功能 第□章

们在其他方面也可能相似的一种思维方法。一般将类推分为两种——同音类推和同构类推。

同音类推就是模仿词语发音而形成的新模因变体，大都是从一般到特殊的类推。如模仿"常来常往"而创作的短语"常来常网"。又如常见的广告语："闲"妻良母；"骑"乐无穷；中意空调，终身无"汗"。与同音类推不同的是，同构类推指模仿现有的语言结构而复制出一种具有新内容的模因变体。在类推过程当中，变化的是语言内容，不变的是语言结构，我们按照同一种结构类推出相似语句，通过这种手段使得模因得以复制和传播。例如：

(1) To smoke or not, that is a question.

(2) 陈冠希与多女星深陷"艳照门"（百度娱乐）。

例(1)由名句"To be or not to be, that is a question."通过同构类推而来。例(2)中的"艳照门"，其模因乃为"水门"事件。

以此分析，如果表示从事"a类"事物的人叫"a族"，那么从事"b类"事物的人可以称为"b族"，推而广之，从事任何事情的人都可以冠之以"族"，所以"××族"得以形成和推广。如"追星族"、"啃老族"、"急婚族"、"赖校族"、"装嫩族"、"奔奔族"等等，凡是从事某项行为的一类人都可以称为"××族"。

（三）"××族"的语法化分析

语法化（grammaticalization）是语言学家长期关心的问题。对语法化的研究最早始于中国传统语言学，中国传统的语言学称之为"实词虚化"（沈家煊，2004）。"大抵古人制字，皆从事物上起。今之虚字，皆古之实字。"（沈家煊，1998）一种语言的演变，通常指语言中意义实在的词转化为意义虚灵、表示语法功能的成分这样一种过程或现象，或者一个较虚的语法成分变成更虚的语法成分这样一种过程和现象。赵艳芳（2001）认为，汉语中实词虚化主要研究两个途径上的词义虚化，一是词汇意义的虚化（区别于泛化），即词语的意义由实在、具体变为空泛。比如"他们仿佛在谈论什么"和"我饿了，想吃点什么"中的"什么"由疑问代词变为指"不肯定的事物"就是一种词汇性虚化。另一种虚化就是从词意义到语法意义的虚化，即词义虚化后衍生出表示语法关系的意义。

"语法化"一词最早是由法国语言学家梅利（A. Meillet, 1912）提出来的。他认为语法化是研究"自主词向语法成分之功能的转化"（the transition of autonomous words into the role of grammatical elements）。近年来，语法化受到西方语言学界的重视，但语法化研究更偏重于语法范畴和语法成分的产生和形成，由于语法功能词多是由实词虚化而来的，所以，语法化研究的一条重要途径便是实词虚化。Hopper 和 Traugott (2003)在跨语言考查的基础上提出一条具有普遍意义的语法化路径(cline):实义单位(content item)→语法词(grammatical word)→附着成分(clitic)→屈折词缀(inflectional affix)。典型的语法化的例子就是实义动词 go 转化为 be going to 中的虚化意义(Ungerer & Schmid,2001)。

语法化主要是通过"重新分析"(reanalysis)和"类推"(analogy)来实现的,这两种机制对一般语言演变很重要。类推在上文已经提到,而"重新分析"指一个词语或一类词语表层形式没有明显变化而内部的结构发生变化的过程和现象。重新分析是在语言结构的"组合"(syntagmatic)轴上起作用,类推则是在一个成分的"聚合"(paradigmatic)轴上起作用。

"族"在现代汉语中被广泛作为词缀使用,这是从其实在意义虚化的结果。在这种语义演变过程中,"类推"起了很大的作用,"族"在所构成的词组中充当名词标记,可以出现在名词后面组成新的名词,也可以出现在动词和形容词后面产生名词,但无论是哪一类,都可借用"类推"来构成新词,从而构成"××族"类词。举例如下:

名词＋族:小说族、音响族、素食族、单身族。

动词＋族:领舞族、打工族、涉外族、接送族、旁听族。

形容词＋族:新新一族、新酷一族、前卫一族、国际自由族。

字母＋族:T 族、G 族、e 酷族、BP 族、QQ 族、BOBO 族、NONO 族。

"××族"已经慢慢由一个不定位的语素变成一个定位的类词缀,逐渐向表纯语法意义的词缀发展,完成一个不断虚化的过程,依附于其他词"××"之后凝固成一个词"××族"。

由以上分析看出,"族"在构词性质上呈现出以下特征:首先,"族"的意义发生虚化,带有明显的类别色彩,在整个词语意义的形成中只起一定的辅助性作用;其次,"族"具有语法标志作用,不论与"族"组合的成分是名词性的、动词性的、形容词性的还是其他性质的,一经构成"族"类词,则一律为名词,所以,"族"是名词的标志;最后,"族"的生成能力极强,衍生迅速,已然形成一个相当可观的庞大群体。

通过借用模因论和语法化理论对"××族"的分析,我们可以发现语言演变的一般规律,如图 4.1 所示。

图 4.1 表明,语言作为一种现象系统在共时上是相对固定的,而在历时上是演变的。语言演变的方式有多种,其中模因传播和语法化是其中的两种。模因传播借助重复和类推实现,语法化也以类推和重新分析为手段。模因传播的结果使得一部分词汇语法化,成为语言中的词缀,新词缀的不断产生使得语言中可表达的手段得以更新和丰富,从而实现语言的演变。

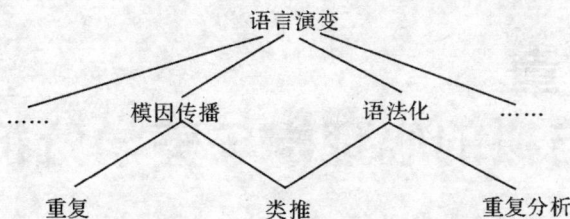

图　4.1

参考文献

[1]　Hopper P J, Traugott E C. Grammaticalization[M]. 2nd edition. Cambridge：Cambridge University Press. 2003.

[2]　Ungerer F, Schmid H J. An Introduction to Cognitive Linguistics[M]. England：Addison Wesley Longman Limited,1996.

[3]　曹大为."族"的类词缀化使用分析[J].山东社会科学,2007(5).

[4]　陈琳霞,何自然. 语言模因现象探析[J].外语教学与研究,2006(2).

[5]　浩富. 新新人类多少族[J].华人时刊,2007(8).

[6]　郝时远. 先秦文献中的"族"与"族类"观[J].民族研究,2004(2).

[7]　罗胜杰."××门"的分析与探讨[J].中国科技术语,2008(6).

[8]　沈家煊. 语用原则、语用推理和语义演变[J].外语教学与研究,2004(4).

[9]　王德春,陈晨. 现代修辞学[M].上海：上海外语教育出版社,2001.

[10]　王文斌.英语词法概论[M].上海：上海外语教育出版社.2005.

[11]　肖建安,肖志钦.言语变异的修辞功能[J].株洲工学院学报.2003(3).

[12]　徐国珍.二十世纪仿拟辞格研究综述(上)[J].湖北师范学院学报(哲学社会科学版),2000(4).

[13]　薛玲.仿词的构成及其对原词的影响[J].云南师范大学学报.1998(2).

[14]　论汉语新词语修辞方式造词法研究[J/O].http://www.wylww.com/newhtm/sort089/sort092/info-78178_4.html.

[15]　赵艳芳.认知语言学概论[M].上海：上海外语教育出版社,2001.

第五章
仿拟的心理学与美学分析

第一节 仿拟的心理学分析

　　心理学(Psychology)是研究人和动物心理现象发生、发展和活动规律的一门科学。心理学既研究动物的心理(研究动物心理主要是为了深层次地了解、预测人的心理的发生、发展的规律),也研究人的心理,而以人的心理现象为主要研究对象。总而言之,心理学是研究心理现象和心理规律的一门科学。心理学一词来源于希腊文,意思是关于灵魂的科学。灵魂在希腊文中也有气体或呼吸的意思,因为古代人们认为生命依赖于呼吸,呼吸停止,生命就完结了。随着科学的发展,心理学的对象由灵魂改为心灵。直到19世纪初叶,德国哲学家、教育学家赫尔巴特才首次提出心理学是一门科学这一说法。而原先,心理学、教育学都同属于哲学的范畴,后来才各自从哲学的襁褓中分离出来。科学的心理学不仅对心理现象进行描述,更重要的是对心理现象进行说明,以揭示其发生、发展的规律。

　　心理学是一门研究人的心理活动的规律的科学。心理学者在尽可能地按照科学的方法,间接地观察、研究或思考人的心理过程(包括感觉、知觉、注意、记忆、思维、想象和言语等过程)是怎样的,人与人之间为什么会有这样或那样的不同,研究人的人格或个性,包括需要与动机、能力、气质、性格和自我意识等,从而得出适用于人类的、一般性的规律,继而运用这些规律,更好地服务于人类的生产和实践。

　　结合心理学研究修辞有着悠久的历史。在西方,"自从亚里士多德时代起,心理因素就一直是西方修辞学研究所感兴趣的方面。在古典的修辞学体系中,亚里士多德就提出了听众的分析法,这一方法主要研究各类听众的心理因素和道德观"(胡曙中,1993)。在我国,这方面的研究起步较晚,"真正开始要算在五四文化运动之后"(胡曙中,1993)。如唐钺先生(1923)在其著作《修辞格》中从心理学的角度将27种辞格归纳为比较的、根于联想的、根于想象的、根于曲折的和根于重复的五类。

　　心理学在言语中起着重要作用。所谓"言由心生",指的就是人们的言语行为要受到说话者的心理支配。仿拟也是一种言语行为,其心理过程是怎样的呢?本节拟从两个方面对仿拟进行心理学分析:一是探讨仿拟作品创造中的微观心理活动,分析仿拟产生的心理过程;二是探讨仿拟创造中的心理类型,看看都有哪些类型的心理在其中起作用。

一、仿拟创造中的心理活动分析

心理活动包括感觉、知觉、表象、联想、想象、情感、理解等,这些因素相互渗透、相互作用,表现为合规律的自由运动,仿拟的产生也糅合着人的心理活动。下面我们试对仿拟产生的心理过程做一分析。

1. 感觉和知觉

感觉、知觉和表象是心理活动的初级形式,是在实践基础上对客观事物的直接反应。具体说来,"感觉是运动着的物质作用于感觉器官而引起的。"感觉是人的大脑对直接作用于感觉器官的客观事物的个别属性的反映,是认识的初级形式。我们通过感觉可以反映出客观事物的各种属性,如颜色、线条、声音、气味、光滑、粗糙等,感觉是依赖客观物质作用于人的大脑,依赖于感官的正常机能而发生的。因此,五官感觉构成人类一切活动的基础。

在人的各种感官中,视觉和听觉是主要的两种,这是因为:第一,视觉可以看到各种颜色、线条、动作、表情以及人与物各种形态等,听觉可以听到各种声音、音调、旋律、节奏等,与嗅觉、味觉、触觉相比,有着更为广阔的感受范围,较少受到时空距离的限制。第二,视觉、听觉与理智联系较为密切,较少受到生理需要的制约,因此具有更大的自由性。第三,视觉和听觉能真实反映事物的特征,较少受主观条件的限制和影响。因此,视、听比起其他感官来说具有更大优越性,是主要感官。

感官在仿拟的创造中,起着关键作用,是仿拟产生的基础。人们必须对所反映的事物有一种视觉或是听觉上的感觉,然后才能以此为基础,进行下一步的心理活动。下面以仿语"美丽冻人"为例,试做分析:

"美丽冻人"乃仿习语"美丽动人"而来,这个词语的产生源于以下这样一种感官的心理行为:人们在日常生活中,看见这样一幕,在寒冷的冬天,一个衣着时尚、但却十分单薄的女孩走在大街上,冻得瑟瑟发抖。有了视觉上的感受后,紧接着就进入下一个心理活动阶段——知觉。

什么是知觉?知觉是通过实践在感觉的基础上形成的,是大脑对客观事物的整体性和事物之间的关系的反映。与感觉相比,知觉是事物的整体性和事物之间的关系的反映,需要各种感受器官的联合行动,才能形成一个事物的完整性。感觉和知觉共同的地方在于:它们都是客观事物直接作用于感觉器官,而在大脑中所产生的对当前事物的反映,只有当客观事物直接作用于感觉器官,引起它的活动时,才会产生感觉和知觉。知觉（perception）是个体把来自感觉器官的信息转化为有意义对象的心理过程。我们知道，在正常人的日常生活中，纯粹的感觉是不存在的，感觉信息一经感觉系统传达到大脑，知觉便随之产生。以视觉为例，来自感觉器官的信息为我们提供了某种颜色、边界、线段等个别属性，经头脑的加工后，我们认出了"这是一个香蕉"，"那是一个墨水瓶"。这种把感觉信息转化为有意义的、可命名的经验过程就是知觉。知觉是个体借助于过去经验对来自感受器的信息进行组织和解释的过程。

知觉是个体对感觉信息的组织过程。外部世界的信息大量刺激、冲击着我们的感官，我们倾向于有选择地输入一些信息，把感觉信息整合、组织起来，形成稳定、清晰的完整印象。在日常生活中，我们的头脑总是不断地对感觉信息加以组织。例如，一个复杂的听觉刺激序列，被我们知觉为言语，或流水声，或汽车声，即组织成有意义的声音。对于其他感觉信息，我们也是将其组织成有意义的事物。这种组织功能主要依靠于我们的过去经验。人类学家特恩布尔（Turnbull，1961）曾调查过居住在刚果枝叶茂密的热带森林中的俾格米人的生活方式，描述过下面的一个实例：有些俾格米人从来没有离开过森林，没有见过开阔的视野。当特恩布尔带着一位名叫肯克的俾格米人第一次离开居住地大森林来到一片高原时，他看见远处的一群水牛时惊奇地问："那些是什么虫子？"当告诉他是水牛时，他哈哈大笑，说不要说傻话。尽管他不相信，但还是仔细凝视着，说："这是些什么水牛？会这样小。"当越走越近，这些"虫子"变得越来越大时，他感到不可理解，说这些不是真正的水牛（黄希庭，2008）。所以说，有什么样的感觉信息，就决定了有什么样的知觉行为。

回到仿语"美丽冻人"上来。人们将通过视觉所看到的零散的信息，如五官端正的女子、单薄的衣裳等，以及通过感官感受到的寒冷的天气结合起来，形成这样一种知觉：一个因寒冷而冻得发抖的美丽女子。

有了这种知觉后，人们产生了一种将这一知觉表象化，然后再寻求表达方式的冲动。在寻求表达方式的过程中，由于在心理词库中没有找到合适的表达法，只有借助于联想和想象。

2. 联想和想象

联想和想象是心理活动的高级形式，它们与情感和理解密切相连。联想和想象是以感知和表象为材料，在人类实践基础上发展起来的，在实践中人的反映经过记忆、分析与综合，加工为新的表象和形象。

联想是由一事物想到另一事物的心理过程。它既可以是由感知某一事物而想到与此有关的另一事物，也可以在回忆某一事物时又想到与此有关的事物。形成联想的客观基础是事物间的普遍联系,具有各种联系的事物反映在头脑中形成暂时的神经联系,一旦有相应的刺激促使这种暂时的神经联系恢复时就形成联想。联想有多种形式,可分为接近联想、相似联想、对比联想、关系联想等。

接近联想是指甲、乙两物在时间上和空间上非常接近,看到甲便联想到乙,或看到乙便联想到甲。最简单的例子就是"睹物思人",看到"瑞雪"便想到"丰年",看到"丰收"便又联想到"农民的喜悦"。又如,提到"天安门"就容易想到"人民英雄纪念碑",因为二者在空间上接近。"桃花流水鳜鱼肥"则是在时间上接近。空间上的接近和时间上的接近也是相联系的,空间上接近的事物,感知时间也必定相接近。感知时间相接近的,空间距离也常接近。因此,人们在有关的经验中便把它们经常联系在一起,形成固定的联系,并引起相应的情绪反应。

接近联想在语言当中也同样存在。比如说,人们由"一"想到"二",因为二者相邻,距离很近。由数字"8"联想到"发",因为发音相似,音节接近。接近联想给仿拟的创造提供了一定的理据,语音仿拟就是典型。仿"常来常往"拟"常来常网"就是一例。因为根据往的拼音"wang",人们很容易就联想起其同音词"网",当然还可以联想到其他同音或近音的词如"旺"、"忘"等。同理,在天寒地冻的天气里,美丽动人的衣着单薄之女子在受"冻",根据发音上的相似,人们便顺势由"动人"联想到"冻人",于是乎,仿语"美丽冻人"应运而生。

除了接近联想外,相似联想也是仿拟产生的心理依据。什么是相似联想?相似联想就是指甲、乙两物在某一点上有些相似之处,因而想到甲物时可以联想到相类似的乙物。例如由春天想到繁荣,由劳动模范想到战斗英雄。又如《诗经》中的"关关雎鸠,在河之洲,窈窕淑女,君子好逑",这是用雎鸠鸟的叫声来比喻窈窕淑女,相传雎鸠鸟爱情专一。而李白的《静夜思》既有相似联想,又有接近联想。"床前明月光,疑是地上霜",秋夜的月光,透过窗户照在床头上,纯洁的月光像洁白的霜,一样的寒冷。"明月"与"霜"的相似引起了相似联想。"举头望明月,低头思故乡",明月与故乡是非常接近的,看到明月就想起了故乡,这就是接近联想。

相似联想反映事物间的相似性和共性,一般的比喻都借助于相似联想。如以风暴比拟革命形势,以苍松翠柏形容坚强的意志。作诗时用韵律,由一个字想到同音同韵的字,也是一种相似联想。相似联想是暂时联系的泛化或概括化的表现。泛化是对相似事物还未完全分辨清楚时所作的相同的反应,概括化则是对不同事物的共同性质所作的反应。

根据相似联想的特性,一类相似的事物容易被联想在一起,容易引发新词的创造。比如"水门"是一政治丑闻,在其演变中经历了"专化"、"类化"和"泛化"三个阶段,"××门"被当做是"丑闻"的代名词,凡是"不光彩的丑闻"都被冠以"××门"。

因此便产生了众多的"××门"词族:"电话门"、"监控门"、"解说门"、"艳照门"等等。这些"××门"词族的产生皆因于此类事件的相似之处即共同特征:都是见不得人的不光彩事件。因此,只要是丑闻,就可以带上"××门"的帽子。再以 crisis 为例,较早出现的是 economic crisis(经济危机),后来人们模仿复合词 economic crisis,保留其第二部分 crisis,造出了 currency crisis(货币危机);the North-South crisis(南北危机,指发达国家与发展中国家之间的紧张关系);existence crisis(生计危机);development crisis(发展危机);health crisis(健康危机,源于人类发现艾滋病后,以及世界环境受到严重污染以后,专家提出警告:人类面临健康危机);the Gulf crisis(海湾危机,指 20 世纪 80 年代末发生在海湾地区的一场战争),beef crisis(牛肉危机,指 1997 年在英国爆发的疯牛病导致英国牛肉出口严重受挫);Kosovo crisis(科索沃危机,指 1999 年发生在南联盟的科索沃战争)。

由此可见,相似联想具有极强的能产性,凭借这一心理特征,人们可以生成很多新词新语。

除了上述两种联想形式之外,还有一种方式——对比联想。对比联想是指由某一事物的感知或回忆引起和它具有相反特点的事物的回忆。如由黑暗想到光明,由冬天想到夏天等。对比联想既反映事物的共性,又反映事物的相对立的个性。有共性才能有对立的个性。如黑暗和光明都是"亮度"(共性),不过前者亮度小,后者亮度大。夏天和冬天都是季节,不过一个炎热,一个寒冷。我国律诗中讲究对仗,对联的应用也非常广泛。对比联想使人容易看到事物的对立面,对于认识和分析事物有重要的作用。如"蝉噪林愈静,鸟鸣山更幽"中,"噪"与"静"、"鸣"与"幽"是对比联想,二者形成一种鲜明的对比,由"蝉噪"和"鸟鸣"衬托了"林"和"山"的清静与安宁。杜甫的名句"朱门酒肉臭,路有冻死骨",在意义和用词上都是非常对立的,凭借"冻死骨"来反衬"酒肉臭",深刻地揭露了封建社会的阶级对立,统治者过着不劳而获、花天酒地的生活,残酷地剥削、压榨劳动人民,而劳动人民却因为缺吃少穿,挣扎在死亡线上,二者形成了强烈的对比。

在新词语的创造中,对比联想是一种经常使用的方式。如根据"hot line"(热线,指供政府首脑,尤其是苏美首脑等在发生紧急情况时互相进行即时联系的直通电话或电报线路)类推出"cold line"(冷线,意思是降温,尤其指政府首脑或国家之间关系疏远的状况),hardware(计算机的硬件)→software(计算机的软件);brain drain(人才外流)→brain gain(人才流入);flash bark(小说、电影等的倒叙)→flash forward(小说、电影等的提前叙述未来事件)。

除了联想以外,想象也是一种高级的心理活动。想象是人的大脑在原有表象基础上加工改造成新的形象的心理过程,它作为一种特殊的心理功能,为人类所独有。想象能将人们通过感觉所感知的事物进行重新组合,人们不但可以追忆和夺取当前的事物和形象,而且可以想象未来的事物和形象。如人可以根据别人的口头或文学描写想象出他从未接触过的事物和形象。几百年甚至几千年前的人物,我们当然既不曾看见,更没接触过,不可能留下什么完整表象,但可以通过人物传记或其他描述,把零碎的表象综合为完整的新的人物形象;或根据当时的历史环境、政治思想、风俗习惯和生活情况等,通过想象分析综合、加工改造,就能完整地虚构出个性鲜明、栩栩如生、从未见过的人物形象。

想象分为再造性想象与创造性想象两类。再造性想象一方面是指这些形象不是重新创造出来的,而是根据别人描述或示意再造出来的,它与原型有些相似,但又不是原型。另一方面,再造性想象又是指经过自己的大脑对过去感知的材料进行加工,再根据个人的知识、经验和表象再造出来的形象。创造性想象是不依据现成的描述,独立地创造出新的形象的心理过程。在创造新作品之前,头脑中先构成一定事物的新的形象,即表象,然后在此基础上加以想象。

仿拟作品的创造离不开想象。任何一个仿体的产生,都是想象的结果。"美丽冻人"的产生依据对现有事物的零碎感知,然后借助大脑已有的词汇——"美丽动人",在原有基础之上发挥想象,再造出仿语——"美丽冻人"。比如,针对当今社会的腐败现象的一则打油诗:

当官不怕喝酒难,千杯万盏只等闲;鸳鸯火锅腾细浪,海鲜烧烤走鱼丸;桑拿小姐周身暖,麻将桌前五更寒;更喜小姐白如雪,三陪过后尽开颜。(《百姓话题——当代顺口溜》,中国档案出版社,1998 年)

该诗的本体为毛泽东的著名诗篇《长征》:红军不怕远征难,万水千山只等闲/五岭逶迤腾细浪,乌蒙磅礴走泥丸/金沙水拍云崖暖,大渡桥横铁索寒/更喜岷山千里雪,三军过后尽开颜。诗作充分展示了一代伟人毛泽东在艰苦卓绝的战争年代中藐视困难、充满自信的英雄主义气概,表现了伟大、坚强的人民军队为革命事业浴血奋战、历尽艰辛的战斗历程及全军将士不畏艰险、誓夺胜利的高尚情怀。而仿诗借助该文的曲调,真实地描述了现实社会中部分干部热衷于用公款大吃大喝、搓麻将、玩女人的阴暗画面。这两种不同背景的介人,不仅使"打江山"的革命老前辈高尚的境界与"守江山"的部分干部的腐化堕落构成了鲜明的对比,有效地丰富了仿体的语义内涵,而且还使仿体在言语格调上也与本体所表现出来的那种崇高感、磅礴感形成了强烈的反差,表现出了调侃戏谑的情感色彩。

该诗的作者在作品的创造中运用了如下心理过程:首先将感觉到的现象组合起来,形成事物整体性的认识,产生知觉。然后凭借丰富的想象力,展开联想。在联想的过程中,为了达到讽刺嘲弄的目的,借助于对比联想,将充分体现先烈们为了革命事业而不惜抛头颅、撒热血的的诗词——《长征》联想在一起,形成对比。然后放飞想象的翅膀,借助语言表现手段,将贪污腐化的干部们的形象一一融入原诗,再造出一个与原诗在格调上相似、内容上相反的新作品。值得一提的是,该诗与原诗在每句的最后一个字上都完全一样,通过二者的对比,讽刺何等辛辣!作者的聪明才智显露无遗。

以上我们对仿拟产生的心理活动与过程做了微观的描述,深刻揭示了仿拟创造中的心理行为,这对于我们如何利用这一心理,从而创造出更新、更好的仿拟作品有很大的帮助作用。

二、仿拟创造中的心理类型分析

在仿拟的创造过程中,有多种类型的心理在起作用,概括起来主要有如下几种:

(一)求变心理

天地万物,无时不刻不在发生变化。沧海桑田,世间轮回,一切均在变化之中。正是有了变,才有了现今的五彩世界。有些事物看似不变,其实变在其中。不变是相对的,变化是永恒的。在艺术中,流动、变化都是形式美感的重要因素。而对作为人类交流工具的语言来说,经历了多年的风风雨雨,变得与以前大相径庭了。以文学作品为例,朴素自然、干净凝炼的语言之于小说,只是一个起码的要求,求新求变一直是历代小说家的追求。因为变化了才可以出新,一切美都源于"流动着的变化旋律里",即使是静物与雕塑(丹纳,1980)。随着社会的发展,人们的阅读心理、审美取向也在不断地更新与变化。周国平在《人与永恒·写作》中谈到:"有两种写作,一种是经典性的,大体使用规范化的语言,但并不排除在此范围内形成一种独特的语言风格,它永远是文学和学术的主流。另一种是试验性的,尤其是在语言上进行试验,故意打破现有的语言规范,力图创造一种全新的表达方式,它永远是支流,但其成功者则不断被吸收到主流中去,影响着主流的流向。我知道自己属于前者,我在文学上没有野心,写作于我不过是一种记录思想和感受的个人活动。就此而论,现有的语言已经足够,问题只在如何更加娴熟自如地运用它。但我对后者怀着钦佩之心,因为在我看来,唯有这种语言革新事业,才是严格意义上的文学创作。"在这里,周国平(1992)认为只有语言革新才能称作"严格意义上的文学创作"。可见语言在小说创作中的求变创新,在文学的拓展中,具有多么重要的意义与地位。老舍先生指出:"我们最好的思想,最深厚的感情,只能被最美妙的语言表达出来。若是表达不出,谁能知道那思想与感情怎样的好呢?这是不可分离的、统一的东西。要把语言写好,不只是说什么的问题,而也是怎么说的问题。创作是个人的工作,怎么说就表现了个人的风格与语言的创造力。"在老舍先生看来,"怎么说"表现了一个人的风格与创造力,"文艺是要争奇斗胜的,内容、思想或感情要好,文字上也要显示出自己的风格来,不是人云亦云的、老老实实的。做人应当老老实实;写文章不应当老实,要锐利,有风格,有力量。语言的创造并不是另造一套话,烧饼就叫烧饼,不能叫'饼烧',怎么创造?话就是这些话,虽然是普通话,但用得那么合适,能吓人一跳,让人记住,这就是创造"——"吓人一跳","让人记住"即为创造,老舍先生再简约不过地为语言创造下了一个极为形象的定义,使我们马上联想到千百年来中国文人"语不惊人誓不休"的创作追求。我们可以这样认为,凡称得上"创造"的语言,都是新颖而充满文采的,否则,自然会言之无文,行而不远。曹禺先生也曾说过:"没有对语言的创造发生极浓烈的兴趣,一个作者难成其为作者。"这种要求看似过高,实则一切优秀的小说家都在语言上有着创造的理想与追求。古今中外,文章永远随着时代的发展而变化,"文章随时运,无日不趋新",正是语言求变的时代驱动与规律。清代学者李渔认为,"文有尖新之句,句有尖新之字"才是人们爱读的文章,"以尖新出之,则令人眉新目展,有如闻所未闻,以老实出之,则令人意懒心灰,有如听所不必听"。他讲的尖新,就是老舍先生所说的"语言的创造"。凡是有创意的语言都会使人快慰;否则,落套之语累牍连篇,当然让人意懒心灰。

归结语言求变出新,大概有如下七种方法:

1. 词义求变

出于表达的需要,也可以赋予词语以鲜活的临时意义。

2. 词性求变

切合语境特点,以词性的临时变化来求得表意的生动、深刻,增强语言张力。

3. 色彩求变

故意改变词语的感情色彩或语体色彩,或正话反说,或反话正说,或雅俗互现,以此来增强表达效果。

4. 结构求变

为了强化突出语意,对其固有结构进行改造,打破常态,变中求新,使之更好地为传情达意服务。

5. 搭配求变

词与词的组合实现超常搭配,巧妙嫁接。

6. 书面形式求变

让词句的排列形式有别于常态,给读者以视觉上的新奇感,以取得语句表达之外的收获。

7．词形求变

根据表达上的需要，变换现成词句的"零部件"，创造出与成词成句外形相似的词语。

在上述七种方法中，第七种方法即是我们说所的仿拟。例如：

（1）我们这一批老知青虎头蛇尾的太多了，我想让自己一辈子有始有终，至少要虎头虎尾，最好要虎头豹尾。（《中学语文教学》，1998 年 2 月）

（2）打开月饼盒一看，……有一种"七星伴月"的月饼盒，孤零零一只月饼，四周是七瓶迷你洋酒。真是"厂家之意不在饼，而在酒也"，用心可谓良苦。（《中学语文教学》，1998 年 2 月）

（3）假使这也算一种"信"，那也只能说中国人曾经有过"他信力"，自从对国联失望之后，便把这他信力都失掉了。（鲁迅《中国人失掉自信力了吗？》）

例（1）句为成语变形，即仿语。将成语"虎头蛇尾"变为"虎头虎尾"、"虎头豹尾"，使"想让自己一辈子有始有终"的意思表达得既形象，又新鲜。（2）句属成句变形，即仿句。化用欧阳修的名句"醉翁之意不在酒"，对厂家的"良苦用心"进行了曝光，讽喻之中显幽默，易于为人接受。（3）句是一般词语变形，即仿词。为讽刺当时统治者对"国联"的依赖，仿"自信力"拟"他信力"，使讽刺的辛辣味更浓。像这样根据具体语境，对现成词句作变形处理，确能收到增强语言表现力的效果。

（二）联想心理

联想是指回忆时由一事物想起另一事物的心理过程，是现实事物之间的某种联系在人脑中的反映。联想有多种形式，一般分为接近联想、类似联想、对比联想、因果联想等。

联想这一心理活动在仿拟的生成中有着十分重要的意义，因为它为表达人脑所感知的对象寻求到了参照的对象，例如：

美国一家医药公司为其新研制出来的一种预防中风的药丸所做的广告的标题是"A pill a day keeps a stroke away"（一天一药丸，中风离得远）。众所周知，这是模仿"An apple a day keeps the doctor away"（一天一苹果，医生远离我）而创造出来的。

可以想象的是，当这家美国公司创造出这一新产品后，一定急于将之推销出去。如何才能顺利销售呢？途径之一就是通过广告销售。广告词十分关键，要尽量做到让人们过目不忘，所以要在广告词上面做文章。捷径就是将新创造的广告词与人们耳熟能详的语句联系起来，于是，有人便联想到了英语习语"An apple a day keeps the doctor away"，采用类推方式，创造出了"A pill a day keeps a stroke away"。其联想心理大致如下：

药丸的功能在于治疗中风,有了它,就不用看医生。于是联想起上面这条英语谚语。由"药丸"联想起"苹果",由"中风"联想起"医生",于是,原来习语的构式被采用,取而代之的是两个词语——"pill"和"stroke"。这种联想叫接近联想。

至于利用类似联想仿拟的例子很多。如人们由 sunrise(日出)联想创造出earthrise(地出,指登月宇航员站在月球上看地球升起);仿 earthquake(地震)创造出 starquake(星震)。至于汉语中凭借类似联想创造的词数不胜数,以"酒吧"为例,在这个词的基础上,人们展开丰富的想象翅膀,创造了一系列的"吧"词族:"网吧"、"水吧"、"陶吧"、"餐吧"、"会吧"、"书吧"、"股吧"、"报刊吧"、"彩票吧"、"零点吧"、"小说吧"、"阿里吧吧"、"资源吧"、"财经吧"、"球吧"、"桥吧"、"贴吧"、"大学生吧"、"意思吧"、"车吧"、"简历吧"、"表情吧"、"心灵吧"、"校园吧"、"茶餐吧"、"图吧"、"假日吧"、"海边吧"、"同志吧"、"百度吧"、"考试吧"、"文章吧"、"陶吧"、"社会学吧"、"期货吧"、"影视吧"、"房吧"、"摄影吧"、"新闻吧"、"词吧"、"音乐吧"、"摩托吧"、"迪吧"、"书吧"、"网吧"、"鸟吧"、"米粉吧"、"服饰吧"、"话吧"、"邮吧"、"玩具吧"、"家电吧"、"冰吧"、"水吧"、"醋吧"、"果吧"、"粥吧"、"巧克力吧"、"氧吧"、"泥吧"、"树吧"、"指甲吧"、"首饰吧"、"鞋吧"等。

至于采用对比联想构成的新词也有很多,这里就不一一赘述了。

(三)模仿心理

社会心理学中模仿理论创始人塔尔德(Jean Gabriel Tarde)在其专著《模仿的法则》中提到:一切社会事物"不是发明就是模仿",模仿是"最基本的社会现象"。人是从模仿开始自己的人生的,个人的言行举止无不是从模仿开始的。模仿理论对从社会心理学角度研究传播在人格形成和人的社会化过程中的作用具有重要的影响。塔尔德的理论认为,模仿是先天的,是我们生物特征的一部分。然而,经过米勒多拉德、班杜拉及其他许多学者的研究,模仿性行为犹如其他许多种类的行为一样,也是习得性的。模仿是社会学习的重要形式,在个体社会化过程中起着重要的作用。如婴幼儿就是因模仿而获得最初的知识的。模仿也是人们彼此之间相互影响的重要方式之一。

那么,什么是模仿?我们认为,模仿是人类个体在感知别人的言行后,仿照他人做出相同或相似言行的过程。它分为行为的模仿和言语的模仿。言语模仿是一种常见的修辞现象,当人类个体发觉某人的言语对自己很有吸引力和感染力时,就会接受其影响,从而模仿他人的言语。

言语模仿是对现有词、语、句、篇进行模仿而仿造出新的词、语、句、篇的过程。言语模仿者对现成言语作品的模仿,要么是自己喜欢的,要么是自己所倾向的。当现成言语对模仿者产生强烈的吸引力,并吸引其进行模仿时,模仿就进入了认同的层次。模仿者已经意识到被模仿言语的意义和价值,于是产生喜欢并乐于学习的情绪体验,力求与被模仿的言语保持技巧或风格上的一致。在言语模仿的过程中,模仿者是主动的、自觉的,不受外来压力和环境的强迫。

言语的模仿分为两种:无意识模仿和有意识模仿。无意识模仿是模仿者没有意识到的模仿,它是在不知不觉中进行的。婴儿不到一周岁就会牙牙学语,说明模仿是一种先天的本能。言语的无意识模仿是客观存在的,它既包括一些简单的、早已为模仿者熟悉而不需要重新学习的言语,如儿童能掌握部分基本词汇;也包括经长期熏陶而无意学会的一些话语,如操一种方言的人迁入某地,数年后便不自觉地学会了当地人的方言俚语。

有意识言语模仿,是模仿者怀着某种动机和目的,有意仿造他人的言语,它包括两种情况:

一是有意识的机械言语模仿,即人云亦云,有鹦鹉学舌之感。

二是模仿者了解他人言语价值和意义,经理性思考,有目的有选择地模仿他人的言语,它是从认同达到内化的境界。

包括仿拟在内的修辞中的模仿属于有意识言语模仿,具体讲,属于由吸引到认同到内化的言语模仿(孙汝建,2006)。

在语言文化的传承中,模仿起着十分重要的作用。模仿心理在人们,特别是在青少年中十分突出,这主要是因为青少年往往求知欲比较强,对新兴事物有着强烈的好奇心,容易模仿,而且容易在模仿过程中做到发挥创意。如校园里最美的女孩被称为"校花",如果女孩是"花",那男孩不就可以称为"草"吗?于是乎,仿"校花"而造出"校草"一词。

"仿拟",顾名思义,就是模仿现有的事物,在其生成过程中,模仿意义重大,可以说没有模仿,就不会有这一辞格的存在。相反,这一辞格的存在和其所发挥的重要作用,也就充分证明了模仿心理在仿拟的创造中起着重要作用。

(四)创新心理

创新心理的提出源于我国著名教育家陶行知先生在其《创造宣言》中提出的"处处是创造之地,天天是创造之时,人人是创造之人"。心理学也揭示,创新、创造是人的基本潜能。因此,人们在运用流行语、成语、谚语、名言警句等时会根据新的语境有意识地仿效和创造出新颖、独特且能满足发话人标新立异的欲望,体现发话人机智和博闻的临时变体(胡剑波,唐忠顺,2002)。例如:

(4)贡父晚苦风疾,髭眉皆落,鼻梁且断。一日与子瞻数人小酌,各引古人语相戏。子瞻戏贡父云。"大风起兮眉飞飏,安得壮士兮守鼻梁。"座中大嚎,贡父恨怅不已。

该例句套拟刘邦《大风歌》"大风起兮云飞扬,威加海内兮归故乡,安得猛士了

守四方"首尾两句。(陈望道《修辞学发凡》)

（5）Money makes the mayor go. 有钱可牵着市长鼻子走。(张上堂《英文双关语》,转引自刘英凯)

例（4）的原句陈望道先生已说明清楚,读后令人忍俊不禁。苏东坡的机智、博闻令人叹服。同时我们也认识到词语的翻造、活用和仿效古已有之。(5)的原句是"Money makes the mare go（有钱能使鬼推磨）"。"mare"和"mayor"是同音异形异义词,同时"母马"和"市长"形成强烈对比,妙趣横生,颇具新意。正是人们的这种创新意识,才使新鲜活泼的语言源源不断地进入语言系统,避免了语言的一成不变、僵死不动。

仿拟属于言语创新,创新必须符合一定的语言习惯,必须为人所接受。如"麦浪"仿"水浪"就很有新意,"系长"(系主任)仿"校长"就不能为人们接受。

（五）求雅心理

人们常说:"爱美之心,人皆有之。"同样,人们在进行言语交际时十分注重自己的语言美,正所谓"言之无文,行而不运"。意思是说叙事论理如果没有文采,其传扬和影响就不会广远。因此说话人为增强话语感染力和表达效果,常会套用优雅古朴、富于哲理的成语、谚语、名言、警句等。如前文所举、模仿《长征》的打油诗,就是通过这一模仿,借用名诗的格调,体现作者追求雅致的心理。又如:

（1）萨斯病毒何时了,患者知多少? 小楼昨夜又被封,京城不堪回首月明中。粮油蛋菜应犹在,只是不好买。问君能有几多愁,最怕被当成疑似被扣留。

该作品是萨斯病毒流行期间老百姓的生活状况的写照。反映百姓生活艰难状况之词,通过借用李煜的《虞美人》的框架格式,作品的意蕴得到了优雅的展现。再如:

（7）Wall Street owns the country. It is no longer a government of the people, by the people and for the people, but a government of Wall Street, by Wall Street and for Wall Street. (华尔街拥有这个国家。它不再是一个民有、民治、民享的政府,而是一个华尔街有、华尔街治、华尔街享的政府。)

"民有、民治、民享",这是美国总统亚伯拉罕·林肯在盖茨堡演说时所描绘的美国政府。简短的几个字道出了美国民主的真谛。美国政府不是统治人民而是受人民所统治,民选的官员被认为是人民的公仆,他们代表的是他们的选民。美国人可经由投票,向他们的代表陈情,甚至于组织和平的示威活动,来发表心声,参与政事。每一个美国公民都有一份保护自身利益的权利与义务,来决定他们的政府该如何执政。这样一句名言在句中得到顺势模仿,一方面体现了作者的机智,另一方面通过模仿名言,追求了一种雅致之美,给文章增加了几分说服力。

（六）暗示心理

暗示就是用自己的行为结果影响他人的心理。言语暗示则是暗示者以言语为媒介，间接、含蓄地向被暗示者表达自己的思想。如越剧《梁祝》"十八相送"中祝英台的唱词就充满了暗示性。言语暗示可以分为他人暗示和自我暗示两种，他人暗示又可以分为直接暗示、间接暗示和反暗示。仿拟也是话语信息的传递形式，在传递某种信息的过程中，可以有意识地间接暗示什么。例如：

A："先生，您知道世界上最尖锐最锋利的是什么吗？"

B："不知道。"

A："就是您的胡子呀。"

B："为什么？"

A："因为我发现，它能够从您脸上破皮而出。"

"破皮而出"是模仿"破土而出"而仿造的新词语，该仿词幽默风趣，间接地暗示着B脸皮厚，从而形成辛辣的讽刺。

综上所述，语言行为受心理因素所支配，仿拟的产生源于上述几种心理的同时作用：人们都有求异心理，希望通过与众不同来体现自身的价值。但是求异心理的充分表露势必把个人突出于社会之外，造成一种不安全感。为了躲避这种不安全感，人们就会产生一种从众心理，模仿他人、顺应社会。不过从众心理的直接后果却是个性的泯灭、个人价值的隐没。在这种两难选择中，人们只好让这两种心理相互补偿：一方面要在一定程度上超前于整个社会的现有状态，以满足求异的心理；一方面又要使参与的个体数量形成一定规模，使它不是个体的行为而是一种社会行为，来满足从众的心理。如此，人们追求新异而又不必顾虑那种不安全感的威胁。仿拟词语的产生也正是这两种心理张力的生动体现，是模仿与创新的统一，只是在满足从众心理的前提下更能满足人们的求异心理，更能从中体会到一种创造的快感（张小平，2003）。在一成不变的语言使用过程中，人们逐渐产生了求变心理，然后产生联想，力求一个变化的方向。人们联想到，词语变化最简洁的方式就是模仿，即模仿现成的语言形式创造出新的语言形式，这就是所说的创新。而创新也总是力求体现一定的文风，以求得雅致为美。

第二节　仿拟的美学分析

一、仿拟言语行为的审美选择

钱冠连先生（2004）曾说过：语言结构不是一成不变的，它是一种动态平衡系统。这主要体现在语言的开放性。语言的开放性质揭示如下:周围的环境(人类社会与自然界)生动的变化,不断往语言系统里(暂时将人这个参数模糊起来、隐藏起来)增加新词、新说法,语言系统自己淘汰旧词、旧说法。

我们说话构成了言语,言语中存在一种美,我们称之为言语美。什么是言语美?言语美就是在个人的言语活动和言语行为中言语片段的美学价值、美学特征的总和。钱冠连先生(2004)对言语美的基本特征做了如下概括:

1)说话人在恰当的语境中选择了恰当的话语,即话语的安排既适合社会背景又适合语篇背景(上下语,上下文)。

2)说话人在语言形式上选择了优美的音韵和适当的节奏,选择了符合形式美法则的言语表达实体。

英国哲学家奥斯汀(J. L. Austin)认为,说话本身就是行为,他称之为"言语行为"(speech act)。说话就是在执行某一个或某些个行为,即用言语做某事。就算是狭义的动作(手、脚、身、像的移动或位移),言语里头也是有的。按照奥斯汀的言语行为概念,我们将言语行为排队如下:

第一类:陈述性或描述性的言语行为,描述世界的状况或事件。例如断言、主张、报告、声言、宣布、估计、猜测、坚持(什么意见)、陈述、叙述、发誓、告诉、警告、告诫等。

第二类:承担性的言语行为,指说话人表示将要干什么的言语行为。例如许诺、自愿提供、允许等。

第三类:指示性的言语行为,指具有使对方做某事的功能的言语行为。例如建议、请求、命令、忠告、坚持要人干什么、教唆、指示、邀请、允许、规定、要求(请求允许、乞求等)、威胁、告诫等。

第四类:表情性的言语行为,指说话人表达自己对某事物的情感和态度。例如道歉、抱怨、感谢、祝贺、问好、赞扬、良好祝愿、拒绝等。

第五类:宣告性的言语行为,指能改变(客观)世界上某种事物的言语行为。例如宣判、嘱咐、命名等。

从符号学的角度看,人类交际的基本单元是句子或其他手段。从言语行为理论看,人类交际的基本单位是完成一定的行为,如提问、恐吓、命令、告诫、建议、致歉等。

言语行为的审美选择问题,不是指出那种言语行为最美,而是指在恰当的语境中说了恰当的话语。

我们拟讨论的是,假若通过选择某种言语行为,并通过仿拟手段,来与某种非语言因素以一定的方式搭配起来,或者以一种言语行为间接地执行另一种行为时,这里面是否也包含着美感的生成?

比如说,第一,选择某一言语行为时,同时利用语境和情感意义去执行另一言语行为。利用语境,就是看准合适的前提,达到说与听双方的"互相配合默契"(大致相当于语用学中这一术语:mutual contextual beliefs,即语境的互相知信)。格赖斯(Grice)的会话含义学说有助于对言语行为利用语境的理解。利用情感意义的言语行为的审美选择,是这样一个过程:说话人在执行某一言语行为时,搀和着情感的抒发:喜悦、愤怒、讥讽、自谦、克制、夸大等。听话人要将言语行为结合这些情感色彩才能找到另一个言语行为。有一家服装店,以"衣衣不舍"来命名,门庭若市。我们知道,店名是对成语"依依不舍"的仿拟。说话人(店主)的话语实行了指示性言语行为:邀请(邀请顾客光临本店)。这一言语行为搀和了一定的情感意义:老板对顾客的光临热烈欢迎,同时对顾客的离去像对待自己的亲人一样依依不舍。而且,店里的产品——服装也像人一样具有灵性,对顾客俨然依依不舍。如此说来,留恋之情溢于言表。而观众或听众(顾客)所产生的言语行为是陈述性的言语行为:宣布购买。要注意的是,顾客的这一言语行为搀和着的感情色彩是"宾至如归"和"浓浓的亲情"。店名这一言语行为的选择和情感意义结合得很恰当,营造了一种温馨的气氛,因而很美。

第二,说话人以一种行为间接地实现另一种言语行为时,可能会出现某种程度的美感。因为从一种言语行为转换到另一种言语行为时,同步发生了话面意义到间接用意的转换,转换时,审美心理过程是这样的:话面意义和间接用意(话外音或弦外音)可能不同,甚至相去甚远。话面意义(命题意义,表述意义)由语句里的特定词汇和结构来表达,而间接用意(话外音)是说话人希望产生的真正效果(也是真正目的)。当话面意义与间接用意不一致时,听话人要靠推断来消除话(字)面意义与间接用意之间的距离。如前面所举的例子:

当官不怕喝酒难,千杯万盏只等闲;鸳鸯火锅腾细浪,海鲜烧烤走鱼丸;桑拿小姐周身暖,麻将桌前五更寒;更喜小姐白如雪,三陪过后尽开颜。(《百姓话题——当代顺口溜》,中国档案出版社,1998年)

该例就表层(字面)意义而言,似乎是在描述当官的日常生活,从表面上看,语言没有任何贬损之词,可是其弦外音却是对某些官员的辛辣的讽刺,让听众(观众)感觉到这一言语行为是一种表情性的言语行为,里面搀杂了抱怨的情感。通过名褒暗贬的言语选择,实在是言语行为所具有的一种美学功能与美学效果。

二、仿拟修辞的美学效果

仿拟之所以能够使读者领略别一番意境,是因为它使原本枯燥呆板的语言变得活泼俏皮起来,在某种程度上迎合了消费者的审美心理。"审美心理不只是感受美、享受美并从中获得愉悦和快适的情感活动,也是发现美、表现美和创造美的认识活动……"(许自强,2003)我们充分利用被仿拟对象原有的美感因素,并在此基础上加以演绎,引导读者在熟悉的语句、语境和文本中发现新的审美要素,同时使其身心得到愉悦。下面我们对仿拟言语活动中的美学效果进行分析:

(一)语感美

语感美是审美感知的一种。审美感知又包含感觉和知觉。前者指通过五官感受,反映事物的个别属性,而后者则对感觉所得进行整合,反映事物的整体状貌(许自强,2003)。体现在仿拟中的语感美主要是指通过文字所创造的音律、节奏、音调等方面的美感,使人读来铿锵有力,错落有致。例如:

(1)The lass who lassos the lad laughs last.(某化妆品广告语)

(2)Beanz Meanz Heinz(亨氏产品广告语)

上述两则仿拟均采用了一定的修辞方式。例(1)运用了头韵(alliteration)的修辞手法。头韵是两个或两个以上的词的首字母的发音相同而产生的音韵。在广告中使用头韵看起来醒目,读起来悦耳。例(1)的 8 个单词中有 5 个(lass,lassos,lad,laughs,last)互押头韵,通过采用这种方式,达到了声音和阅读上的美感。另外,某些音位的组合所具有的特定联想意义能体现语言与事物的有机联系和内在和谐。例(2)使用了尾韵(rhyme),即两个或两个以上的词的尾元音及其后的辅音相同而产生的音韵。语言中使用尾韵,能加强其音乐性,从而突出语言的声律美,达到语感上的流畅。

(二)联想美

联想美也是语言美的一个基本原则。话语的形式和内容两个方面的规则的合理的自然的联系,就能产生语言的美(王希杰,2008)。我们在第一章所举仿自虞信的"落花与芝盖齐飞,杨柳共春旗一色"的例子:"落霞与孤鹜齐飞,秋水共长天一色。(王勃《滕王阁序》)"之所以成为千古传颂的佳句,其主要原因就在于创造性的联想,"落霞"和"孤鹜"、"秋水"与"长天"的联系出乎人们的意料,但又合情合理。

由于仿拟的语句和篇章与人们所熟知的仿拟本体有着千丝万缕的联系,同时又根据广告的语境附带了很多新意,所以英文中的仿拟还会带给读者联想的空间,使其在联想中感受语言的美。读者在将仿体与仿拟本体进行潜意识的对比时,就是在利用已知的仿拟本体的美感对仿拟未知的美感进行探究。"审美联想是由当前感知的事物回忆起或联想起与它相关的另一件事物……即由审美感知所获取的沉淀在人记忆中的印象,由审美对象引发出来的表象的联系和运动。"(许自强,

2003)尤其是当仿拟的语义比较模糊时,更容易激发读者的这种联想。例如:

(3)Beauty is more than skin deep.

(4)This year passes a beary Christmas.

例(3)中的 more than 是一个模糊词语,留给读者关于"美"的广大的想象空间。例(4)中的 beary 一词的创造无疑使人联想起记忆中玩具熊的印象:憨厚可爱、绵软温馨,的确很适合圣诞节的气氛。

(三)意境美

仿拟运用得好,还能将读者带入一种意境,使其产生身临其境的感觉。虽然读者对仿拟语句中所描绘的场景或氛围没有直接的经验,但通过审美想象,可以在脑海里形成并感受某种意境,而这种意境正是创作者要赋予读者的美的享受。"审美想象有创造想象与再创造想象之分。创造想象是脱离眼前的事物,通过对感知记忆中的客观事物的表象,进行彻底的改造,创造出新的形象。……再造想象则是根据语言的描述或图样、标记等的示意,在脑中再造出相应的新形象。"(许自强,2003)

广告中,人们纷纷利用仿拟达到这样的目的。如仿拟谚语"Where there is a will, there is a way."而成的房产广告"Where there is water, there is wealth."仅通过两个字的修改,就将读者带入了碧水环绕、绿树成荫的社区环境。又如床上用品广告"Every dog has its day and night."通过仿拟手法和画面的结合,又将人带入一种放松舒适、安静祥和的氛围。这些广告语都通过仿拟的手法将读者带入了一种美的意境。

仿拟是一种神奇的修辞手法,它在赋予广告语生机的同时,也给读者提供了丰富多彩、美不胜收的意境。英语在其历史发展进程中沉积了丰富的语言要素,如谚语、俗语、优美的诗篇、生动的歌曲等,这些广泛流传、深入人心的语言形式常常被广告创作者赋予新的内涵,生动地传播着广告的理念和产品的特性,增强了广告的说服力和文化影响力。因此仿拟修辞有着扎实的劝购功效。

仿拟是能够创造美的修辞手法。在朴实地履行劝购功效的同时,它又带给读者欢愉和快乐,使他们在联想中体会,在想象中创造意境,着实地感受广告的语言美,因此仿拟又有着无可抗拒的审美功效。

参考文献

[1] 曹禺.语言学习杂感[Z].北京:北京出版社,1987.

[2] 丹纳.艺术哲学[M].北京:人民文学出版社,1980.

[3]　胡剑波,唐忠顺.试论仿拟的心理基础[J].四川外语学院学报,2002(4).

[4]　胡曙中.英汉修辞对比研究[M].上海:上海外语教育出版社,1993.

[5]　黄希庭.心理学导论[M].北京:人民教育出版社,2008.

[6]　李渔.闲情偶记[M].北京:北京古籍出版社,1993.

[7]　老舍.老舍论创作[M].上海:上海文艺出版社,1982.

[8]　钱冠连.美学语言学——语言美和言语美[M].北京:高等教育出版社,2004.

[9]　孙汝建.修辞的社会心理分析[M].上海:上海外语教育出版社,2006.

[10]　王希杰.汉语修辞学[M].北京:商务印书馆,2008.

[11]　许自强.美学基础[M].北京:首都经贸大学出版社,2003.

[12]　张小平.新时期仿拟词语的扫描及分析[M].济南大学学报,2003.

[13]　周国平.人与永恒·写作[M].上海:上海人民出版社,1992.

第六章
仿拟的认知语言学研究

第一节　认知语言学相关观点

认知科学与语言学结合成一门新的边缘学科——认知语言学——是近一二十年的事情。这种结合表明了语言研究的一个新的发展趋势。认知语言学对传统的语言学理论提出了全新的、富有挑战性的观点。莱考夫（Lakoff）在他的巨著《范畴》（简称）前言中宣称："我们正处在思维研究历史的重要转折点，纠正两千年来关于思维的错误观念的关键时期已经到来。"（Lakoff，1987）国内语言学家王福祥、刘润清（1995）在谈到语言学研究现状和发展趋势时也断言："二十年后，认知语言学将是最热门的课题。"目前，借用认知语言学来研究英汉语中的许多语言现象，已经成了一种人们热衷的话题，甚至言必谈认知。在本章，我们也想从认知语言学的角度来对仿拟进行研究。不过，首先还是让我们对认知语言学的相关内容进行简要了解。

一、认知语言学的定义

认知语言学研究始于 20 世纪中后期，其早期比较重要的著作有：Lakoff 与 Johnson 的 Metaphors We Live By（1980）和 Lakoff 的 Women, Fire and Dangerous Things（1987）以及 Langacker 的 Foundations of Cognitive Grammar（Vol. I&Ⅱ,1987,1991）等。1989 年,由 Rene Dirven 等人组织在 Duisburg（杜伊斯堡）召开第一届国际认知语言学大会，成立国际认知语言学会；1990 年《认知语言学（Cognitive Linguistics）》杂志出版，标志着认知语言学的正式诞生。此后，认知语言学作为语言研究的一种新视角，逐渐应用于语义学、句法学、形态学、语言习得、历史语言学、音位学等语言研究的诸多领域。目前，认知语言学研究中比较有影响的理论有 Langacker 的认知语法、Goldberg 等人的构式语法、Lakoff 等人的概念隐喻理论、Fauconnier 的心理空间理论、Jackendoff 的概念语义学、Lamb 的神经认知语言学（neurocognitive linguistics）、Traugott 和 Hopper 等人的语法化研究（grammaticalization）等。

目前,"认知"是个很时髦的词,有些学者动不动就把自己的研究称为"××认知研究",什么都贴上"认知"的标签。所以,我们有必要先澄清和限定"认知"在认知语言学中的含义。从广义上讲,认知是与人的智能和知识有关的,所以,它具有广泛的含义。认识和命名一件新事物是确定其范畴的认知过程,学会一项技能是认知的结果,解决一个问题是认知能力的体现。认知语言学中所讲的"认知"只局限于与人们学习、运用语言有关的认知,而不是传统上所说的对语言系统规则掌握的认知。传统的语言学满足于建构与生成符合语法和语义上可接受的句子的规则,对语义则用"客观"的语义特征来描述,认为这些句法规则和语义特征存在于人的大脑记忆中,因此,也是"认知"的。F·昂格雷尔和施密德(F. Ungerer & H. J. Schmid)称这种观点为逻辑观(the logical view)。与此不同的是,认知语言学理论采取了两种语言认知观:经验观(the experiential view)和突显观(the prominence view)。

经验观主张语言研究不仅要建立逻辑规则和客观定义,还应采取更符合人们经验的方法。实验证明,对于"小轿车"的概念,人们不仅可以说出它的客观特征,而且还能把他们有关车的经验中的联想和印象也加入进来,尽管有些纯粹是个人的经历,但有些如"舒适"、"速度快"、"显示社会地位"等是人们共同的经验,而这些都超出了过去语言学的客观描述。这些特征反映了人们感知世界和与之相互作用的方式。

对世界完形的经验使人们从两个基本层面上认识世界:一是基本范畴,也就是说,人是从具有完形的中间层面开始,向更高或更低层面认识世界的;另一个基本层面是从具体事物的原型向外扩展到更抽象的事物和概念的。如此,人们对具体的、可以直接理解的事物的经验,为我们认识更复杂的概念和抽象的事物提供了基础。经验观的优越性在于它可以提供对语言和意义更丰富、更自然的描述。为了探索经验的秘密,必须超越对语言的逻辑分析,来研究语言非客观的意义及隐喻意义。非客观意义和隐喻意义是人们对事物认知的结果,在人们对世界进行范畴化认知中具有重要作用。

语言超越逻辑推理和客观性的另一方面是对所表达的信息的选择和安排。每个事件的发生都是一个连续的动作,而语言描述不可能是连续的,只能是选择重要的点,其他部分由受话者去填补,这就有一个选择哪一部分进行表达的问题。以车撞树为例,我们脑海里可能会想象车如何失去控制,怎样冲出道路,撞在树上,而发话者只选择了最后一部分,这是因为我们的注意力集中于最后的关键时刻。此外,我们对最后阶段的描述也可用不同的方式,我们可以说"The car crashed into the tree",也可以说"The tree was hit by the car"。前一句是描写事物较自然的方法,这是因为移动的车是事故最突显的方面,所以,我们选择车为主语。当我们想说明树的状态时,我们可能选择后一句,因为这时突显的是树,而不是车。可见,同一事件可以选择不同的句子形式来表达,而句子形式的选择是由观察事物不同的方式中突显不同的方面决定的,这就对为什么选择不同的句型作出了解释。突显原则对句法分析的相关性不亚于句法逻辑规则。

基于以上原则,认知语言学研究人对世界的感知、经验、观察事物的方式如何影响人们对语言的使用,特别是在同样符合语言规范的条件下如何选择不同的词与句子来表达非客观的意义,这就是目前认知语言学关于"认知"的含义。尽管有人认为这样的理论未免过于深奥,难以进行形式化的研究,但这毕竟是语言的一个方面,它是解释性的,是传统语言学的规则描写所解决不了的。

总之,认知语言学把语言看做是一种认知活动,是以认知为出发点,研究语言形式和意义及其规律的科学,"是基于人们对世界的经验和对世界进行感知和概念化的方法来研究语言的学科"(F. Ungerer & H. J. Schmid,1996)。也就是说,认知语言学研究与认知有关的语言的产生、获得、使用、理解过程中的一些共同规律及其与思维、记忆有关的语言知识结构模式。

二、认知语言学的研究内容

按照认知语言学的观点,语言知识和非语言知识是难以区分的,语言的产生是对世界认知的结果,是以认知为基础的。语言运用和理解的过程也是认知处理的过程。所谓语言知识只不过是关于世界的知识固化于语言符号而已。所以,对语言认知的研究包括两个方面:一方面是语言概念形成中的认知,即人是怎样运用语言符号对事物进行概念化的,这涉及基本范畴与认知图式、意象与隐喻认知模式等;另一方面是语言使用和理解的认知过程,即人是怎样运用语言结构来实现其交际功能的,这涉及语义结构中的突显与选择。下面就简单介绍一下认知语言学的具体研究领域与内容:

(一)范畴化与原型理论

语言的基础是范畴化的能力,即对世界上千差万别的事物进行分辨、归类,进而形成概念的过程和能力。在语言研究中,范畴化指的是人们对世界进行概括、归类,并赋予其语言符号的过程。从亚里士多德时代到维特根斯坦以前的古典范畴理论认为,范畴是由具有必要和充分的客观特征的成员所定义和组成的,范畴来源于客观世界既定的分类,与进行范畴化的主体无关;范畴有明确的边界,其成员具有同等的地位。基于古典的范畴理论,以前的语言研究一方面认为词的概念与客观的范畴是对应的,是可以明确定义的;另一方面还抽象出一些特征来定义各类语言范畴,如音位、语义、词类等。

近二三十年来的认知科学发现概念范畴和语言范畴不符合传统的理论。哲学家和认知人类学家对颜色范畴以及其他事物范畴(拉博夫<Labov>对 cup, mug, bowl,罗施<Rosch>对 furniture, vehicle, bird 的辨知试验)的研究都证明范畴不是客观世界的真实反映,而是人通过身体及心智对真实世界的特性进行能动处理的结果,是客观因素与生理、心理、文化因素互相作用的结果。范畴的边界是模糊的、互相渗透的,其成员具有家族相似性,其中与其他成员有更多的共性的成员具有中心成员的地位,即范畴的原型。范畴研究还分离出认知的一个重要层面,即基本范畴。新的范畴理论认为人们是以原型为核心,以基本范畴为基础认知世界的。既然语言是以认知为基础的,范畴化认知也就充分体现在语言符号中。语言中的词所代表的事物范畴中有中心成员和边缘成员之分,词义范畴也是不断变化的。其内部结构具有基本义项和非基本义项。语言中的词汇又可分为基本范畴词、上位词和下属词,基本范畴词具有最突显、最重要的地位。这对研究词汇如何反映人们对世界的范畴化,以及研究词汇的内部结构具有重要意义。

(二)隐喻概念

认知语言学产生的催化剂之一就是对隐喻语言的重新认识。隐喻一直被看做是一种特殊的修辞手段,因而是修辞学、文体学、文学等研究的对象。真正从认知角度观察和研究隐喻并将其纳入语言学研究领域的是莱考夫和约翰逊(1980),他们对日常语言中的隐喻进行了研究,认为隐喻不仅仅是语言形式,更重要的是人类普遍的认知方式,是人们以一事物认识、理解、思考、表达另一事物的过程,是概念性的。昂格雷尔和施密德也指出,隐喻是"我们对抽象范畴进行概念化有力的认知工具"(1996)。

隐喻既然是一种概念化的过程,它就不是零散的,而是具有系统性的,表现为由源认知域(往往是具体的或先认识的)向目标认知域的映射,如此形成了隐喻概念。除了大量的空间隐喻概念,莱考夫(1980)还列举了多个隐喻概念,如 TIME IS MONEY, LIFE IS A JOURNEY, ARGUMENTS ARE WARS, IDEAS ARE OBJECTS,等等。隐喻语言现象都是这些隐喻概念的具体运用。认知语言学的隐喻认知观的重要性在于它能解释一词(或更大的语言单位)多义现象背后的认知动因,能更好地解释语义产生、发展和演变的理据,这样就能将字面(literal)语言和比喻语言放在语言研究统一的理论框架下。

(三)意象图式

隐喻的过程是从一个认知域到另一个认知域映射,这一过程不是具体的丰富的形象之间的映射,而是将源认知域的具有抽象结构的意象图式用于构筑目标域的概念。意象图式是人们从与外部世界多次的互动经验中抽象出来并运用于类似的经验的一个具有高度组织的概念结构，如容器图式是由里、外和边界组成的容器概念，路径图式是由一点到另一点的路线来体现的。

意象图式在认知语言学里是重要的认知模式，它是在人的身体与外界互动过程中形成的人类基本的认知结构，是联系感知与理性的桥梁。莱考夫的意象图式理论强调了以下三点：

1）意象图式来自人身体的经验，强调了经验的生理与空间基础。

2）意象图式存在于概念产生之前，并独立于概念，强调了语言的认知基础。

3）意象图式为我们理解抽象的经验和概念提供了结构。

莱考夫（1978）总结了 12 种意象图式，说明了语言的意义、人的推理和创造力的来源，为我们理解周围的世界和经验赋予了一致性和结构性。

（四）意象与认知语法

兰盖克（Langacker）在《认知语法基础》中为认知语法勾画了一个蓝图。他认为语言是由词到句的大小不同的语言单位组成的象征系统。每个语言单位是由相互对应的两极（语音和语义）组成的象征单位。语义的形成是概念化的过程（conceptualization），是认知过程。概念的形成涉及到两个重要的概念：一是认知域；二是意象。认知域是描写某个语义涉及的概念域，它可以是一个简单的知觉或概念，也可以是一个复杂的知识系统。认知域又有不可再简化的基本认知域，如颜色域、空间域、感情域等。任何语义形成的过程都涉及一个或多个认知域，任何语义单位都是在这种百科知识体系中定义的。基于此，认知语言学不区分语言知识和非语言知识，认为它们都是人们关于世界的概念与知识。

兰盖克的意象与前面提到的意象图式稍有不同，它更强调语义形成时伴随的意象。从此意义上讲，每一个词义、句义都伴随着一定的意象，采用不同的意象去构思观察同一情景就可以产生不同的语言表达式。如同一情景，观察角度与突显点的不同产生不同的意象和表达式：

I gave a wallet to Bill.

I gave Bill a wallet.

前者在"给予"的意象中突显了给予的过程，而后者突显了结果，其意义是不同的。不同意象的形成还取决于观察者观察事物的具体与详细程度（level of specificity），从而选择不同详细程度的语言进行描述：

The animal moves.

The snake creeps.

The rattle snake wriggles.

　　认知语法对词类和语类从概念上进行了重新定义。首先,认知语法认为词类和语类是语言范畴,与其他概念范畴相同,它们是对具有相似功能的一组词抽象的概括,是对语言范畴化认知的结果。同一词类中的成员也有中心的、典型的和边缘的之分。此外,词类是用语言对事物从概念上进行勾画(to profile),如名词不是用来指事物,而是突显事物"名词"的一面,即从概念上将它看做名词。任何事物、动作、关系和过程都可以用名词来指称,这样,就冲破了过去对词类不能圆满其说的界定。同时,将名称与内容区分开来,也为词性之间的转化提供了认知基础。

　　语类也是如此。按照传统的观点,语类名称和其实现的功能角色有很大的差别,如主语可以是施事、受事、工具等。但为什么如此,认知语言学认为这决定于人们观察事物的方式,对同一行为或情景,我们可以选择不同的注意焦点,从而选择不同的参与者(participants)为主语,当然也就表达了不同的意义。例如:

Floyd broke the glass (with a hammer).

The hammer broke the glass.

The glass broke.

　　认知语法将两个以上语言单位组成的语法结构叫做结构式(construction)。认知语法不是用 S→NP＋VP 等固定的规则来描述构件及其复合结构之间的关系,而是用构件之间的对应(correspondence)来描述,这种对应不是词语上的,而是概念上的。兰盖克以 above the table 为例,说明了这种对应关系。述义[ABOVE]勾画的是两个抽象事物(射体与界标)之间的空间关系(这里抽象的含义即 schematic),述义[TABLE]勾画的是一个具体事物,通过[ABOVE]的界标和[TABLE]的向上的面之间的对应实现了复合述义[ABOVE TABLE]。这不是词语简单相加,而是通过叠合的一种实现关系。above 表现为一种图式,table 使图式中的界标具体化。我们还可以在此基础上组成更大的单位:the lamp above the table 或 the lamp is above the table(前者突显 lamp,后者突显二者的空间关系)。这样又使射体具体化,使图式具有了更具体的意象,从而体现了语义。如此,可以构成更大的结构式。在结构式中,如果一个构件 A 使另一构件 B 的一部分由抽象实现具体,构件 A 就叫做概念自主的(conceptually autonomous),构件 B 就叫做概念依赖的(conceptually dependent),在这两个结构式中,[TABLE]和[LAMP]是概念自主的,而[ABOVE]是概念依赖的。在结构式中,概念依赖的述义依靠概念自主的述义实现其语义。动词、介词表示一种关系、过程,往往是概念依赖的,靠主、宾来实现其语义,如 fall 是一个抽象单位,与下列主语组合使其具体化:

Leaves are falling.

Prices are falling.

His reputation is falling.

（五）象似性和语法化

作为认知语言学的一个重要内容，对语言象似性（iconicity）的研究已受到国外语言学家的普遍重视。所谓象似性是说语言的结构和形式直接映照所表达的概念和经验结构。象似性最早是哲学家和符号学家感兴趣的问题，后来功能学派、语言类型学和语言共性研究在毫无亲缘关系的众多语言里发现共同的形式与意义之间相匹配的关系，而认知语言学的产生进一步推动了象似性的研究。现分述如下：

a. 顺序象似性（sequencing iconicity），即事件发生的时间顺序以及概念时间顺序与语言描述的线性顺序相对应。如"He opened the bottle and poured himself a glass of wine."又如"She closed the window and they left. "再如"他跳上马骑走了。"在并列复合句中，第一部分表示的动作往往先于后一部分的动作，这反映了客观世界、认知和语言的一致性。

b. 接近象似性（proximity iconicity），即认知上相近的概念在语言形式的时间和空间上也接近。这样，从信息处理的角度看，相临近的概念就容易快速被激活，从而缩短处理时间。多个形容词排列顺序的原则之一是：与中心词概念上越接近的修饰语置于与中心词越近的位置上，如 the famous delicious Italian pepperoni pizza，the old black wooden desk。再如英语中与被修饰语关系更紧密的限制性定语从句从形式上与名词挨得近，同在一个语调组内，非限制性定语从句则与名词断开，形成自己的语调。

c. 数量象似性（quantitative iconicity），即在概念上信息量大，更重要、更难预测的信息，其语言表达就更长、更复杂。试比较下列句子：

(1) ① This guy is getting on my nerves.

② This impertinent egghead is getting on my nerves.

(2) ① On the Bright entrain from Victoria，I met her.

② On the Bright entrain from Victoria，I met this fair-haired，fragile and beautiful creature.

在上例中，②组不仅信息量增大，而且也突出了主语（（1）中②）和宾语（（2）中②）在概念上的重要性和不可预测性。在词汇层面上，同样也存在数量象似性。一般来讲，基本范畴词汇、无标记词在形式上比非基本范畴词和有标记词更简单、短小。

对语法化的研究最早始于中国传统语言学，中国学者称为"实词虚化"。"语法化"的提法源于法国语言学家米勒特（A. Meillet，1912）。他认为语法化是研究"自主词向语法成分之功能的转化"。认知语言学对语法化研究非常重视，因为对语法化的研究是从语言历时变化来看语言共时现象,从语言演变的规律解释语法规则,寻找语言认知动因和语言变化对现代语言形成的作用,对语言与认知的关系研究非常重要。目前语法化研究主要有两个方面:一是实词虚化,即由实义的词单位逐渐演变为虚义的语法成分的过程,偏重于从人的认知规律来探索语法化的原因;二是词汇化,即短语或句法结构逐渐固化而形成单词的过程。

第一种语法化的机制与实义词由本义向其他义引申的机制是一样的,即是从一个认知域向另一个认知域的转移。根据认知语言学的"人类中心说",人们认识事物总是从自身及自身的行为出发,引申到外界事物,再引申到空间、时间、性质等。海因(Heine)等人将人类认识世界的认知域排列成一个由具体到抽象的等级,认为这是人们进行认知域之间投射的一般规律:

人>物>事>空间>时间>性质

这符合一词多义发展的规律,也符合实词虚化为语法成分的一般规律。实词虚化除了认知上的原因外,还可能与语篇的组织和交流的意图等语用因素有关。比如,汉语的研究认为,汉语中所有介词都是由动词虚化而来的。动词"在"("他在家")和介词"在"("他在家学习")实际意义是相同的,只是因为后句中出现了更重要的动词"学习"而使"在家"这一动词词组弱化(至今仍有人认为这是连动结构)而成为表地点的状语,动词"在"因此也弱化为虚词罢了。

实词虚化是一个渐变的过程,所以有一个虚化程度问题,实词转变为表示语法关系的虚词,进而变为意义上更虚的虚词。如"在"从表地点到表时间、范围、性质、原因等的变化就是由虚变得更虚的过程。"醉翁之意不在酒","为之在人,成之在天"中的"在"用于表原因,就已变成更虚的虚词了。英语中也有由动词(或动词的分词形式)、名词虚化成介词或介词短语的例子,如 given, provided, providing, granted, thanks to, in spite of 等,恐怕也非偶然。实词虚化还研究语言中时、体、情态三类语法标记是如何由实词演变来的。

由此看来,语言的产生及形成来自两个方面的动因:一方面是语言反映人们对客观世界的认识;另一方面语言受约定俗成的(但不是任意的)语言规则的制约,语言是两者共同作用的结果。认知语言学的任务即是根据认知心理学的理论来寻找语言形式的内在认知机制,并从语言形式上寻找系统的而不是孤立的证据,研究语言与认知的规律。语言认知观的解释力在于它能为语法化过程提供一个统一的理论框架。

除以上研究内容外,斯佩珀和威尔逊(Sperber&Wilson)的相关理论被称为认知语用学,已成为认知语言学的一个重要部分,这部分已有不少论述,故不再赘述。

总之,语言是基于人们对世界的经验,认知对人的经验具有组织作用。人的认知是围绕两个基本层面建构的,无论是事物还是关系,都有原型和基本范畴,这两个基本层面都来自人与物质世界的互动,是可以直接被理解的。在此基础上,形成了基本词汇和原型意义。人的认知可以向两个平面进行扩展,一个是具体——抽象平面,构成了具体概念到抽象概念间的隐喻引申(extensions),产生了抽象的词语或抽象意义。另一个是特指——概括平面,构成了由基本范畴向上下延伸的不同详细程度的范畴等级,产生了不同详细平面(levels of specificity)的词语。

在语义和句法上,认知语言学强调意象和意象图式。意象和意象图式是语言符号背后的意义代码。任何意义都不是抽象符号间的运算,而是有形依托的,这种有形体现在以不同认知域为认知环境对事物或关系形成的意象图式或突显不同部分的意象。语言的形式与人对事件或情景的认知方式相对应,因此形成了整个语言系统以及对它的利用。这样一来,认知语言学就将“字面”语言和隐喻语言、语言的内容和形式、词与句、语言和言语放在统一的理论框架下,为更深入、更系统地研究语言这个复杂的符号体系奠定了基础。

三、认知语言学的性质和重要意义

认知语言学是解释的语言学。凡属语言研究,不论是历时还是共时研究,不外乎规范、描写、解释三种,这三种语言学的发展是与语言研究的历史相一致。早期的传统语法属规范性的,因为它总结如何正确使用语言的规则。结构主义开始对语言结构进行描写,并用“发现程序”和分布分析法对句子进行层次切分和对语义进行成分分析。转换生成语法注重深层结构和语言能力,本意是想解释语言的生成机制,但后来完全抛开语义研究,走到了形式主义的极端。但它的一个贡献是使人们又重新重视大脑认知机制在语言使用中的重要性。后来的语用学、社会语言学、心理语言学、篇章语言学已具备了部分解释的性质,因为它们研究语言使用与其他因素(语境、社会、心理等)的制约关系,研究这些因素如何影响语言的使用。

如果语言研究只满足于对语言结构的描写,而不注重对这些现象的解释,就像一个医生只描述病人的病症,而不对病症的原因做出解释和诊断一样,是远远不够的。可见,语言学从规范到解释是一种进步。20世纪末,语言学及认知科学研究的发展使认知语言学成为必然。认知语言学认为,语言是认知的一部分,受人们认识世界的方法和规律的制约,要想做到描写的充分性,必须对语言现象做出解释,必须研究人的认知规律。所以,认知语言学不仅仅对语言事实进行描写,而且致力于朝理论解释的方向迈进,揭示语言事实背后的认知规律。所以,认知语言学力求用较少的规则解释较多的、表面上似乎不相关的现象,而且力求提出能独立论证的(independently motivated),而不是特设的解释。这有利于加深对语言的认识,揭示语言的本质。

认知语言学是以语义为中心的语言学。语义研究历来是语言研究中最薄弱的环节。结构主义视语义为语义关系或义素的组合。转换生成语法认为语义只有解释性,语法是自主的,具有生成性,所以完全撇开语义因素而研究语法的转换规则。后来的生成语义学把语义提到重要的位置,认为语义才具有生成性。认知语言学继承了这一观点,认为词法、句法不是自主的,而是受功能、语义和语用因素支配和制约的。语义是概念化的,是人们关于世界的经验和认识事物的反映,是与人认识事物的方式和规律相吻合的。认知语言学把对客观真值条件的描写与对认知概念的建构统一起来,不区分语言意义和语用意义,而是探索意义在大脑中是怎样建构的,研究原型理论、范畴化、概念形成的过程及机制。在句法层面上,认知语言学基于以下论点:对同一个真值事件的表达,因观察者的角度、注意焦点、详细程度不同而不同,这种不同在大脑中形成不同的意象,反映对事物不同的认知。相似的意象又抽象出图式。一个图式是一个完形,可以不断被隐喻引伸用于构造相似的概念。不同图式和意象表现了不同的句义。这样看来,过去认为是同义的主动句和被动句,同一深层结构的表层结构就有了不同的意义。总之,认知语言学将语义放在非常重要的地位,而语义是来自对事物的认识过程。这样,概念结构体现为语义结构,语义结构又促动词法和句法。这是语言研究的一大进步。

认知语言学是共性语言学。语言的普遍性和共性是转换生成语法提出来并试图探索的,但从句法的生成与转换上并未找到各语言间任何共性的东西。泰籍华人郑齐文先生在《认知原理》一书中认为,大脑经刺激产生了一系列的原始知觉。这些原始知觉没有将本质与现象分化开来,而仍处于杂乱状态。以后经过意象回忆或思考,消除了偶然的、特殊的形象,保留了必然的、普遍的形象,抽象到具有共性的图式,产生了具有共性的概念。"人同此心,心同此理,人的认知心理不仅古今相通,而且中外相通。"(沈家煊,1998)人类具有相同的身体构造和感知器官,面对相同的物质世界,具备相同的感知、认知能力,一定能够获得相似的概念结构。语言的共性不在语言形式上,而在于人的认知心理。认知语言学虽是以某一具体语言为对象,但它探索的是语言的共性,目的是寻找人的认知和语言的普遍规律,不同的语言只不过是在一定的文化制约下对共同规律的选择和利用。认知语言学已经发现基本范畴与原型对概念形成的作用,隐喻和转喻是词义演变和语法化的重要机制,语言的象似性等带有普遍意义的假设,并已被多种语言所验证。共性是研究个性的基础,知同方能求异。各种语言之间之所以能够交流、翻译,也是以共性为基础的。其研究的重要性也就不言而喻了。

从以上可以看出,认知语言学是认知取向、解释取向、语义取向、共性取向,这是语言研究史上的重大发展,有利于揭示语言的本质和奥秘,向实现语言理论最终追求的目标又迈进了一步,这是对语言理论研究的意义。同时,认知语言学对汉语研究也有重要意义。对于认知语言学,我国语言学界只有零星介绍和研究,尚没有系统的引进和综合研究的著作。引进国外新的语言学理论和方法,结合汉语实际,更好地描写、解释汉语现象,揭示汉语的规律是我国汉语学界的首要任务。过去引进的语言理论对汉语研究曾起过重要作用,但也有一些问题尚未解决,如汉语词类的界定,主、宾语及单、复句的划分等。汉语中对词义泛化及实词虚化虽早有研究,但尚未上升到总结其演化机制的高度。认知语言学的引进对汉语研究至少有两个作用:一是可以利用其理论和方法解释汉语以前尚未解释的现象;二是将过去零散的解释研究上升到认知的高度,并使之理论化、系统化。目前,这方面的工作已经起步。张敏(1998)运用认知语言学理论解释汉语名词短语,赵艳芳对隐喻和对汉语多义现象的认知研究,王伟对汉语情态动词"能"的分析,都是借鉴和结合的结果。认知语言学理论是一个松散的联合体,多分散在国外的单项介绍中,将这一理论系统地介绍给国内汉语学界,必将使汉语研究出现新的繁荣景象。

此外,对语言教学也有指导意义。国外语言学研究的每一阶段都引起语言教学理论的更新,直接或间接地影响了我国的语言教学,特别是外语教学。目前国外已开始对认知教学进行研究,而我国还处于滞后的状态。认知语言学的引进和研究对探讨新的教学方法、提高教学质量具有积极意义。此外,以前的教学主要是授人以技,而非授人以道。认知语言学研究语言运用之道,使人们加深对语言学习和语言运用的认知过程和规律的了解,将新发现的语言现象和规律用于指导教学,利用对语言认知规律的研究提高学生的认知意识、共性意识,培养语感,特别是在语言理解方面,加强认知和心智的培养,既教技,又授道,从而提高教学效果。

第二节　认知语言学对仿拟的相关阐释

自从20世纪30年代,中国现代修辞学的奠基者陈望道先生在《修辞学发凡》中首次提出了"仿拟"这一名称,并对其进行了介绍。纵观仿拟的研究历史,不少学者试图对仿拟现象作出种种阐释。随着它那独特巧妙的修辞效果的显现,这一辞格自然引起了人们的极大关注,以至今天发展成为言语社会中十分走红的一个"辞格明星",频频出现在文学作品、广告、影视作品、店名及日常生活中,以其诙谐幽默、意味深长的魅力吸引着修辞学、语言学、心理学、美学等领域专家的眷顾。但是,人们不满足于了解仿拟的基本结构及相关常识,人们开始尝试对仿拟进行深层次的挖掘,对仿拟的理论研究就是一个方面,从一开始就未停止过,力图探讨仿拟

第六章 仿拟的认知语言学研究

在构成过程中,人们的认知能力所起的作用。这其中的代表人物有徐国珍(2003)、幺孝颖(2007)、黄缅(2007)等,现将这些学者的主要观点概括如下:

一、原型范畴理论对仿拟的揭示

利用原型范畴理论来解释仿拟,徐国珍(2006)做了一些尝试。她认为,构成仿拟行为的要素主要有以下几种:

(一)范畴与原型

范畴和原型正是仿拟行为实施的前提和基础。因为如前所述,仿拟是个仿照本体拟出仿体的行为过程,这就意味着,仿体是建立在本体的基础之上的,而这个本体,就是仿体的原型。据此,我们不难推论出,在仿拟行为中,确定本体,正是行为者辨明范畴、寻找原型的认知过程。

在仿拟的接受行为中,选择基本范畴、搜寻原型也是其中重要的环节之一。如对"选我就等于选你自己"的接受行为加以剖析,我们发现,当行为者接受到"选我就等于选你自己"这一陌生的言语信息的刺激时,他首先会借助相关言语经验的指引,找到其所属的言语形式的基本范畴,然后从该语言中提取出该言语现象的原型——某广告语"爱我就等于爱自己",而后才借此类推出"选我就等于选你自己"这一言语现象在当前特定语境中所表达的丰富内涵。

(二)图式与完形

所谓"图式"指的是人类在经验基础之上抽象出来的、具有某种特定而完整内部结构的认知组织形式。由于这是一种由相互关联的知识构成的完整的信息系统,所以它能使人在很短的时间内在物理世界和言语世界之间、言语对象和人的认知之间架起一座桥梁。

图式是人认识事物的一种完形结构,即它往往会将自身所具有的组织结构扩散、延伸、投射到另一相类似的对象身上,从而帮助人们把不同的经验域联系起来,把残缺不全的事物的形象补充完整,并赋予那些从未出现过的言语形式以特定的意义。

这种完形行为在仿拟的接受行为中具有特别重要的地位,它有效地沟通了人的认知和形形色色的言语对象之间的关系。比如,面对"人以粮分"、"人以户口分"等新的言语现象,人们会借助原先的意象图式,迅速调整自己原有的知识经验,将"人以粮分"等仿体纳入到本体"人以群分"的认知范围内,使原有的认知图式顺应新的认知对象,实现仿体的完型,从而完成仿拟的接受。

(三)联想与类推

"联想"指的是一种由当前感知的事物回忆起有关的另一事物的思维活动。心理学告诉我们,客观事物中的各种事物都是互相联系、互相制约的,作为对这些客观事物的反映,人们的大脑皮层上相应地建立起了各种暂时的神经联系,当人们受到某种事物的刺激时,这种暂时的神经联系就会使人十分自然地连带想起与之有关的另一事物。联想这一心理活动在仿拟行为中有着十分重要的意义,它一方面为表达者所感知的对象搜寻到了参照的对象,同时又为接受者的理解提供了重要的依据。

和联想关系十分密切的另一因素是类推。所谓类推,就是根据两个(两类)对象之间某些方面的相同或相似推出它们在其他方面也可能相同或相似的一种思维方法。从前面的介绍中和分析中我们可以发现,仿拟行为的"仿"此"拟"彼,其实也就是"根据"本体"类推"出仿体的过程,可见,类推是仿拟行为最根本的一种思维方式。

(四)语境与经验

语境是一个所涉范围极广的概念,大至社会文化背景(如社会政治、社会道德、民族心理以及自然地理环境等),小到交际对象的性格、气质、情绪、态度、经历等,总之,凡是和言语交际相关的各种因素均包括在内。作为言语交际手段之一的仿拟行为,自然也受到语境因素的诸多影响。诸如:以主体、对象、时间、场景、话题等因素构成的物理语境提供了仿拟行为的重要基础;以审美、致用等因素构成的心理语境构成了人们生成仿拟的强烈动机,包括时代、地域、民族、阶层、职业、性别、年龄及思维方式、生活习惯等在内的文化语境则为仿拟现象提供了丰富而又深厚的内涵及其制约;而由上下文、前后语构成的言内语境则更是构成了仿拟行为的生存依据。总之,要使仿拟行为成功实施,离不开对语境的认知。

言语经验对于仿拟行为的认知来说,其意义尤显重要。试想,倘若没有丰富的言语经验作为底蕴,人们何以能将一个个复杂的思想通过对某个熟悉的言语对象的仿造转化为一个个新颖有趣的言语现象?同样,如若缺少足够的言语经验,人们又何以能对一个从未在言语社会中亮过相的新面孔"一见如故",并很快参透其中的意义?

勿用赘述,对于任何一个行为主体来说,经验越丰富,其仿体的创造越得心应手、游刃有余,创造出来的效果也就越接近"最佳";而从接受的角度来看,其所获得的信息也就越接近言语现象本身、越接近发话者的本意。

基于上述认识,徐国珍概括并总结了仿拟产生和接受中的过程和模式:

a. 仿拟建构的过程及模式如图 6.1 所示:

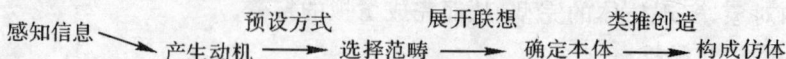

感知信息 $\xrightarrow{}$ 产生动机 $\xrightarrow{\text{预设方式}}$ 选择范畴 $\xrightarrow{\text{展开联想}}$ 确定本体 $\xrightarrow{\text{类推创造}}$ 构成仿体

图 6.1

b. 仿拟接受的过程及模式如图 6.2 所示：

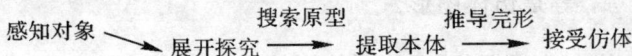

感知对象 $\xrightarrow{}$ 展开探究 $\xrightarrow{\text{搜索原型}}$ 提取本体 $\xrightarrow{\text{推导完形}}$ 接受仿体

图 6.2

上述两个模式的结合，就构成了仿拟修辞这一言语行为的基本认知过程。

徐国珍将仿拟生成过程中人们这一认知行为所需的基本要素考虑得非常全面，并且概括了仿拟生成和接受的两种不同但又十分相关的模式，这对仿拟的认知揭示意义重大。

与此同时，还有另外两位学者对仿拟也进行了一定的理论探索。

二、图形——背景理论对仿拟的解释

幺孝颖（2007）在认知语言学理论框架内对仿拟修辞格进行过研究，根据认知语言学关于图形——背景关系的研究，提出了仿拟背景和仿拟图形、本体背景和本体图形以及仿体背景和仿拟图形的概念，并对仿拟背景和仿体图形之间的关系、制约仿拟背景和仿拟图形选择的要素以及指导仿拟图形替换的认知原则进行了尝试性的认知分析和论证。她认为：

图形（figure）是有完整结构的能够引起知觉者注意的、从其他事物中凸显出来的"前景（foreground）"，而退到"后景（background）"中烘托前景的其他事物就是背景（ground）。图形和背景也是仿拟辞格研究的两个重要概念。背景即某个语言结构体的认知域，也就是说话人所预设的某一语义结构涉及的概念领域，图形即认知域中注意的焦点，是认知域中最显著的部分（朱彦，2005）。人的注意力集中在哪个部分，哪个部分就是图形，认知域里的其余部分就是背景。语言中处于横组合关系的"词、短语、句子、段落或篇章"都是可以表达一定语义结构的概念认知域，只是语法单位的大小不同，这些不同语法单位的"词、短语、句子、段落或篇章"为仿拟的本体背景，当这些不同语法单位的本体背景中的"某个或某些语素、词、短语"成为认知域中最突显的焦点时，它们就成了仿拟的本体图形。语言使用者根据表达的需要，以仿拟背景为依托，对仿拟的本体图形进行聚合关系的替换，"创造出偶发的词、短语、句子、段落或篇章"。这些"偶发的词、短语、句子、段落或篇章"就是仿体背景，替换部分就是仿体图形。如考/罚/骗（仿"爱"）——你——没——商量，"考你没商量"是横组合关系，动词"考"与"你"一起组合成动宾词组，作句子的主语。"考你"与"没"、"商量"一起构成更大的组合关系——句子。"考、罚、骗"等与"爱"具有相同的语法词性与语法功能，可以相互替换，与"爱"一起构成了一种聚合关系。"爱你没商量"是本体背景,"爱"是本体图形;"考/罚/骗你没商量"是仿体背景,"考"、"罚"、"骗"等是仿体图形。

三、"自主—依存分析框架"理论对仿拟的解释

黄缅(2007)以近年来发展起来的一种认知语言学观点"基于心理模型的常规关系推理"(徐盛桓,2007)为理论框架,主要运用其中的"自主—依存分析框架"理论(徐盛桓,2006),研究同谐音仿拟运用有关的深层认知机理,认为谐音仿拟明显地体现了语言运用的意向性特征,其理解是基于心理模型知识结构中对事物的相邻/相似关系的把握,并通过自主—依存的推衍而进行的常规推理达成的。

黄缅研究了两个问题,一个问题是谐音仿拟的生成。他认为,"谐音仿拟"只涉及同音或近音异义的模仿。谐音仿拟的运用涉及两个文本:一个是显性的,通过谐音仿拟而成,在话语中出现,称为"仿语";另一个是隐性的,不在话语中出现,但可为交际者感知,称为"原语"。原语同仿语有自主—依附配对的关系。

第二个问题涉及谐音仿拟认知机理,其研究主要有两个方面:①隐性的原语文本在谐音仿拟生成之初是如何运作的;②隐性的原语是如何"趁势连用"到显性的仿语去的。仿拟明显地体现了语言运用的意向性特征,其理解是基于心理模型知识结构中对事物的相邻/相似关系的把握而进行常规推理达成的。

"自主—依存分析框架"是一个专门分析有自主—依存推衍关系的语言现象的理论框架。该框架大意如下:在一次具体言语交际的谈话里,说话人想要表达的意向内容是自主的,称为自主成分;据这样的意向内容推衍出来的话语是依存于它的,称为依存成分。从自主成分推衍出依存成分要以交际的意向性为导向、以相邻/相似关系的认定为主要手段(谐音仿拟则只涉及音的相似关系),自主成分主导着依存成分,并对依存成分发生"拈连"的作用;拈连发生的主要心理基础是通感和通知(谐音仿拟则只涉及听觉的通感)(徐盛桓,2006)。如图6.3所示。

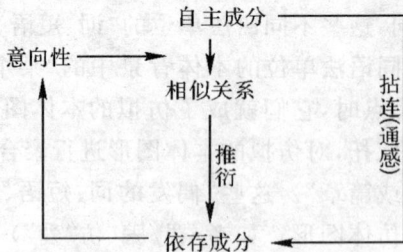

图　6.3

黄缅以"植'数'造'零'"的产生为例,借用这一框架分析说明了上述的两个问

题。他认为,关于第一个问题。从意向性来说,说话人想要表示的意向内容是说某地区没有种树,却虚报植树的数目,这是在这一具体的表达中的自主成分,记为AUTO1;意向态度则带有揭露讽刺的意味。根据这一自主成分本来是可以推衍出许多显性表述作为它的依存成分的。说话人想要既辛辣又幽默,就想到是否可用仿拟的手段。要用"仿拟"就要找到一个与此相关因而可供利用的习惯用语,结果找到"没有'植树造林'",这是由 AUTO1 推衍出来的依存成分,记为 DEP1。这是第一轮的自主—依存推衍。显然,DEP1 并不能很好完成表示出 AUTO1 的意向态度的任务,只是为此提供了一个基础,即可以此又作为头脑中的原材料,再推衍出一个能表达出该意向内容和意向态度的合适的显性表述。换句话说,此时是将 DEP1("没有'植树造林'")转换成为自主成分,记为 AUTO2,从而开始第二轮的自主—依存推衍。作为如何作出"仿拟"表达的思考,可思考如何将"没有'植树造林'"的内容镶嵌在惯用语"植树造林"的框架里;作为谐音仿拟,这一思路可进一步收小在与"植树造林"发音相仿的表达上,于是推衍出"植'数'造'零'"作为 AUTO2 的依存成分,记为 DEP2。这是可供应用的显性表述。换句话说,"植'数'造'零'"是对"植树造林"的谐音仿拟,这个生成过程,就是原语文本在说话人头脑中运作的过程。在此例中,"没有'植树造林'"同意向内容高度相关。但是,作为谐音仿拟的生成,所选用的被仿拟的现成话语的内容也可以同意向内容全无关系,只要这个现成话语能镶嵌进谐音的词语,从而将所需的意向性传递出来,如"无胃不治"(无微不至)、"口蜜腹健"(口蜜腹剑)、"'剪'多识广,'报'罗万象"(一则谈剪报好处的短文标题,原语为"见多识广,包罗万象")等均是。关于第二个问题,那么被仿拟的现成话语即隐性的原语文本又是如何"趁势连用"到显性的仿语去的呢?我们注意到,"趁势连用"之后有些仿拟的表达成了超常表达,但是这并不妨碍人们对它们的接受,这里的机理是诉诸人们的通感。"自主—依存分析框架"理论将"通感"看做是人们能接受自主成分将自己的某些特点"趁势连用"到依存成分去的认知心理基础。通感是人们早已熟悉的,美学、修辞学做过许多研究。心理学和美学所说的通感,指的是不同感官的感觉相通,如听觉和皮肤感觉相通(如"刺耳的叫声")、视觉和皮肤感觉相通(如"暖/冷色")。所谓通感,按照我们的理解,并不是真正并存两种实在的感觉,其实是感觉带来错觉,感觉与错觉相通了。这里的感觉指由实体的刺激产生的真实感觉,如真正听到、看到的事物产生的感觉;错觉指这样的感觉又成为刺激产生新的感觉,但错觉的产生是没有真正受到实体的刺激的。如上例,一种是真真正正的感觉,是真正听到叫声、看到颜色后产生的;另一种是错觉,即觉得所听到的叫声尖得刺痛了耳膜,觉得所看的颜色触摸起来是暖/冷的。这样就得到了由感觉和错觉合成的通感:"刺耳的叫声"、"暖/冷色"。应该说,说声音可以刺激皮肤、颜色可以感觉出其温度的表达"刺耳的叫声"、"暖/冷色"其实都是超常表达,只不过有感觉和错觉合成的通感作为心理基础,人们早已习以为常罢了。"自主—依存分析框架"理论所说的通感还包括同一感官如听觉或视觉的不同具体感觉的相通(徐盛桓,2006),而在谐音仿拟中则只涉及听觉对相近、相似音响感觉的相通。听觉对相近、相似音响感觉的相通是语言运用中常见的现象,最明显的例子是民间对吉利/不吉利语读音的感觉,如春节要吃发菜、生菜、鱼等起源于它们同"发财、生财、(年年有)余"在听觉有通感;"四——死"则是不吉利语的例子。在听觉对相近/似的音响产生通感的例子"发菜——发财"来说,前者是真正的感觉,后者是错觉;之所以会产生这样的错觉,是因为"发菜——发财"在音响上有相似关系,感觉到前者就会在一定的语境中也感受到后者,这就是错觉;或者说是在原来"发菜"音响感觉的基础上增加了由错觉带来的混合感受;这样"发菜——发财"的音响就在错觉中沟通了。这是通感发生的一般的心理机制。现在回到"植'数'造'零'"一例。"植'数'造'零'"是由其作为自主成分的原语"植树造林"推衍出来的,但从受话人实际的感觉来说是"植'数'造'零'"。虽然原语是隐性的,但它的显著程度应使得交际双方对它都是知道的,而仿语的发音同原语的发音其相近的程度至少能达到可以触发从仿语联想起原语的程度;换句话说,就是在"植'数'造'零'——植树造林"中,感觉到前者就会在一定的语境中也感受到后者。这后者就是我们这里所说的错觉。这样就得到了由感觉和错觉合成的通感,从而将"植树造林"的结构特点"拈连"到前者,造成前者可以临时认为是说得通的,至少是可以意会的了。

徐国珍对仿拟的认知研究开了先河,她结合了认知语言学中的原型、图式与完型知识来研究,理清了仿拟的产生过程中所需基本要素,并概括了仿拟产生和接受过程中的基本模式。不过,对它的研究多见于修辞格层面及其应用层面,没有从认知层面探究其意义构建和解读过程中人的认知能力所发挥的巨大作用。幺孝颖利用图形——背景理论对仿拟的解释,使我们对本体和仿体的界线和转换有了进一步的认识。黄缅的研究则为谐音仿拟的产生提供了很好的理论阐释,这些都是认知语言学对仿拟的相关研究成果。然而我们认为,仿拟看似简单,其认知过程中的意义建构(meaning construction)却一直是困扰着语言学家和心理学家们的重大难题。20世纪90年代以来,著名语言学家 Fauconnier 与 Turner 共同创建了合成空间理论(Blended Space Theory)。在国外,有的学者已开始运用这一理论阐述各种语言现象,但在国内迄今用它来阐释仿拟的还很少。故我们拟从认知语言学理论出发,利用合成空间理论来阐释仿拟的生成与理解机制,希望能对仿拟的意义生成机制提供更加有力的依据。

第三节 合成空间理论对仿拟的阐释

一、合成空间理论简介

合成空间理论的正式提出首见于 Fauconnier 的第二部专著《思维与语言中的映射》(Mappings in Thought and Language)(Gilles Fauconnier,1997),这一理论是心理空间理论的延续和发展,是认知语言学研究的重要组成部分,它探讨了一种普遍的认知过程——概念合成。合成理论关注四个空间(类属空间、输入空间 I_1、输入空间 I_2、合成空间)之间的概念投射(conceptual projection),心理空间是包含各种元素的部分集合(partial assembles),由框定和认知模式构成,它们之间相互连接并随着思维和语篇的展开而修改。心理空间理论可以用来模拟思维和语言中的动态映射,业已用来解释大量的语言和非语言现象,如概念隐喻、转喻等。

从语义学角度来说,概念合成(conceptual integration)指语言使用者通过描述一种表面上看来不正常甚至荒谬的事情或情感以引起读者的意外或震惊,使读者及时调整他的概念范畴(梁艳春,2003)。从认知角度分析,其本质就是在两个输入心理空间(input mental spaces)之间建立部分匹配,然后将两个输入空间有选择地映射到一个新"合成"的心理空间(blended mental space),这一合成空间动态地形成层创结构(emergent structure)(Gilles Fauconnier,2003)。1996 年,Fauconnier 又与合作者 Turner 共同发表了 Blending as a Central Process of Grammar,完整而又清晰地建立了 CBT 模型,并在 1997 年详细论证了各空间之间的相互关系与作用,如图 6.4 所示。

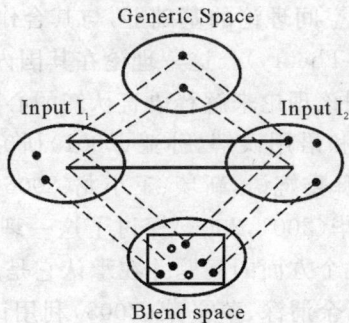

图 6.4

该模型包括四个心理空间:两个输入空间(input space)、一个类属空间或简称普遍空间(generic space)、一个合成空间（blend/blended space）。各空间之间通过跨空间映射(cross-space mappings)进行对应连接(counterpart connection)。在概念整合中，类属空间包含两个输入空间共有的抽象结构，形成普遍结构(generic structure)；合成空间除了包含类属空间中的普遍结构外，还包含两个输入空间选择性投射(selective projection)的特定结构以及层创结构(emergent structure)，这种层创结构是合成空间本身通过三种相互关联的方式产生的：①组合(composition)：将两输入空间的投射组合起来，这种组合后的投射形成各个输入空间以前均不存在的新关系。②完善(completion)：借助背景框架知识、认知和文化模式，组合结构从输入空间投射到合成空间。这一组合结构可视为合成空间中一个更大的完整结构中的构成部分。合成空间中由提取结构所激活的型式结构(pattern)不断完善，并形成一个更大的层创结构。③扩展或称精细化(elaboration)：合成空间中的结构可以扩展，这就是所谓的"对合成空间进行运演"(running the blend)，即根据它自身的层创逻辑(emergic logic)在合成空间中进行认知运作。层创结构不存在于原有的输入空间中，体现了概念整合的创造性。概念整合中的任一空间都能随时得到调整，不但输入空间可以影响合成空间，反过来合成空间形成之后也可以影响并调整输入空间(李福印，丁研，2006)。Fauconnier总结了合成空间理论的五个主要特征，即跨空间映射、来自于输入空间的部分投射、类属空间、事件的整合、层创结构。它是一种动态的、创造性认知活动。

二、仿拟的合成空间理论阐释

1985 年，Fauconnier 出版了《心理空间》(Mental Space)一书（1994 年由剑桥大学出版社再版），该书试图用心理空间理论展现语言运作背后的那座认知冰山。1994 年，Fauconnier 在心理空间理论的基础上，与其合作者 Turner 共同创建了合成空间理论(Blended Space Theory)。这一理论在其国内一开始便得到广泛运用，我国学者将其引进来并利用该理论来解释语言认知的心理过程。如刘宇红(2002，2003)以此考查了词汇歧义和语用误解，孙亚(2001)研究了该理论在翻译中的应用，梁艳春(2003)以此来解释委婉语，靳琰、王小龙(2006)从这一理论出发，阐释了英汉仿拟的认知机制，汪少华(2001，2002)探讨了这一理论对隐喻的阐释力，刘正光(2002)阐述了该理论的几个方面的问题并在承认它是人类的基本认知过程的基础上，对其提出了几点质疑，余渭深、董平荣(2003)利用该理论从认知层面对中国古典诗词的构建进行了简要个案分析。由此看出，概念整合是一种非常普遍的认知活动，具有极强的认知解释力。

作为一种非常普遍的认知操作，合成空间理论为解读仿拟的意义建构和推理

第六章　仿拟的认知语言学研究

机制提供了一种有力的、不可或缺的认知工具。近年来关于仿拟的研究层出不穷，但多从修辞学角度入手分析，较少从认知层面探讨。从合成空间理论来看，"仿拟"一词本身就是一个复合空间，"仿"一词说明存在两个输入空间，"拟"则说明有创新，就是我们所说的层创结构。下面我们结合实例，利用合成空间理论来阐释仿拟的意义建构过程。

（一）房奴

现实生活中有不少举债购房者，背负巨额欠款，供养着"又爱又恨"的房子，生活质量直线下降，家庭储蓄锐减。这一情形可以用合成空间理论解释：我们形成一个输入空间 I_1，根据我们的认知，这一输入空间包含购房、欠债、长期、偿还压力、生活水平下降；在我们的心中找到一个词——"奴隶"，形成输入空间 I_2，此空间包含：欠债、偿还、不自由、长期、压迫、生活质量差。类属空间提取了两个输入空间的共同组织与结构，即"欠债、偿还、压力、长期"，通过跨空间映射到合成空间，在合成空间里，人的心理在"偿还购房欠款"和"当奴隶"之间建立直接联系——有压力，受一条无形的绳索捆绑，不得不拼命干活还债。然后将这些元素（买房欠债和当奴隶）组合、完善（还债犹如当奴隶）并扩展形成层创结构（买了房子后人就成为它的奴隶了，不得不为它拼命干活）。完成了这些认知运作后，在人的思维中便呈现"房奴"一词（见图 6.5）。

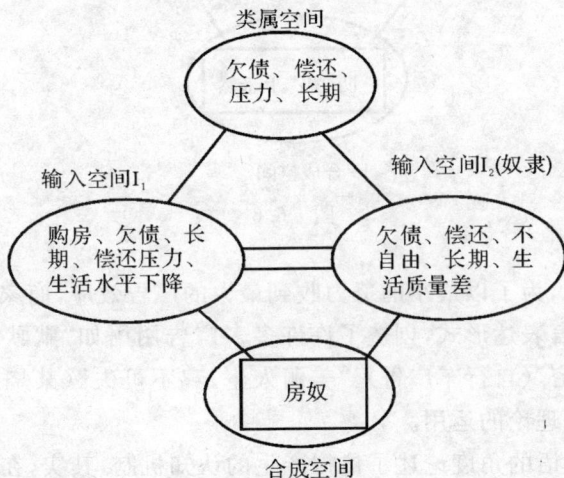

图　6.5

通过这种认知方式，我们还可以创造类似新词如"卡奴"（信用卡过分透支）、"车奴"（因购车背负大量债务）等，这些都是词汇层面的仿拟，短语也是一样，从下例可见一斑。

（二）防"癌"于未然

这是某癌症治疗药品广告,其产生的心理机制是这样的:我们为了给该药物寻找一合适的广告词,首先在心理上针对其疗效创建一个输入空间 I_1,它包含癌症、预防。然后我们在头脑中搜寻到一个短语——"防患于未然",该语句形成输入空间 I_2,它包含隐患、预防。类属空间提取二者共同因子:不想要的因子(癌症和隐患都是人们不想要的)、预防,接着跨空间映射到合成空间并在合成空间里将这些映射组合、完善和扩展,形成层创结构:癌症一开始就要预防,在它没有出现之前预防,这如同隐患一开始就要预防一样。到此,认知运作完成,模仿"防患于未然"的新的语言现象——"防'癌'于未然"油然而生(见图6.6)。

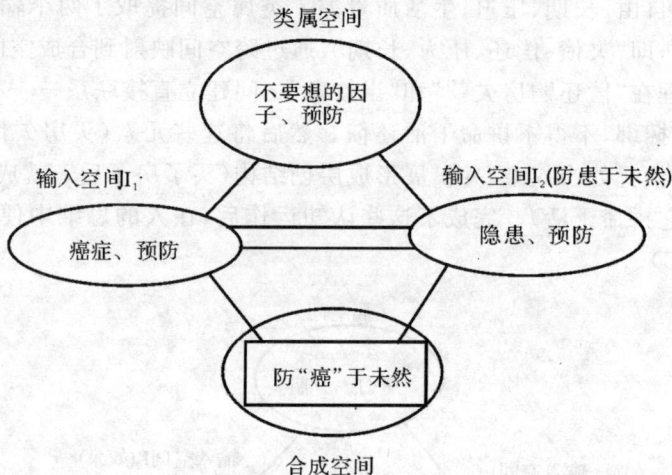

类属空间

不要想的因子、预防

输入空间 I_1 　　　　　　　　输入空间 I_2(防患于未然)

癌症、预防　　　　　　　　隐患、预防

防"癌"于未然

合成空间

图　6.6

在实际生活中,为了以最小的努力收到最大的广告效应,商家往往通过这种手段,模仿现成的语言表达形式,创造了许许多多广告用语如"默默无蚊的奉献"(蚊香广告)、"骑乐无穷"(自行车广告)、"美丽人生,鸡不可失"(某烧鸡店广告)等,无一不体现合成空间理论的运用。

以上我们从汉语的角度论述了仿拟产生的认知机制,其实,在英语中仿拟产生的认知机制也是如此。

（三）talkathon(马拉松式的冗长演讲)

该词仿自 marathon 一词,有的学者如王文斌(2005)把它归为析取词,有的学者(如林承璋等,2005)认为是类比词,我们认为它也是仿拟造词,因为它符合仿拟的基本特点——模仿现成的语言行式而创造出的新的语言现象。该词的产生源于这样的心理机制：marathon 一词构成一个输入空间 I_1，该空间包含：跑步、长时间、重复动作、乏味、需要耐力。我们同样可以遇见另一场合，如长时间演讲，形成输入空间 I_2，它包含这些因素：演讲、长时间、乏味、需要耐心听。然后我们将二者的共同因子：长时间、乏味、需要耐力等投射到类属空间，然后跨空间映射到合成空间，在合成空间里，将两个输入空间投射的因素进行组合、完善并扩展，形成层创结构：长时间的演讲就如同马拉松比赛，冗长而乏味，对人们的耐心是一大考验，所以，我们就模仿 marathon 仿造了 talkathon 一词（见图 6.7）。

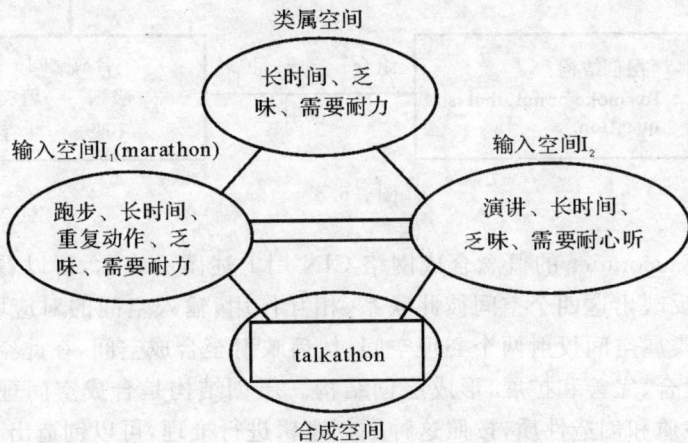

图 6.7

除了 talkathon 一词外，我们还可以仿造出许多其他的词，如 walkathon、telethon、campainthon 等，由此可见，通过仿拟，我们可以创造许多英语新词，仿拟成了新词产生的有效途径。

除了英语单词外，英语句子的仿拟也可以用该理论解释。例如：

To smoke or not, that is a question.（烟，吸还是不吸，这是一个值得考虑的问题。）

这句话仿自莎士比亚著名悲剧《哈姆莱特》中主人公哈姆莱特的独白："To be or not to be, that is a question."（生存还是毁灭，这是一个值得考虑的问题。）我们尝试将此仿句产生的心理过程用另一种图式表现出来，如图 6.8 所示。

与上述图形相似，该图反映的也是仿拟创作的心理过程：两个输入空间的共同因子投射到类属空间，再映射到合成空间，经组合、完善并扩展，形成层创结构：To smoke or not, that is a question.

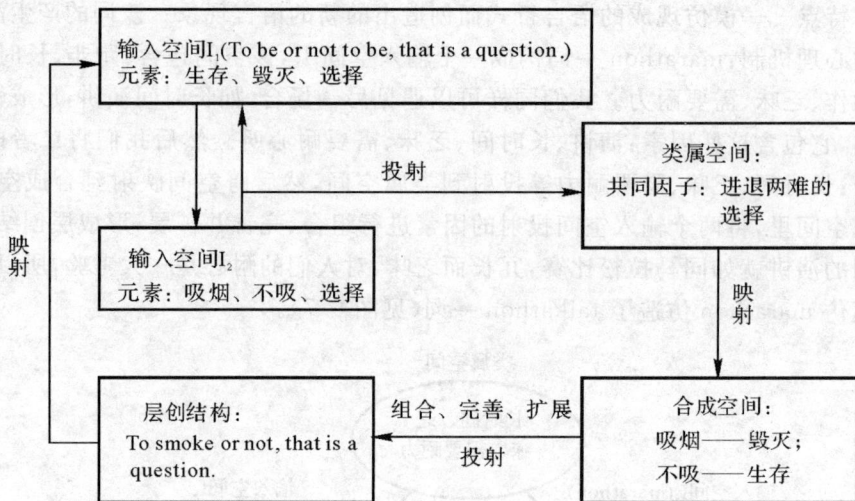

图　6.8

我们把 Fauconnier 的概念合成网络 CIN 用上述图示表示,可以看出,不论哪一种图形,都反映出这四个空间彼此联系、相互作用,输入空间的对应联系由跨空间映射完成,类属空间投射两个心理空间,然后映射至合成空间,在此空间里,映射来的元素经组合、完善和扩展,形成层创结构。层创结构是合成空间理论的核心,它具有虚拟性质和创造性质,按照这种层创逻辑进行推理,可以创造出与原来语言形式相似的新的语言形式,仿拟就是在层创结构中产生的,层创结构是仿拟产生的"孵化器"。透过空间理论,我们生活中常见的仿拟所产生的心理过程和认知机制可以得到很好的阐释。

综合上述分析不难看出,合成空间理论给仿拟的产生提供了一个崭新的认知视角,同时也从另一个侧面论证了合成空间理论是一种重要的、有序的、强大的、系统的以及普遍的认知操作(G. Fauconnier & M. Turner,1998)。本书仅对英汉仿词、仿语和仿句做了分析,而较长的仿篇所涉及到的合成空间可能会更复杂,还有待今后进一步的研究。

参考文献

[1]　Fauconnier G. Mappings in Thought and Language [M]. Cambridge:Cambridge University Press,1997.

[2]　Fauconnier G. Conceptual Integration [J]. 外国语,2001(3).

[3]　Fauconnier G,Turner M. Conceptual Integration Networks [J]. Cognitive

第六章 仿拟的认知语言学研究

Science，1998（2）.

[4] Ungerer F，Schmid H J. An Introduction to Cognitive Linguistics［M］. England：Addison Wesley Longman Limited，1996.

[5] Lakoff，George. Women，Fire and Dangerous Things［M］. Chicago，IL：University of Chicago Press，1987.

[6] 黄缅.谐音仿拟的认知机理——谐音仿拟研究的新进路［J］.外语教学，2007（4）.

[7] 李福印，丁研.《我们思考的方式》述评［J］. 当代语言学，2006（2）.

[8] 梁艳春. 合成空间理论对委婉语的阐释力［J］. 暨南大学华文学院学报，2003（2）.

[9] 林承璋，刘世平. 英语词汇学引论［M］. 武昌：武汉大学出版社，2005.

[10] 刘宇红. 心理空间理论与词汇歧义［J］. 外语学刊，2002（1）.

[11] 刘宇红. 心理空间理论与语用歧解策略［J］. 当代语言学，2003（2）.

[12] 刘正光. Fauconnier 的概念合成理论：阐释与质疑［J］. 外语与外语教学，2002（10）.

[13] 罗胜杰. 英汉仿词比较［J］. 湖南工程学院学报.2005（2）.

[14] 孙亚. 心理空间理论与翻译［J］.上海科技翻译，2001（4）.

[15] 汪少华. 合成空间理论对隐喻的阐释力［J］. 外国语，2001（3）.

[16] 汪少华. 概念合成与隐喻的实时意义建构［J］. 当代语言学，2002（2）.

[17] 王文斌. 英语词法概论［M］. 上海：上海外语教育出版社，2005.

[18] 徐国珍. 仿拟研究［M］. 南昌：江西人民出版社，2003.

[19] 徐国珍. 仿拟行为的认知结构及认知过程［J］. 语言研究，2006（1）.

[20] 徐盛桓. 自主和依存［R］. 在第一届国际认知语义学研讨会（湖南长沙，2006，12）上的大会发言，2006.

[21] 徐盛桓.说"拈连"［R］. 在湖北大学外语学院的学术报告（2006，12），2006.

[22] 徐盛桓. 基于模型的语用推理［J］. 外国语，2007（3）.

[23] 徐盛桓.认知语用学研究论纲［J］. 外语教学，2007（3）.

[24] 幺孝颖. 从图形-背景理论看仿拟修辞格生成的认知本质［J］. 外语研究，2007（4）.

[25] 余渭深，董平荣. 合成空间理论与中国古典诗词意象［J］. 外语与外语教学，2003（3）.

[26] 朱彦. 汉语复合词语义构词法研究［M］. 北京：北京大学出版社，2005.

第七章
仿拟的语用学研究

第一节　语用学简介

　　语用学研究始于语言哲学。早在 1938 年,Morris 就认为符号学(semiotics)由符号关系学(syntactics,即句法学)、语义学(semantics)和语用学(pragmatics)三个部分组成。符号关系学研究"符号之间的形式关系";语义学研究"符号与符号所指对象的关系";语用学研究"符号与符号解释者的关系"。但是语用学作为语言学的学科分支之一,从确立到今天至多不过二三十年的历史。正如 Leech(1983)所说,直到 20 世纪 60 年代,语言学家中很少有人提及语用学,即使有人提及语用学,也只是将它比作"杂物箱"(ragbag)或"废纸篓"(waste-paper basket),它接纳人们因语义学容纳不下而要抛弃的内容。Lyons(1968)说过,像结构语言学那样用特别抽象的方法来研究语言,与用较为实际的方法来研究语言,两者之间并无对立之处。他这里说的"结构语言学"泛指当时抽象的语言系统研究;而"较为实际的方法",则指语言的实际用法研究,用今天的眼光看,那就是语用学。当时 Lyons 说过不值得特别强调语言学是"科学";人们热衷于研究语言实际用法的倾向确实存在;这个倾向与探讨形式的现代语言学理论并不对立,因为那些抽象的理论归根到底是为了解释人们如何实际使用语言。这就是说,语言学应从整体上(包括语用学在内)看做是一门学科;研究语言的抽象形式和语言的实际使用只不过是属于语言学这门学科整体内的分相研究。Lyons(1968)指出,对语言作抽象理论研究的所谓"形式主义"(formalism)与人们所热衷的对语言作实用性研究的"现实主义"(realism)之间的"对立",其实并不存在,它仅仅是人们在自己的头脑中"制造"出来的。

　　语言学发展的历史证明,语言学作为一门科学,与社会有千丝万缕的联系,与人们的生活息息相关,因而人们研究这方面的兴趣也就越来越浓厚。到了今天,过去在认识上出现的语言学与语用学之间的人为的"对立",已变为将注意力放在语言学存在"人的因素"这样的问题上,那种"为科学而科学"的"纯科学"语言学观反而受到了批评。由此,20 世纪 60 年代提出的"语言学是以人和社会作为实践对象的科学"的观点得到肯定,语用学也就被认为是继承和推动这种观点的重要力量而获得发展。

到了 20 世纪 70 年代末,语用学这个"杂物袋"或"废纸篓",从所谓"帮闲学科"而跃升为语言学中的一门新兴的独立学科。它的学科地位得以确立的标志是 1977 年 Journal of Pragmatics(《语用学学刊》,以前译作《语用学杂志》)在荷兰开始发行,以及 1986 年总部设在比利时的国际语用学学会(the International Pragmatics Association,简称 IPRA)的创立。

外语界引进语用学理论的工作始于 20 世纪 70 年代末 80 年代初。早在 1979 年,许国璋就选译了奥斯汀(Austin)的《论言有所为》(How to do things with words),收入《语言学译丛》(王宗炎,1990)。胡壮麟(1980)最早向国内全面介绍了语用学的对象和方法、各个语言学派对语用学的评论、语用学和其他学科的关系,以及语用学规则。倪波(1982)介绍了国外语用学发展的情况。沈家煊把列文森的《语用学》(Levinson,1983)一书的各章先后译成汉语,内容涉及指示现象、会话含义、言语行为、预设和会话结构,发表在《国外语言学》1986 年第 1 期至 1987 年第 2 期,并且把荷恩的《语用学理论》(Horn,1988)一文译成汉语,发表在《国外语言学》1991 年第 2 期和第 3 期上。何自然(1987)全面介绍了语用学的产生、研究对象和主要分支。钱冠连(1991,2000)介绍了欧洲宏观语用学代表人物维索尔伦(Verschueren)的语言顺应和选择理论。钱冠连(1990)在回顾中国语用学的起步与发展时,论述了宏观语用学从功能性视角探讨语言的合理性,并指出英美传统上的微观语用学过于狭隘,发展前景不大。何兆熊(1989)明确指出,语用学应该是针对语言的一种功能性视角。人们熟悉的、并且在语法学、修辞学中已得到广泛研究的众多语言现象,都可以从语用的角度重新审视。指示和修辞格便是这样的例子,对话语的连贯性、句首小品词的研究,也应归入语用学。

从整体来看,外语界对国外语用学理论的引介主要关注微观语用学,尤其是言语行为、会话含义和会话分析方面的理论,不过宏观语用学中的礼貌现象也吸引了不少注意。国内出版的一些语用学著作,如何自然(1987)和何兆熊(1989)等,基本上还是局限于列文森(Levinson,1983)的框架,外加礼貌现象的研究。有关语用学学科地位及与其他学科分界的问题,除以上提到的何兆熊(1989)和钱冠连(1990)以外,沈家煊(1990)探讨了语用学与语义学的界限。

在语用学众多理论当中,有一个理论不得不提及,那就是关联理论(又称相关理论)。对它的介绍和研究是国内一大热点。沈家煊(1988)最早对斯珀伯和威尔逊(Sperber & Wilson)的《关联性:交际与认知》(Relevance:Communication and Cognition)一书进行了评论。何自然(1995)分析了格赖斯语用学说与关联理论的差异,认为关联原则可以取代合作原则。何自然和冉永平(1998)把关联理论看做认知语用学的基础,全面介绍了关联理论的主要内容和新的发展。熊学亮(1996,1999)以关联理论为基础,提出了从听话人角度出发单向推导语用含义的模式。

借用语用学中的关联理论,我们可以对仿拟进行分析和阐述。

第二节　相关理论在仿拟构成中的运用

一、相关理论介绍

人的大脑是一个以最少的努力获得最大效率的信息存储和处理系统,它可以在已有的旧信息的基础上,对哪怕是极小的信息,甚至是不完整的信息进行加工处理,从而得出新信息,取得语境推进效果。人们认识事物的过程也是遵循这样一个基本规律,即以已有的相关认知语境为基础来认识新事物,获取新信息,进而改变已有的相关认知语境,从而又为下一个认知活动做准备。为此,"相关理论"得到人们的推崇。

相关理论(又译为关联理论)的创始人斯珀伯和威尔逊(1986)曾经这样论述:"相关具有两种含义,第一种含义是静态的含义,指新信息(话语内容)与旧信息(交际者对世界的认识,即语境信息:the individual's representation of the world)之间的某种相关性,只有这样,才能据此推导出进一步的新信息,产生语境效果。但相关语境是一个人从他全部认知语境中的部分选择,所以,相关也是指新信息与语言使用者的关系。第二种含义是动态的含义,指对新信息进行处理时必须使其与已有的旧信息发生关联,即寻找关联,以取得进一步的新信息。"

相关理论从信息处理的认知特点出发,认为语言交际是一种认知过程,即人们是通过相关的知识来推导进一步的新信息,从而理解话语,认识世界的。此理论将认知活动中的相关性作为统揽一切的"纲",认为人类的认知活动有一个目标,即在认知过程中力图以最小的投入获得最大的认知效果。为了达到这一目标,人们必须把注意力集中于最为"相关"的信息。

相关理论把语言交际看做是一种明示——推理的认知活动,这种活动实际上是交际者对所处的认知环境进行再认识和互明(mutual manifestness)的过程。从发话者的角度看,交际是一种明示(ostension),即通过话语引起听话者的注意,诱发他去思考。从受话者的角度看,交际是一种推理过程,即受话者从发话者用明示手段提供的信息中推断出发话者的意图。明示与推理是人类交际中不可缺少的两个组成部分,交际之所以成功,就是因为双方都遵循这样一个原则——相关原则。

此外,相关理论还提出了最佳相关的概念。它认为:"在正常的交际中,受话者总是追求和遵循着最佳相关的目标,即在认知过程中力图以最小的投入获得最大的认知效果。要达到此目标,就要选择最佳相关的语境,以期对信息进行最优化的处理。"(赵艳芳,2001)

二、相关理论在仿拟中的运用

2006 年世界杯足球锦标赛给我们带来了两个新名词:"电话门"和"解说门"。前者源于意大利足球俱乐部,后者与我国央视某足球比赛解说员有关,这二者均由"水门"仿拟而来。我们还可以发现,在电视和报纸等新闻媒体上涌现出大量利用成语而仿造的新词,其中以广告为甚。如此看来,作为辞格的一种,仿拟正受到我们的广泛关注和使用。借用相关理论,我们可以分析仿拟产生的内在动力和机制。

仿拟发生的层面有语音、语义和语篇,下面我们分别从这三个方面分析三种不同形式的相关在仿拟中的运用。

(一)语音相关

前面我们提到,汉语被称为"声调语言"(tone language)。在汉语中,每个字或音节除了声母、韵母两个部分之外,还有一个绝对固定的声调。这个声调与声母、韵母一样,有着区别词义的重要作用,甚至有的词,其音位、音节完全相同,只因他们的声调各异,就成了不同的字,或者说词义就完全不同了(魏志成,2003)。因此,汉语中存在音仿——即换用音同或音近的语素仿造新词。细分为两种——同音仿词和近音仿词,分别对应于同音相关和近音相关。究其原因,音同或音近的两个词在发音上存在很大关联,易于引发联想,人们很容易以最小的努力从已有的旧的语音形式推导出音同或音近的其他词语。汉语中的谐音仿拟例子很多,我们就不再例举了。

英语属于表音文字,其文字理据性无法和汉语相比,故通过语音相关来仿造新词不如汉语普遍,但偶尔也存在。

(1)We know eggsactly how to sell eggs.(售蛋广告)

句中 eggsactly 乃 exactly 的谐音变异而来,它的构成依赖于与原词在语音上相关。又如:

(2)Thirst come, thirst served.(可口可乐公司广告)

显然,该句模仿自英语熟语"First come, first served."。由于"thirst"与 first 在发音上相近,根据相关原则容易仿造此句。

由此可见,人们通过语言上存在的关联可以实现仿拟行为。但是,人类的仿拟也要建立在最佳相关性的原则基础上。如果没有把握这一原则,就容易出现胡乱仿造,不伦不类。如今广告中仿拟的使用有过热趋势,以致于出现类似"'痔'在必得"(某痔疮广告)、"一'戴'领'秀'"(某领带广告)、"'酒'久难忘"(某酒广告)等滥用仿拟现象,我们把这种现象称为仿拟中的副偏离(另文分析)。究其原因,是因为作者只顾从语音相同或相近的角度去联想创造,而脱离了相关语言基础,使本体和仿体间缺乏联系,从而仿拟失败。由此可见,寻求最佳相关性的语言基础是仿拟成功的重要保证,作者把握最佳相关原则才不会造成与原型匹配欠妥的现象。

(二)语义相关

除了可以通过语音上相同或相近来寻求最佳相关并创造音仿外,我们还可以利用语义上的相关来构成仿拟。语义学家乌尔曼指出,"类比"(analogy)是语义变化的无数原因之一(李国南,2001),人们往往可以借助语义上的相互关联,以已知信息为出发点,通过类比手段,以最小的投入获得认知效果,创造出另一个与之相关的新词,仿拟就是借助这种语义关联而产生的。我们可以把这种语义相关细分为七种。

1. 近似相关

利用近似关系仿拟出新词语。如由"奖学金"仿拟出"奖教金",由"空姐"仿拟出"海姐",由"歌星"仿拟出"舞星"等。这些仿拟词与原型词都是同类事物,同属一个范畴,利用同类事物的相关性,类推联想,仿拟出新词。

2. 反义相关

这种仿拟词与原型词意义相反,这是由于仿拟词语中替换的词素与原型词中对应的词素意义相反造成的。这种仿拟是语义仿中最普遍存在的一种现象,许多仿拟型的新词语,都是通过反义仿拟构成的。如,以"大"与"小"相仿拟的"大我"与"小我"、"大气候"与"小气候";以"冷"与"热"相仿拟构成的"冷销"与"热销"、"冷板凳"与"热板凳"等;以"优"与"劣"相仿拟的"优生"与"劣生"等。此外,象"上"与"下"、"公"与"私"、"正"与"负"、"快"与"慢"、"强"与"弱"等反义语素的变动,都是仿拟构词的重要手段。

3. 人名、地名相关

语言中容易以某一个人或某个地点所具有的某种特征作为类比点,引发联想,仿造出与之相似、相对或相关的名称,这种仿拟与原有词在结构上相似,语义上相关,但意义不同。

如 Jim Crow 鼓吹种族隔离的(男)人→Jane Crow 鼓吹种族隔离的女人(这里主要是根据人物的品质特征和性别特征来仿造新词);"Watergate(水门事件)"发生后,不少表示"类似水门事件的丑闻"的仿词应运而生,如 Billygate 比利门丑闻

(Bill Carter 是美国总统 Jimmy Carter 的弟弟,因涉嫌收受利比亚政府贿赂案而得名;Irangate 伊朗门事件(20 世纪 80 年代发生在美国总统里根任职期间);Sovietgate(20 世纪 80 年代末在苏联阿塞拜疆出现的)民族骚乱;Clintongate 克林顿丑闻(指 1998 年美国总统比尔・克林顿因被指控与白宫内的一名见习生 Monica Lewinsky 发生性关系或性骚扰,差点被弹劾)。还有我们前面提到的"电话门"、"解说门"也是由此仿拟而来。

4. 地点、空间相关

表地点、空间的词相关度比较大,容易引发联想,仿造新词。这种类比不少与外层空间技术有关,英语中特别常见。例如:

sunrise→earthrise

airport→moonport

landscape→moonscape, marscape

terrain→marrain

earthquake→starquake

5. 颜色相关

颜色词数量有限,故其中的相关度特别大,极易引发联想造词。这主要是通过颜色词的更换类比出新词新语。例如:

white-collar→blue-collar, gray-collar, open-collar

black list→white list, gray list

红颜知己→蓝颜知己

6. 数字相关

由数字类比仿造出来的词项,有的数词不变,只变中心词,有的中心词不变,只变数词。例如:

first lady→first mother, first family

first-strike capacity→second-strike capacity

the first world→the second world, the third world, the fourth world

第一产业→第二产业、第三产业

一线→二线、三线

以上这些都是运用数字的相关性来进行仿拟的典型例子。

7. 语篇相关

英语和汉语常常利用现成的语篇格式或故意模仿原有的腔调来仿造另一结构、腔调一样的语篇,这样做显然符合最佳相关的经济原则。人们充分利用相关原则,实行语言中的"拿来主义",即新的篇章不改变原有句式结构,甚至还保留其中

某些词语,人们在阅读时很容易就可以推断出原文来。如仿拟诗《足球吏》:

暮投世界杯,足球捉弄人。头场落荒逃,老米脸蒙尘。对手老进球,国足一何苦!解说前致辞:"球技太差劲。一球冷入门,二球新战死。米卢且偷生,还有第二场!巴西如无人,尽演桑巴舞。国足心有余,来回无进球。老米心虽衰,请从末场胜。急画三个零,犹得早早归。"夜久语声绝,如闻泣幽咽。天明登前途,终与世杯别。

这首《足球吏》是仿拟杜甫的名作《石壕吏》而写的。句式与韵脚与杜诗基本相同,句数、字数则完全相同,只在人称、对象、事件等方面作了一些变动,意趣却与原诗大相径庭。全诗叙写了国足在韩日世界杯足球赛中的糟糕表现,细腻地刻画了国足教练及球员不甘落后、心存侥幸的复杂心态以及技不如人、徒唤奈何、黯然告别世界杯赛场的凄惶情态。仿作于诙谐调侃中流露出深深的失望和不满,表现了广大球迷"哀其不幸,怒其不争"的复杂情感。《足球吏》"旧瓶装新酒",于仿拟之中注入新意,给读者以似曾相识又耳目一新之感。

又如仿拟歌词《一封家书》(原唱:李春波,现唱:赴韩球迷):

亲爱的球迷朋友:

你们好吗?我现在韩国挺恼的,是因为对国足太牵挂。虽然不愿相信,可是我没办法。赛前他们还挺牛气,现在一看全是吹的。朋友每天都看球吗?兴趣不大就不要看啦。干了四十年"啦啦"工作,也该歇歇啦。三场比赛他全都输掉,九个鸭蛋够吃的吧?国足已经回国了吗?替我质问他们吧!有什么账都让他们算,对待臭脚有什么客气的。带着失望我将要回家。

好啦,先写到这儿吧。

此致、敬礼,此致、那个敬礼

2002 年 6 月 24 日于韩国

李春波的原创歌曲《一封家书》抒写了一位在广州打工的青年对千里之外的父母双亲起居的惦念和问候,宣泄了无数个飘泊异地的游子惦念父母、思念家乡的拳拳之情,自 1994 年在春节联欢晚会上演唱之后,带动了当时整个流行歌坛的民谣风潮。仿拟之作《一封家书》与原作题目完全相同,形式也完全相同,而表现的情调却大异其趣。仿作从一位中国球迷的角度抒发了对世界杯足球赛中中国队表现的观感:中国队的某些人在赛前不是认真分析形势,加强技战术训练,全力备战,而是盲目乐观,免费吹牛,赛前扬言要赢一场,赛中声称要平一场,赛末发誓要进一球。结果却是第一场以 0:2 输于中美洲小国哥斯达黎加,第二场以 0:4 输于"桑巴军团"巴西,第三场 0:3 惨败于土耳其。更令人气恼的倒还不是其技不如人,而是某些人干劲不足,拼劲不猛。其结果是三场皆输,一球未进,令国人失望,球迷伤心。

这也就难怪有的读者看到这首因爱之太深而责之过切的仿拟之作《一封家书》之后,饱含泪水,凄楚吟唱了。

通过举例分析,我们可以发现,仿拟之所以成立,主要就是因为语言具有相关性,通过相互关联,人们往往可以创造出更多的新词、新语和新的篇章来。

我们知道,世界上的事物是无限的,而人类的言语形式是有限的;我们还知道,人的大脑容量是有限的,但人类的创造力却是无限的。以有限的言语形式来表达无限的事物,困难是显而易见的,可是人类之所以了不起,就是人类有巨大的创造力,可以突破有限的脑容量的限制。这种创造力很重要的一种表现形式就是:人们能借助已知的事物和已有的语言形式,能利用事物之间的相关性来认知和命名新事物,这就是仿拟之所以存在的理论依据。

第三节　模因论在仿拟构成中的运用

一、模因论概述

1976 年,英国牛津大学的动物学家 Richard Dawkins 在《自私的基因》(The Selfish Gene)一书中提出了文化传播的基本单位,即模因(meme)。模因是基因(gene)的仿造词,它(meme,又译幂姆、觅母、密母、密米等)在词源上来自表示“模仿”的希腊语词 mimeme。模因论或模因学认为,模因是一种与基因相似的现象,它是一个文化信息单位,通过模仿而得到传递。判断模因的基本依据是“模仿”,任何一个信息,只要它能够通过广义上成为“模仿”的过程而被“复制”,它就可以称为模因(Blackmore,1999)。因此,它可以是曲调旋律、想法思潮、时髦用语、时尚服饰、搭屋建房、器具制造等的模式,也可以是科学理论、宗教信仰、决策程序、惩罚模式、客套常规,等等。简而言之,任何想法、说法和做法都有可能成为模因(何自然,2005)。

在语言学领域里,用模因论的观点来解释语言可以加深或改变我们对语言起源、语言习得、语言使用等问题的认识。语言本身就是一种模因,模因也寓于语言之中,任何字、词、短语、句子、段落乃至篇章,只要能通过模仿得到复制和传播,都有可能成为模因(谢朝群,何自然,2007)。故有“语言模因”(linguistic memes)之说。如果语言不再为人所使用和模仿,那么这种语言必然走向消亡,曾经风靡全欧洲几个世纪的拉丁语流传到现在只残留些零零碎碎的词汇就是一个例子。模因论为语言引入了信息复制的观点。在模因的作用下,词语得到复制,创造词语的创意也同样得到复制,从而形成人和语言的互动模式,从中可以窥探语言的变化和发展。模因与模因之间会相互支持,集结在一起形成一种关系密切的模因集合,这就是模因复合体。模因的表现可以是单个的模因,也可以是模因复合体,大脑里的信息内容直接得到复制和传播是模因的基因型,而信息的形式被赋予不同内容而得到横向扩散和传播的,则是无数的模因表现型。

二、语言模因的复制与传播

模因是一个抽象的概念,它通过复制和传播来体现自身的存在。语言模因在交际过程中不断复制和传播的方式可以是内容相同、形式各异,或者是形式相同、内容各异。从另外的角度说,不管语言模因的形式和内容如何,其复制和传播方式基本上是重复与类推两种。

(一)重复

重复是模因复制与传播的手段之一,有两种类型——直接套用和同义异词。

话语中使用各种引文、口号,转述别人的话语,交谈中引用名言、警句等,都是直接套用。遇到与原语相似的语境,模因就往往以这种方式来自我复制和传播。同义异词即信息相同但以异形传递。这种传播方式的典型例子莫过于日常交际中不同时期、不同地方对同一事物的不同说法了。如对餐厅食侍女服务员的称呼,从解放前的小姐,到解放后的同志、工友、师傅、服务员、大姐,再回归到小姐,又转为妹子、靓女、翠花、姐姐等,万变不离其宗,都指称女服务员。Internet 称为互联网,是一开始就被社会普遍接受的说法。后来 IT 行业的权威们认为要称为因特网,一时间这个称呼似乎多起来。可是随着时间的推移,互联网、因特网尽管并存,但前者通俗,成了强模因而被广泛复制和传播,至于因特网的说法,它只在较专业的场合下听到和见到了(何自然,2008)。

(二)类推

所谓类推,就是根据两个(两类)对象之间在某些方面的相同或相似而推出它们在其他方面也可能相似的一种思维方法。一般将类推分为两种——同音类推和同构类推。

同音类推就是模仿词语发音而形成的新模因变体,大都是从一般到特殊的类推。如模仿"草木皆兵"而创作的短语"草木皆冰",用以形容一个地方非常寒冷。同音类推常见的例子就是仿拟中的谐音仿拟。

与同音类推不同的是,同构类推指模仿现有的语言结构而复制出一种具有新内容的模因变体。在类推过程当中,变化的是语言内容,不变的是语言结构,我们按照同一种结构类推出相似语句,通过这种手段使得模因得以复制和传播。同构类推表现为仿拟中的语义仿拟。

三、模因论对仿拟的阐释

模因学自从被介绍到国内以后,与之相关的研究不断涌现。例如何自然、何雪林介绍了模因学的由来及模因研究的不同观点,分析了语言中的模因现象、语言模因的仿制,并提出了汉语语言仿制的四种类型;张莹认为,翻译的过程就是将异域模因复制到本国文化的过程,译者作为宿主(host),解码以源语言为载体的模因,并将此模因编码为目标语载体;王斌提出翻译研究是文化模因研究的一个部分,同时还探讨了翻译模因在教学中的作用(刘宇红,2008)。2008 年第 1 期的《外语学刊》以"模因论及其应用"为核心开辟专栏,介绍了我国学者在这方面的研究成果。实践证明,模因与模因论为我们的语言、教学和翻译等领域的研究提供了新的视角。

模因论与仿拟这一修辞现象有着密不可分的关系,我们可以用这一理论在如下两个方面对仿拟进行阐释。

(一)对仿拟构成要素的阐释

仿拟由两部分构成,一是被仿的部分,表现为某种既成的语言形式,称为本体;另一部分是仿本体而拟创造出来的新的语言形式,称为仿体。根据模因学理论,本体是模仿的对象,亦即为模因,仿体是模仿的结果和产物,也是模因复制和传播的结果。对仿拟的研究发现,仿拟中的模因具体表现在语法和语体两个层面,语法层面有词、短语和句子的仿拟,语体层面有公文体、政论体、文艺体和广告体四种形式。这与模因的本质是一致的,因为语言构成要素——字、词、短语、句子、段落、篇章,只要能通过模仿得到复制和传播,就可以成为模因,也就可以充当本体被模仿,而仿体就是模因复制和传播的结果。上述关系如图 7.1 和图 7.2 所示:

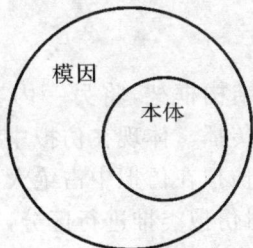

图　7.1

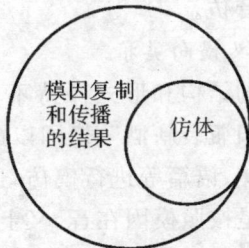

图　7.2

如图 7.1 所示,模因不等于本体,但包括本体,因为可以充当模因的还包括科学理论、宗教信仰、决策程序、惩罚模式、客套常规等,这些都可以充当模因,但是不能成为仿拟之本体。如图 7.2 所示,模因复制和传播的结果并不完全等同于仿体,因为复制模因有两种方式——基因型和表现型,基因型传播的结果不包括仿体。

概而述之,模因有两个部分:模因和模因复制和传播的结果,而仿拟也有两个部分:本体和仿体,模因与仿拟是包含与被包含的关系,此其一;其二,模因与模因传播、复制的结果的关系是,模因具有先成性、独立性和定型性,传播的结果具有临时性、依赖性和拓展性,这与仿拟中本体和仿体的关系是一致的。所以,模因论对仿拟的构成要素具有相当的解释力。

(二)对仿拟构成机理的阐释

如上所述,模因的复制和传播主要有重复和类推两种,重复是基因型模因的主要传递方式,可以体现为相同信息的直接传递和相同信息的异形传递。不管采用哪种方式,它所传递的始终是同一个信息,只是传递的方式不同而已——同形或异形,传递前的模因和传递后的结果为同一事物,二者在本质上是一致的,并没有形成新的特质,更加没有形成仿拟中本体和仿体所具有的相互关系:本体的先成性、单一性和定型性与仿体的临时性、多元性和拓展性(罗胜杰,2008)。故模因复制与传播中的手段之一——重复并不构成仿拟生成的理论支撑。所以我们认为,基因型模因的传播方式不能用来解释仿拟的生成机理。

然而,表现型模因的传播方式——类推则是仿拟生成的有力支撑。类推也叫类比,类比基于人类的客观现实基础。关于类比,我们在第三章中有论述,这里就不再赘述了。

表现型基因的这种传播方式给仿拟构成提供了基础和依据,仿拟就是依照类推而产生的,具体表现如下:

1. 同音/近音异形横向类推

语言模因在保留原来结构的情况下,以同音/近音异形的方式横向类推,体现为仿拟中的谐音仿。

2. 同构异义横向类推

语言模因的结构和形式保持不变,提取其结构框架,将另一内容装入这一框架,即所谓的"旧瓶装新酒",模因以此方式得以传播。体现在仿拟中就是对本体的语义、语调、语体、语篇等进行模仿,这种形式的仿拟在仿拟中占绝大多数。

以上我们是按照模因在音、义上的不同而对仿拟类推进行区分,我们还可以按照模因传递的多元性,将类推进一步分成两种——辐射型和连锁型。

辐射型类推即以本体模因为中心,同时向周围"辐射"出多个仿体,每个生成体均各成一体,相互之间并没有很多直接联系。如图 7.3 所示:

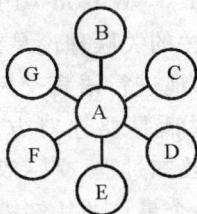

图　7.3

前面所提到的《陋室铭》的众多仿拟版本就是典型的辐射型类推方式。A 为《陋室铭》,以此(本体)为模因(中心),向四周辐射,生成众多仿体 B,C,D,E,F……。

与之不同的是连锁型类推方式,这是指以某一模因为中心,类推出另一同构异义文本,然后又以这一新产生的文本为模因继续类推,类推出另一文本,依此类推,环环相扣,形成一种类似链条的连锁反应。我们可以用一图表显示这一过程:

A→ B→ C→……

如常见的"军嫂"、"警嫂"、"股嫂"等,它们是由"空嫂"仿拟而来,而"空嫂"又是由"空姐"同构类推而来。具体过程如下:

空姐→空嫂→军嫂、警嫂、股嫂等

又如人们由"国旗"、"国歌"类推出"国手"、"国花",在此基础上类推出"国骂",继而以"国骂"为模因,类推出诸如"省骂"、"市骂"、"乡骂"等,通过连锁式类推,将模因步步相传。

通过上述分析,我们认为模因论对仿拟有着极强的阐释力,换句话说,模因论不但在仿拟的构成要素的选择上起重要作用,而且在仿拟形成机理上也有重要的指导意义。通过模因的复制与传播,对现有的词语不断进行模仿,扩大了语言的内涵,丰富了语言的表达方式,人们可供表达的手段越来越丰富。非但如此,它还是人类社会得以发展的动力源泉,正是由于有了复制和模仿,人类的物质文明和精神文明才得以传播,人类社会的繁衍才得以顺利进行。它对人类社会起到极大的推动和促进作用。

第四节　仿拟的认知语用学分析

一、认知语用学概要

认知语用学从认知角度研究语言交际,其主要任务是从认知心理的角度分析和描述语言的理解过程。Sperber & Wilson（1986/1995）在《关联性：交际与认知》一书中提出的与交际、认知有关的关联理论是认知语用学的基本理论之一。根据关联理论，人们之所以能够成功地进行语言交际，不断认知对方的交际意图，其主要原因有二：第一，交际双方说话是要让对方明白，所以要求"互明"（mutual manifestness）；第二，交际是一个认知过程，交际双方之所以能够配合默契，明白对方话语的暗含内容，主要由于有一个最佳的认知模式——寻找关联。这就是说，要找到对方话语同语境假设（contextual assumptions）的最佳关联，通过推理，推断出语境暗含（contextual implication），最终取得语境效果（contextual effects），达到交际成功。这里所说的语境假设就是认知假设，即在话语明说（explicature）的基础上，听话人根据认知语境提供的逻辑信息、百科信息和词语信息而作出的关于当前语境的假设。这种语境假设因人而异，所以就造成对同一话语的不同理解。下面是推理过程的简单说明：

Peter：Would you drive a Mercedes?

Mary：I wouldn't drive any expensive car.

Mary 没有用 yes 或 no 来直接回答 Peter 提出的问题，而是用了陈述句来表达她的观点。那么这个陈述的用意是什么呢？这就需要依靠现有信息作出语境假设，然后再根据语境假设，进行推理和作出判断。在这个例子中，依据百科信息（Mercedes is an expensive car）和词汇信息，经过逻辑推理，可以作出如下判断：

大前提：A Mercedes is an expensive car.

小前提：Mary wouldn't drive any expensive car.

结论：Mary wouldn't drive a Mercedes.

本来 Mary 只需简单地说一个 no 就足够了，但她之所以让 Peter 花力气通过推理来理解她的话，是因为她想在明说之外再增添一些其他语境效果。Mary 的这种回答方式不仅提供了一个否定的回答，而且说出她要作否定回答的原因。

作为语用学与心理语言学和认知科学的跨面研究，认知语用学为人们的言语交际过程提供了认知心理理据，对人们的语用推理机制作出了可行性的解释。

当然，语用学研究并不仅仅局限于上述分支领域。比如，目前一个新的领域正在引起人们的注意，那就是语用学同形式语言学相结合的形式语用学。这个领域研究语用的形式化，涉及语用和逻辑的关系，探讨语用学理论在人工智能和计算机处理自然语言方面所起的作用。此外，语用学也可以就语用和句法的界面（interface）进行研究，着重探讨语用的语法化问题。

认知语用学结合相关的认识活动来对一些语言运用现象作出解释和说明。通过对语言运用现象的分析，揭示语言运用现象背后的认知机制。借鉴认知语言学的基本思想,语言是人们认知能力的一部分。可以这样认为,人们的语言运用能力和其他认知能力一样,也可以看做是人们认知能力的一部分。具体来讲,人们的语言运用能力是认知能力的语用化(pragmatization),即把人们的认知能力语用化为一种语言运用能力,一种话语生成的能力或话语理解的能力。

二、仿拟的认知语用学分析

牛保义、席留生(2009)用认知语用学解释了仿拟构式的机制和机理。

在谈到仿拟的产生时,他们有新的看法:在一个仿拟生成的过程中,语言运用者所"仿"的既不单单是某一形式或某一语义,也不单单是一种文体,而是一个形义结合体(form-meaning pairing)或构式(construction);所"拟"的也是一个形义结合体或构式。如仿照"十分得意",拟创造出的"九分得意","十分得意"是一个构式,其形式是一个"副词+形容词"构成的短语,所表达的语义为"非常高兴、满意";新拟创出的"九分得意"也是一个构式,其形式是一个"副词+形容词"构成的短语,其语义除了有讥讽的口吻之外,也是表示"很高兴、满意"。据此,他们将仿拟的生成过程简单概括为:模仿现有的旧构式拟创造出一个新的构式。一个仿拟的生成过程可以分解为"模仿"和"拟创"。前者是指模仿语言运用者现已掌握和了解的旧构式;后者是指根据交际目的的需要,拟创新的构式。按照对认知语用学的认识,一个仿拟话语的生成是语言运用者认知能力的语用化。具体来讲,一个仿拟话语的生成就是把"运用已知概念或概念系统来感知新信息"这一认知能力语用化为"模仿旧构式拟创新构式"这样的语言运用能力。如图7.4所示。

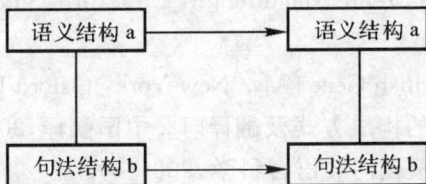

```
┌──────────┐        ┌──────────┐
│ 语义结构 a │ ─────→ │ 语义结构 a │
└──────────┘        └──────────┘
      │                    │
┌──────────┐        ┌──────────┐
│ 句法结构 b │ ─────→ │ 句法结构 b │
└──────────┘        └──────────┘
```

图　7.4

根据这一理论,在仿语"拔楼助长"的生成过程中,语言运用者头脑里存在着"拔苗助长"的概念知识,包括句法结构知识——"拔 NP 助长"和语义结构知识——"急于求成"。换句话说,语言运用者头脑里掌握有"'拔 NP 助长'表示'急于求成'"这一概念知识。语言运用者运用这一概念知识,用"拔禾苗"来感知"搭屋建房",用"帮助禾苗长高"来感知"帮助楼房增高",将"在楼顶搭建房屋"感知为"在楼顶搭建房屋会导致房屋倒塌"。这一认知能力的语用化,句法结构"拔 NP 助长"

投射为"拔楼助长";语义结构"急于求成"投射为"急于求成",后者是指在楼顶搭建房屋扩大居住面积这样的"急于求成"。其生成过程也可以如图7.5所示。

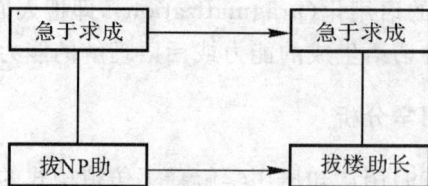

图 7.5

以上对仿拟构式生成的认知语用学分析表明,一个仿拟构式的生成就是语言运用者的认知能力语用化的结果。在一个仿拟构式生成的过程中,语言运用者的认知能力表现为运用已知的概念或概念系统(构式的句法结构和语义结构知识)感知新信息,语用能力则表现为模仿旧构式拟创新构式。仿拟的生成就是语言运用者的认知能力语用化为模仿旧构式拟创新构式的语言运用能力。仿拟运用的方法就是,语言运用者借用已知的旧构式的概念或概念系统知识,来感知纷繁复杂的新信息,仿拟出一种简洁、新奇的表达形式。仿拟生成付出的认知努力非常小,但是拟创出的新构式结构简洁、新奇,语义丰富,令人回味无穷。可以将仿拟的语用原则概括为:认知努力的最小化和语法构式表达力量的最大化。

参考文献

[1]　Blackmore S. The Meme Machine [M]. Oxford：Oxford University Press，1999.

[2]　Dawkins R. The Selfish Gene [M]. New York：Oxford University Press，1976.

[3]　白解红.英语仿词的构成方式及翻译[J].中国翻译,2001(5).

[4]　何自然.语言中的模因[J].语言科学,2005(6).

[5]　何自然.语言模因及其修辞效应[J].外语学刊,2008(1).

[6]　黄伯荣,廖序东.现代汉语(下)[M].北京:高等教育出版社,1997.

[7]　李国南.辞格与词汇[M].上海:上海外语教育出版社,2001.

[8]　李鑫华.英语修辞格详论[M].上海:上海外语教育出版社,2001.

[9]　李鑫华.试论仿拟的哲学思维特点[J].四川外语学院学报.2001(6).

[10]　刘宇红.模因学具有学科的独立性与理论的科学性吗？[J].外国语言文学,2006(3).

[11]　刘泽权.广告英译中的仿拟[J].现代外语,1995(2).

[12] 罗胜杰.英汉仿词比较[J].湖南工程学院学报,2005(2).

[13] 罗胜杰.相关理论在仿拟构成中的运用[J].怀化学院学报,2007(1).

[14] 罗胜杰.英汉仿拟之本体和仿体研究[J].湖南工程学院学报,2008(2).

[15] 罗胜杰.广告仿拟运用的策略分析[J].中国酿造,2008(4).

[16] 罗胜杰."××门"的分析与探讨[J].中国科技术语,2008(6).

[17] 罗胜杰.合成空间理论对仿拟的阐释力[J].外语教学,2009(1).

[18] 牛保义,席留生.仿拟构式生成的认知语用学解释[J].现代外语,2009(2).

[19] 王德春.修辞学词典[Z].杭州:浙江教育出版社,1989.

[20] 汪榕培.英语词汇学教程[M].上海:上海外语教育出版社,2000.

[21] 王文斌.英语词法概论[M].上海:上海外语教育出版社,2005.

[22] 徐国珍.仿拟研究[M].南昌:江西人民出版社,2002.

[23] 谢朝群,何自然.语言模因说略[J].现代外语,2007(1).

第二部分
仿拟的实践研究

在第一部分里，我们分别从不同的角度研究了仿拟的定义、结构、表现形式及内在关系、分类及功能，也对仿拟的使用从心理学和美学两个角度进行了分析。另外，还结合认知语言学和语用学的相关理论，探究了仿拟构建的心理机制以及仿拟在运用过程中的相关问题。以上研究基本廓清了仿拟的全貌，使我们对仿拟有了较为全面的了解。

语言和言语是分不开的，语言是一种知识，知识的运用形成言语。在了解了仿拟的基本架构之后，接下来我们从仿拟的运用着手，分析它在实际运用中的特点，进一步体现了理论来源于实践，同时又要服务于实践的方针。因此，在本书第二部分里，我们拟分析仿拟在具体使用中的问题，主要从仿拟运用得比较多的几种语言实践入手，分析仿拟的具体运用，同时，还就仿拟的翻译问题进行分析，并且还对仿拟这一辞格如何服务于教学的问题进行探讨。

第八章
仿拟运用和谐观

  仿拟的运用的确能给语言带来一定的积极效应,它使语言简洁、生动、新颖、幽默。但任何事物都是一分为二的,在看到仿拟的正面效果的同时,我们不要忘了,生活中还充斥着许多语言垃圾,而这些垃圾的产生很大程度上就是由于仿拟的不正确使用造成的,我们把仿拟的胡乱使用称为仿拟的副偏离,而这类副偏离在广告中比比皆是。请看下面这些例子:

  (1)壶说八道(节能壶广告)

  (2)千肤所指(某化妆品广告)

  (3)盒情盒理(某月饼广告)

  (4)英姿换发(洗发水广告)

  如此等等。用"壶"代替"胡",生搬硬套,令人费解,这样做能反映产品的良好效果吗?"千肤所指"的本体"千夫所指"根本就是一个贬义词,这样胡乱仿用,成千上万人齐声痛骂,这样的化妆品谁还敢买?"盒情盒理",从结构上看是"合情合理"的,但是其所宣传的产品的功效呢?没有得到体现,那么广告岂不是白做了?此类广告不顾所仿对象的字面含义,不顾消费者的心理感受,以牺牲产品效果为代价,片面追求广告词在发音上和现有成语保持一致,这是不受欢迎的。徐国珍(2004)将这种广告仿拟副偏离分为三类:结构不谐、表义不明和机械模仿,并据此提出了仿拟应遵循的三大策略:求同策略、求异策略和求解策略。我们在第九章也将提到广告仿拟运用的几个注意事项,这些对于避免仿拟副偏离的产生是有一定借鉴作用的。

  然而,我们认为,只从这些策略上分析还不够,我们应该从更高的角度、宏观的视野来看待这一问题,即从语言和谐这一角度来进行论述,这样将更加有利于祖国语言文字的纯洁和健康,有利于学生语言文字的学习,有利于青少年的身心健康,有利于和谐社会的构建。

第一节　语言和谐的定义和重要性

什么是语言和谐？它与社会和谐有什么关系？语言和谐对语言运用有什么要求呢？怎样才能做到语言和谐呢？这一系列的问题不得不先行解决，这样才能为解决仿拟副偏离提供一定的理论依据和解决路径。

首先，让我们谈谈什么是语言和谐。冯广艺先生（2007）对语言和谐研究颇深，他对语言和谐的理解颇有见地。他认为：

和谐，按《现代汉语词典》的解释，是指"配合得适当"。这当然只是一般意义上的解释，我们认为，和谐社会、和谐语言中的"和谐"，更是一个哲学概念。胡锦涛同志指出，我们所要建设的社会主义和谐社会，应该是民主法治、公平正义、诚信友爱、充满活力、安定有序、人与自然和谐相处的社会。所以，和谐社会中的"和谐"包含了六个方面的内容，那么和谐语言中的"和谐"又有哪些方面的内容呢？我们认为也有六个方面的内容：语人——文明和善；语质——规范纯洁；语际——平等互惠；语流——井然有序；语效——准确恰当；语用——适境应情。

由此看来，语言和谐的内涵十分丰富，诚信的、和顺的、得当的、适宜的、通畅的、自然的都可以说是和谐的语言，与此相反，则是不和谐的语言。上述六点是语言和谐的基本内容，也是语言使用者追求的最高境界。语言和谐真的这么重要吗？冯广艺（2007）的说法言之有理：

语言和谐问题是人类在漫长的历史发展中所面临的基本问题之一，它与构建和谐社会紧密相连。从语言和社会的关系来看，语言是社会的一面镜子，社会的一切都会在语言中有所反应；语言又依存于社会，它随着社会的产生而产生，随着社会的发展而发展，社会的基本形态对语言有一定的制约作用。构建和谐社会对语言的一个基本要求就是语言和谐。语言和谐是和谐社会的重要组成部分，人在语言使用中所表现出来的素质在很大程度上体现着社会的进步程度。不同国家、不同民族、不同社会的语言和谐相处，与不同国家、不同民族、不同社会的人的和谐相处是一致的，人的语言态度、语言选择的倾向与人的政治立场、价值取向也是一致的，人与人之间的交际能够和谐、顺利，与良好的社会环境、友善的人际关系等也是密不可分的。我们认为，要构建和谐社会，必须弄清楚语言和谐问题，社会中的语言如果不和谐，构建和谐社会就失去了基石，人们的美好愿望就不能实现。

关于语言和谐问题，古今中外有不少言论提及。下面略举一二：

亚里士多德曾谈到语言表达要"求其适合"。他在《修辞学》中认为语言表达"既不能流于平凡，也不能提得太高，而应求其适合"。

国际语用学会秘书长范叔伦(Verschueren)认为语言适应问题是语用学的核心问题,语言适应意味着在语言使用中要适应对象、时间、地点、场合等,意味着语言使用的双方都必须相互信任,只有做到了这些,才能做到语言和谐。语言的使用有一系列的规则,只有做到了这些,才能做到语言和谐。

先秦诸子对和谐和语言和谐问题都十分关注,他们从顺、诚、和、当、通、同、宜等方面进行了广泛的论述并且从具体语言环境出发,对如何做到语言和谐提出了很多要求。

孔子在《论语·子路》中说"君子和而不同,小人同而不和"。亦即所谓"君子"是讲究和谐而不是人云亦云、千篇一律、毫无自己的主见;"小人"则正好相反,"小人"不追求和谐,却一味步人后尘,拾人牙慧。

庄子认为语言表达要"朴素","朴素"是和谐语言的一个重要表现,他说"朴素,而天下莫能与之争美"(《庄子·天道》)。墨子认为在用语言交际时,要"通意","通意"是建立语言和谐关系的条件,他在《墨子·经下》中说:"通意后对,说在不知其谓也。"

荀子从"礼恭、辞顺、色从"三个方面论述语言和谐问题,他说"礼恭"是为人谦恭的态度,"辞顺"是和谐顺畅的表达,"色从"是默契配合的神情。

后来的文献资料也有关于和谐语言的论述,如《礼记·表记》中有所谓"情欲信,辞欲巧"的说法,孔颖达注曰:"言君子情貌欲得信实,言辞欲得和顺美巧。不违逆于理,与巧言令色者异。""信"与"巧"是紧密相连的,"和顺美巧"是言辞的基本要求,而不是"巧言令色"。

《论语》中有所谓"辞达而已矣"的说法。苏东坡的解释是:"辞至于达,足矣,不可以有加矣。"和"物固有是理,患不知之。知之,患不能达之于口与手。辞者,达是而已矣。"苏东坡认为做到"辞达","足矣","不可以有加矣",表明他把"辞达"当做言辞表达的目的,他强调"物固有是理","达是而已矣",这里的"是"可以看做客观事实、真理,言辞表达应该准确地反映客观事实和真理。同时,他主张"言止于达意",即言辞是要表达一定的意义、内容的,不能空洞无物。

另外,《论语》明确提出"言必信"、"言必慎"、"言必雅"的语言策略。"言必信"的一个基本内涵是言行的和谐统一,反对巧言令色,提倡基于真诚的言语交流;"言必慎"是对语言和谐的"式"(方式)的要求,强调对于说话的内容要慎重;"言必雅"是对语言和谐的"值"(效果)的要求,强调不仅仅是语言形式上的文雅,它还讲究内容与形式的和谐。

洪迈的《容斋随笔》中关于语言和谐问题是这样论述的:"文士为文,有矜夸过实,虽韩文公不能免……"。他认为,说话、写文章都应该实事求是,不能胡乱夸大,言过其实。

这些关于语言和谐的言论,是指导我们进行日常言语交际的指导性原则和方针,我们应该在这些原则的指导下,尽量使自己的语言做到和谐,以此达到交流顺利的目的。

第二节 仿拟运用所造成的语言不和谐问题及对策

"言必雅",这一要求强调的是语言形式和内容的优雅、雅致。和"雅"相对的就是"俗"了,即达不到"雅"的要求。仿拟中也存在雅俗之分,优雅的仿拟是讲究语言和谐的,是我们要提倡的;而庸俗的仿拟(如前节例(1)~例(4))是不和谐的,是我们要尽量避免的。

仿拟的运用涉及两个因素——本体和仿体。仿拟的本体和仿体相互联系、相互影响。当仿体和本体的语境及风格互相交叉融合,同时又在文化的认同与叛逆中寻找突破口时,仿拟的雅俗走向就如同哈姆雷特的生存毁灭问题一样变得扑朔迷离了。这里存在本体的选择和仿体的创造问题。如果在本体的选择上是经典高雅的语言成品,并且在仿体的用词上又同样高雅,或者在本体的选择上是通俗的大众文化的产物,而在仿体替换用词时也注意到直白易懂,那么本体和仿体二者在进行融合的过程中就比较容易协调一致,即使语境会有一些冲突也比较容易解决。但是,在这两种情况下,仍然会出现雅俗不得体的现象。从逻辑上来分析,不外乎两种现象:仿体的雅和俗。过雅,过分地强调经典古雅的文体而且太着痕迹地使用古词和雅词,结果会在解码的时候出现失误,受众不知道本体是什么或者根本不理解仿体的字词含义;过俗,没有恰当地选择适应仿体语境的本体,并且替换时不注意用词,使得仿体庸俗化,甚至造成副偏离,从而使人们不能接受。前面几个例子均存在庸俗化现象,是语言文字所不能容忍的。所以,本体的挑选和仿体的用词选择,是应该慎重考虑的两个问题,而其中以后一个问题最为严重。

纵观仿拟副偏离现象,根据语言和谐相关理论,我们认为,它的存在主要是违背了以下两个方面的原则:

1. 违背了语法和谐原则

石毓智(2001)认为,语言的语法系统是和谐严谨的,在《语法的形式和理据》一书中,他提出:

"语言是一个民族思维的精华,其中蕴藏着许多瑰丽多姿的景观。自然界最高层次的美是和谐与严谨,这在语言的语法系统中表现得最为充分。语言的美往往遮盖在习以为常、司空见惯的现象下,因此只有富于探索精神的人才能够看出她平凡外表下的丽质。"

　　语法系统和语音系统、词汇系统是语言系统的有机组成部分,语言的和谐自然而然地具体体现在语音、词汇方面,当然也体现在语法方面。从应用的角度来说,语法和谐首先体现在表达的流畅上,我们应该重视行文布局、遣词造句等问题。从语言表达的角度看,"通不通"是首先要考虑的。"通"就是通顺、通畅,中国古代文人讲写诗作文要讲究"文从字顺"、"辞达"等,这都与"通"有关系,"通"是语言和谐的基础,语言表达如果不合语法,不通顺,不流畅,就不可能做到和谐。另外,要注意考虑遣词造句的问题,这是语法修辞中的具体问题,语言表达中每用一个词,每造一个句,都必须为表达思想内容服务,都必须符合语用规律,它要求语言表达者认真琢磨,不能马虎。中国古代文人十分讲究"炼字"、"炼句",给我们留下了许多宝贵经验,所谓"吟安一个字,捻断数根须"、所谓"语不惊人死不休",都说明遣词造句的艰辛,这充分说明了遣词造句的重要性,对我们在语言运用中遣好词、造好句具有很强的指导性。

　　但是,反观现今一些仿拟的例子,违反语法和谐的情况比比皆是。比如说,"盒情盒理",其本体"合情合理"是一个联合式词组,每一个组成部分又是由动词加宾语组成的,这样符合汉语的构词规律。但是,仿体却对本体进行了大肆肢解,将动宾结构改换成名宾结构。又如"痘人喜爱"一例,这是对本体"逗人喜爱"的谐音仿,但实施这一仿拟的行为者只顾及了对语素"逗"的谐音而仿,却忽视了这一"仿"的同时,对本体语法结构形式造成的破坏——将原来动词性成分改换成了名词性成分,由此构成的言语现象扭曲了原来言语形式的"骨架",难免使人看上去觉得别扭、觉得"不对劲"。类似的还有"衣见钟情"等。这种行为或是违反了语法规律,或是生造语法,这反映出人们对语言的深层次的认识不足。语法是语言的结构规律,语法在语言的三大要素中,与词汇和语音相比,显得更具有稳定性。例如汉语语法,"主+谓"、"主+谓+宾"的格式从古至今都没有变化,如果对这样的语法格式和规则都认识不清的话,那么,人们在语法上所犯的上述错误,无疑是对语法规则的践踏,当然是为人所不容的。

　　2. 违背了言语创新原则

　　文贵在创新。李渔的《闲情偶寄》中论及语言和谐问题,他强调语言贵在创新,要摆脱窠臼。他说:"'人唯求旧,物唯求新'。新也者,天下事物之美称也。而文章一道,较之他物,尤加倍焉。"徐国珍(2003)指出,我们在仿体创造中,应该注意遵循求同性策略,即努力使仿体接近、类似本体,努力保持本体的基本面貌,以充分显示本体和仿体之间依附和被依附的关系,使仿体能较快地被接受者辨认出来,并使人们能较易地从本体身上类推出仿体的含义。求同是我们创造仿拟应遵循的原则，但事物的辩证法告诉我们，凡事过了头就会走向反面。同理，求同超过了一定的界限，就会变成雷同，而不论是仿体与本体雷同，还是仿体与仿体之间的雷同，都是不得体、不成功的。如"一×在手"本是一个表现力很强、适用面很广的言语格式，然而因常常被人仿照，且其仿体过于雷同，故难免给人以千人一面、千人一腔之感了。徐国珍列举了以下例子：

> 一灶在手，烹饪不愁（某煤气灶广告）
>
> 一卡在手，走遍神州（牡丹信用卡广告）
>
> 一杯在手，无限享受（"神仙大曲"酒广告）
>
> 一把在手，风雨不愁（上海制伞二厂广告）
>
> 一报在手，遍览五洲（《环球文萃》广告）
>
> 一册在手，终生受益（《演讲与口才》广告）
>
> 一瓶在手，驱蚊不愁（某花露水广告）
>
> 一票在手，畅通无阻（中国国际航空公司广告）
>
> 一杯在手，健康长寿（某强力磁化杯广告）
>
> 一尺在手，得心应手（上海卷尺厂广告）
>
> 一枝在手，满室皆香（一枝香卫生香广告）
>
> ……

"一×在手"如此泛滥成灾，以致于读完上述广告词后，大家不禁会产生厌倦情绪，正因为如此，这一格式的仿句很快就失去了其特定修辞效果，从而遭受了人们的冷遇，失去了生命力。

正因为如此，我们在强调仿拟的仿体与本体在本质上的不同的同时，还应该注意遵循创新原则，即仿体尽量摆脱千篇一律的格式，要有所创新才行。实际上，有很多仿拟运用得十分巧妙，具有一定的创新性，其修辞效果也不错。例如：

> 令你无"发"脱身（某养发护发精广告）
>
> 屋美价廉（某房地产广告）
>
> 一鸣"警"人（某报警器广告）

上述三例之所以认为是具有创新的仿拟，一是因为这类谐音式仿拟通过同音现象的中介，让接受者自发地将广告人所传递的新信息转化为自己非常熟悉的言语现象，从而得到愉悦的接受，发布者与接受者双方各有所得，达到"双赢"的目的（徐国珍，2003）。二是因为这类仿拟之作不具复制性，也就是说，即使模仿该类本体而制作出别的仿体，这类仿体也无法和上述三个仿体相提并论，无论如何，其效果也达不到如此完美。因此，我们认为，该仿拟达到了创新的效果，是仿拟佳句。

"充满活力"、"安定有序"、"人与自然的和谐相处",分别强调的是"创造"、"有序"等,而语言的构建也势必考虑这些。很难相信,没有创造力的语言能为广大受众所喜闻乐见;很难想象,"语无伦次"的谈话能够动人、服人。这表明,和谐语言的建构是和谐社会的题中应有之义。

<h2 style="text-align:center">第三节 小 结</h2>

教育部副部长、国家语委主任赵沁平(2007)说过,语言文字是文化的重要组成部分,也是文化的重要载体。一个民族的崛起,除了经济的强盛外,更重要的是文化的繁荣。中华民族历尽沧桑,仍屹立于世界民族之林,文化的薪火相传居功至伟。文化不绝,民族就不灭。语言文字是国家重要的、不可再生的非物质文化遗产。在传统文化逐渐走进人们视野的背景下,国家语言文字工作委员会在 2007 年初提出了"把推广普通话和推行规范汉字与弘扬中华优秀文化相结合"的工作思路,并将"构建和谐语言生活,弘扬中华优秀文化"确定为第十届推普周的宣传主题。

语言文字是人类最重要的交际工具和信息载体,在协调人类生产和生活方面具有基础作用。进入 21 世纪,随着我国工业化、城镇化、市场化、国际化步伐的加快,社会交际急剧扩大并更加频繁,比以往任何时候都更需要语言文字发挥维持社会高效协调运转的功能,需要营造良好的语言文字应用环境。党的十六届六中全会从中国特色社会主义事业总体布局和全面建设小康社会全局出发,提出了"构建社会主义和谐社会"的重大战略任务,这为推广普及语言文字规范化工作提出了更新、更高的要求,也提供了强大的发展动力。做好国家通用语言的规范、推广和普及工作,对建设与经济发展相适应的社会主义先进文化,培育和弘扬民族精神,提高公民的语文应用水平和综合素质,促进城乡和区域协调均衡发展,促进人际和谐相处等,都具有十分重要而深远的意义。

那么,如何认识和规范语言文字的和谐性呢?下面引用教育部语言文字应用管理司司长王登峰(2007)的讲话,也许我们能从中受到一些启发。

语言文字工作目前面临许多挑战。首先,随着市场经济的发展,城镇化和人员流动的加快,社会语言生活日趋丰富,大众媒体既促进了普通话和规范汉字的推广和普及,同时也催生了各种方言的流行和不规范汉字的大量出现,进一步凸显了语言文字工作的复杂性。同时,随着经济全球化及多元文化的重合和交融,我们的语言文字也与中华传统文化一样正面临着外语和外来文化的冲击。另外,信息化数字技术和网络技术的空前发展,也形成了语言文字工作新的工作空间,工作领域进

A Study of English and Chinese Parody
英汉仿拟研究
A Study of English and Chinese Parody

一步拓宽。

语言文字工作也遇到了前所未有的机遇。首先,中央高度重视包括语言文字在内的文化事业发展。在中共十七大报告中,胡锦涛同志强调了文化建设在经济建设、政治建设和社会建设中的重要作用,提出了兴起社会主义文化建设新高潮,激发全民族文化创造活力,提高文化软实力的文化建设目标。国家"十一五"文化事业发展规划纲要中也明确提出,要规范和保护国家民族的语言文字,严格遵守国家通用语言文字法,在全社会大力推广普通话,推行规范汉字。其次,国际上的汉语热和国内的文化热,进一步提升了国民的母语意识。

面对新的机遇和挑战,语言文字工作在新的历史时期要紧紧围绕构建和谐社会这一主题,努力形成"1234"的工作格局。"1"就是围绕一个目标,即构建和谐语言生活,包括普通话和方言、国家通用语言文字和少数民族语言文字、汉语和外语之间的和谐。现在的主要任务就是建设以推广普通话、推行规范汉字为主体的和谐语言生活,服务于构建和谐社会的大局。

"2"就是要两条腿走路。首先要做好语言文字基础性的工作,包括全国推广普通话宣传周、普通话测试、城市和学校语言文字评估等一系列行之有效的做法,坚守阵地。同时,语言文字工作非常重要,语言文字是国家统一、民族团结的象征,是中华文化的重要组成部分,做好这方面的工作是非常重要的。但语言文字工作又是经常被忽视的,这就需要我们积极借势和造势,通过与社会热点问题的结合,进一步推进语言文字工作。

例如,借汉语国际推广的热潮,以及国内的传统文化热,我们从 2009 年推出了中华经典诗文诵读活动,既推广了普通话和规范汉字,又通过诵读经典传承中华文化,让公众在诵读中亲近经典,在亲近中热爱中华文化,在热爱中弘扬中华文明,在弘扬中创新、发展。"雅言传承文明,经典沁润人生"的口号一经提出,就迅速得到了社会各界的积极响应。

"3"是三个结合。语言文字工作要与教育结合,与文化结合,与信息化结合。学校仍然是语言文字工作的主要基地,做好各级各类学校的语言文字规范化工作,既是学校教育的任务,也是学校特别是高等学校文化引领作用的体现。而与文化和信息化工作的结合则是新时期语言文字工作的重大机遇和新的生长点。

"4"是四项任务,包括建设、推广、监管和服务。建设既包括语言文字语料库、信息化等资源建设,也包括语言文字工作机构、队伍和法制、规范标准建设;推广则是依据《国家通用语言文字法》,大力推广普通话和规范汉字,切实提高国家通用语言文字的应用能力和水平;监管则主要集中在党政机关、新闻媒体、教育机构和公共服务行业等四大领域,对语言文字应用中的不规范问题进行跟踪分析和研究,及时与有关部门协同制定实施有效的监管措施;服务则是要组织协调、整合各种社会资源,积极为社会各界提供语言文字方面的咨询、培训等相关服务。

参考文献

[1]　冯广艺.语言和谐论[M].北京:人民出版社,2007.

[2]　石毓智.语法的形式和理据[M].南昌:江西教育出版社,2001.

[3]　王登峰.和谐语言生活是构建和谐社会的重要基础[N].中国教育报,2007 - 11 - 19(1).

[4]　赵沁平.构建和谐语言生活 弘扬中华文化[N].光明日报,2007 - 09 - 15.

第九章
广告语言中的仿拟研究

　　广告（advertising）一词源于 advertere,意为"唤起大众对某种事物的注意,并诱导至一定的方向所使用的一种手段"。好的广告必须具备推销能力(selling power),使人听到或读到广告后能产生购买欲望,同时还须具备"记忆价值"(memory value),给人以深刻的印象,使人能随时想起某类商品的特点和长处。对广告语的设计者来说,时(空)间就是金钱,要让广告收到最佳效益,就必须努力借助精彩的言语表达形式,在最短的时间、最小的空间里吸引最多的受众,把有关信息最有效地传播出去并让它牢牢地驻留在人们的记忆中。为了达到在有限的空间内最大价值地实现广告传递信息、说服受众的功能,广告必须引人注目。美国广告大师奥格威(David Ogilvy)曾说过,在广告语中,"Every word in the copy must count."(吴晓岚等,2007)广告文字真可谓字字值千金,须力求达到在有限的空间内最大价值地实现广告传递信息、说服受众的功能,具有"注意价值"(attention value)和"可读性"(readability)。为达此目的,充分利用文学修辞手法成为一种必不可少的手段,其中以仿拟为甚。本章中我们将探讨两个问题:一是在原有合成空间理论基础上,借用概念合成理论,对广告仿拟的认知机制重新审视;二是探求广告仿拟的运用策略问题。

第一节　广告仿拟的认知研究

一、仿拟与广告的融合

　　仿拟是"'仿'照某种现成的语言形式'拟'创造出一个临时性的新说法的修辞方法"(徐国珍,2003)。仿拟的创造依赖于本体——它的模仿对象,在此基础上产生新的语言形式即仿体。仿拟意在推陈出新,收到某种表达效果,尤以诙谐幽默、讽刺挖苦为甚,容易给受众留下深刻印象,故常常受到广告语制作者们的青睐,例如:

　　(1)"闲"妻良母(某洗衣机广告)
　　(2)"骑"乐无穷(某自行车广告)

（3）中意空调,终身无"汗"（中意空调广告）

（4）Thirst come, thirst served（可口可乐公司广告）

例（1）和（2）均采用了谐音仿拟（这在成语中居多）,即利用读音上的相同（似）之处,借助人们所熟悉的字、词、句,将所要表达的内容巧妙地融入其中,既在读音上与原来的语言形式保持一致,又可以通过这种替换将所要表达的内容借助母体表达出来,实现二者的融合,一语双关,一石二鸟,耐人寻味,令人拍案叫绝。如当人们看（听）到例（1）和（2）中的"闲妻良母"和"骑乐无穷"时,会马上联想起其本体——"贤妻良母"与"其乐无穷",注意力不禁会为它所吸引,从而留下令人难忘的记忆。广告（3）包含三层意思:一是中意空调质量可靠,永不冒"汗"（渗水）;二是中意空调可以让你在炎热的夏天全身无汗,格外舒服;三是选择该空调将终身无憾。这是一语三关,这样的语句自然使人们对该空调留下深刻的印象,接受效果不同凡响;第（4）则广告仿拟自"First come, first served"（先到者,先招待）,其语音和谐、用词巧妙,让人回味无穷,过目不忘。

除谐音仿拟外,我们还可以仿造现成的短语或句子,把其中的某词换成意义相近或意义相反的词,这叫语义仿拟,广告中屡见不鲜。例如:

（5）Not all cars are created equal.

这是日本三菱汽车公司向美国开拓市场的广告,采用的就是语义仿拟。它仿拟自《美国独立宣言》中的一句名言"All men are created equal"（人生而平等）。

由于具有特殊表达效果,人们纷纷热衷于此类广告。而人类的好奇心不禁驱使自己探究这样一个问题:这些仿拟究竟是怎样产生的? 它背后的理论依据是什么? 为此,本文将以 Fauconnier(1997)和 Fauconnier & Turner(1998)提出的概念合成理论(Conceptual Blending Theory)为基础,揭示藏匿于广告仿拟背后的那座认知冰山。

二、广告仿拟的认知研究

在第六章我们分析了合成空间理论的实质,概念合成也是一种动态的创造性认知活动,为自然语言现象的解释提供了很好的处理方法,许多传统的修辞手段都已从概念合成理论中找到了全新的阐释:隐喻(汪少华,2001,2002),转喻(覃胜勇,2002),委婉(梁艳春,2003),双关(姚俊,2004),移就(汪立荣,2005),轭式搭配(赵琴,2007)。其他如:幽默(刘敦萍,2006;蒋冰清,2007),古诗词意象(余渭深,董平荣,2003)等。由此可见,概念合成理论是很有潜力的认知语义理论,开拓了认知研究的新领域。

　　我们前面说过,概念合成是一种意义构建理论,是意义构建的普遍模式,对语言有很大的解释力。从概念整合理论看,"仿拟"一词本身就是一个复合空间,"仿"一词说明存在两个输入空间,"拟"则说明有创新,即层创结构。我们以此分析了仿拟的产生机理。不过,我们认为,随着研究的深入,以广告仿拟为介质,以概念合成理论为基础,仿拟的认知研究可以进一步深化。下面以广告"'闲'妻良母"为例进行讲述。

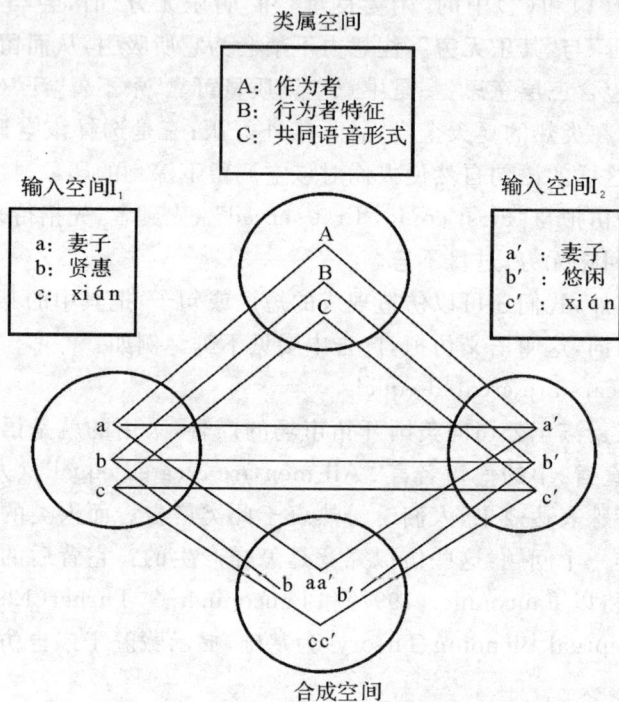

图　9.1

　　如图 9.1 所示,输入空间 I_1 是一个关于"贤妻良母"的认知域,其构成元素包括"妻子"、"贤惠"和相应的语音形式"xián"等。输入空间 I_2 是一个产品——洗衣机的认知域,其组织框架是"把妻子从繁重的洗衣等家务活动中解放出来,让她享受休闲时光",包括元素"妻子"、"悠闲"和相应的语音形式"xián"等。类属空间在提取了二者的共同属性后产生如下元素:作为者(妻子),行为者特征(贤惠、悠闲)和共同语音形式(xián)。这些由两个输入空间共享的元素决定了两输入空间的跨空间映射。类属空间将这些共同元素投射到合成空间,在合成空间里,a + b + c

＝a'＋b'＋c'。a(妻子)和a'(妻子)相对应,b(贤惠)和b'(悠闲)相对应,c(xián)为共同的语音形式,在两个输入空间相对应,这种新型的对应关系是两个输入空间所没有的,从而完成了概念整合的第一步:组合。元素"贤惠"和"悠闲"触发了我们的认知机制,激活已存储的相关背景知识,这帮助完成了概念整合的"完善"环节。在新组合和激活的相关背景知识投射到合成空间后,合成空间按照自己的层创逻辑进行运作从而产生新的意义解读,完成概念整合的最后一步:发展。在合成空间里,我们通过图表可以看到部分元素能互相融合,但部分元素仍保持独立。如图9.1所示,被投射过来的元素在合成空间里除了b和b'各自独立外,a和a';c和c'分别合二为一,输入空间I₁中各元素的相互关系决定了合成空间里相对应的各元素之间的关系,因此,"妻子"与"贤惠"之间的关系同样在它们相对应的元素"妻子"和"悠闲"之间起作用,换言之,"贤妻"与"闲妻"是一一映射。通过一系列的认知活动,这种意义建构就在合成空间里产生了,由"贤妻良母"而仿造出"闲妻良母"。

上面我们分析的是谐音仿拟,语义仿拟也是如此。下面我们举例分析一则英文广告仿拟:

(7)To smoke or not,that is a question.(烟,吸还是不吸,这是一个值得考虑的问题。)

这则香烟广告套用了莎士比亚著名悲剧《哈姆雷特》中主人公哈姆雷特的一句精彩独白:"To be or not to be,that is a question."(生存还是毁灭,这是一个值得考虑的问题),似乎在告诉人们,吸烟者面临着一个左右为难的抉择,反映了吸烟者的矛盾心理,同时也在告诫人们吸烟维系"生存与毁灭",是生死攸关的问题。这则广告套用千古名言,既富于哲理性,又具有警世性。我们尝试用该理论来解读其认知机制。

如图9.2所示,两个输入空间建立映射,元素间一一对应,共同投射到类属空间的元素有三:"行为1"、"行为2"和"决断"。合成空间按照层创逻辑将映射来的元素进行组合、完善和发展,在"生存"和"不吸"、"毁灭"和"吸烟"之间建立对应关系,从而"仿"输入空间I₁的逻辑关系"拟"创造出输入空间I₂的逻辑关系,仿拟过程完毕。

类属空间

A: 行为1
B: 行为2
C: 决断

输入空间I₁

a: 生存
b: 毁灭
c: 选择

输入空间I₂

a′: 不吸
b′: 吸烟
c′: 选择

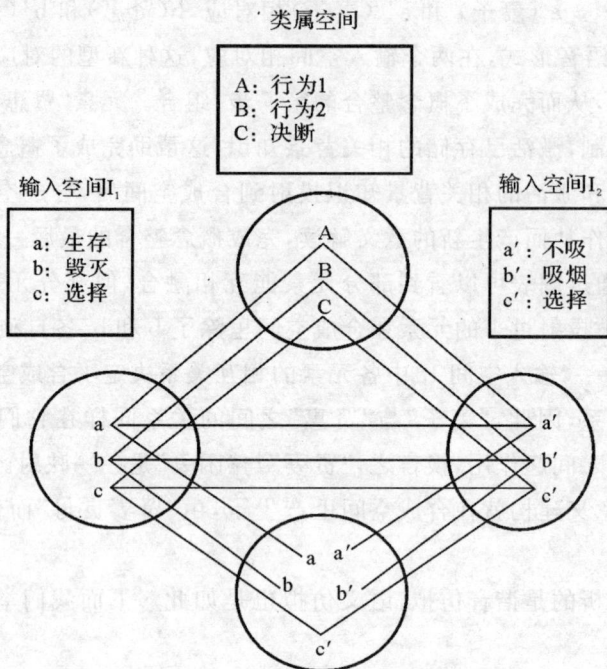

图 9.2

三、类属空间对广告仿拟副偏离的揭示作用

上面我们从概念合成的角度对广告仿拟的形成做了一定分析,我们还发现,该理论不但可以揭示仿拟构建的心理机制,而且其中四空间之一——类属空间对当今广告仿拟中的副偏离现象有一定的揭示作用。

下面让我们首先对副偏离做一解释。

比利时列日学派把辞格分为两个基本组成部分:一是"基础",它没有经过修饰和加工,相当于零度;二是"辞格度",即"偏离"。我们可以把读者在读解过程当中以其固有的知识为基础而产生的预期看做是一种零度,它包括词汇、语法知识、历史、文化和科学知识等。偏离可以理解为"打破语言结构中与语音、词汇、句法、语义相关的正常规则"(转引自欧阳旭,2006)。仿拟中的本体即模仿对象可视为零度(如"贤妻良母"),仿体即模仿的结果可视为偏离(如"闲妻良母")。

偏离分两种,正偏离和副偏离。在理论上、格式上、逻辑上甚至情感上都合理的仿拟是正偏离,反之为副偏离。以上所举例子均为正偏离,以下是副偏离的例子:

(8)"盒情盒理"(某月饼广告)

(9)"痘人喜爱"(某治疗青春痘广告)

(10)"湿出有名"(某毛巾广告)

研究发现,它们或没有将广告产品名称在文字上体现出来,收不到应有的表达效果(如(8));或与产品功效相佐(如(9));或只注重语音上相仿,无实质内涵,甚至莫名其妙(如(10))。徐国珍(2004)和罗胜杰(2008)分析了此类现象,并从语言文字与修辞学角度提出了此类问题的解决办法。但是,要从根本上认识并彻底解决这个问题,恐怕还得从人类的认知着手。所以,我们拟借用概念合成理论中的类属空间来解读此现象,分析其产生原因并探究解决对策。

有学者认为,类属空间在 CBT 虽有提及,但一直是模糊的,似乎可有可无,更多的是一个摆设(刘正光,2002)。在此,我们认为,类属空间并不是一个摆设,只是其作用没有得到重视而已,我们认为至少它对仿拟的形成有决定性作用,特别是对仿拟副偏离的产生有揭示作用。

从图 9.1 和 9.2 可以看出,类属空间实际上是关联空间,担负着将两个输入空间联系在一起的重任,决定着输入空间向合成空间输入的局部结构。类属空间包含着两个输入空间共享的一个骨干结构(skeletal structure),它决定跨空间映射的核心内容,此外还包括两输入空间之间元素属性的相似性,它通过新元素与原有框架的结合,产生新的概念或形成对现有事物的新视角。类属空间提取了源输入空间的抽象结构,保留了关系之间的节点,即结构中的概念空位(slot),然后在概念结构中填入进入空位的概念(filler),这样一来便形成了新的概念(blended concept)。进入空位的概念也要经过选择,依据为各元素的对应关系(抽象的共同属性)(田臻,2007)。

现以"闲妻良母"为例进行分析。如图 9.1 所示,类属空间将 I_1 和 I_2 联系在一起,提取了 I_1 的抽象结构"妻"、"贤"及语音形式"xián",三者的关系得以保留,产生空位;从 I_2 中抽取对等的元素填入,产生对应关系,然后一起向合成空间映射,产生层创结构,仿拟形成。如下所示:

概念空位(slot):

(a)作为者:妻子;(b)行为者特征:贤;(c)语音形式:xián

待填概念(filler):

(a')作为者:妻子;(b')行为者特征:闲;(c')语音形式:xián

在类属空间中,(a)与(a')、(c)与(c')分别重合。但是,(b)与(b')不相重合。我们认为这是对的,因为,作为仿拟,其重要特征就是模仿与拟创,本体与仿体应当至少具有一处以上的差异,但是产生差异的二者应具有相似性和可比性。可以看出,(b)与(b')都为形容词性语素,具有相似特征,二者互相对应,仿拟成功。

由此可见,成功的仿拟必定要满足两个条件:一是 I_1 和 I_2 中的对应因素不止一个;二是待进入的概念要与所产生的概念空位相吻合。反之,如果对应因素不多,二者又不相吻合,则仿拟失败或副偏离产生。以"痘人喜爱"为例试分析如下:

I_1:因素:动词"逗";行为对象:人;行为特征:喜爱

I_2:因素:名词"痘";行为对象:人;行为特征:不喜欢

概念空位(slot):

(a)动词性成分("逗");(b)语音(dòu);(c)行为对象:人;(d)行为特征:喜欢

待填概念(filler):

(a')名词性成分("痘");(b')语音(dòu);(c')行为对象:人;(d')行为特征:不喜欢

可以看出,能进入 slot 的 filler 只有(b')和(c'),换言之,只有语音"dòu"和行为对象"人"这两个概念可以进入类属空间中的概念空位,而作为其中关键因素的(a')和(d'),则因其与动词性成分不相吻合,或行为特征与概念空位相反,则不能进入空位。如果我们强行将(a')和(d')也投射进去,那将产生错误的映射,从而偏离了原来的映射轨道。类属空间将变异后的结构投射至合成空间后所产生的层创结构"痘人喜爱",也必定是一个变异的仿拟,即我们所说的副偏离。

汉语中这样的例子还有不少。如"痔在必得"、"丰胸化疾"等。

由此可见,类属空间在仿拟的创造中起着十分重要的作用,负责输入空间的待填概念与概念空位在结构、形式上相吻合,建立起一一对应关系,它决定着向合成空间输入的因素,是层创结构产生的"把关人",把好了这一"关",输入到合成空间的元素才完善而合理,层创结构产生的仿拟才不会出现副偏离。

以上我们利用概念合成理论来分析英汉语广告中的仿拟,从认知角度探讨了仿拟形成的心理机制,尝试着将观(听)众理解广告仿拟时心理活动的认知过程呈现出来。在分析中我们不难发现,从观(听)众接受信息的时刻起,认知活动就贯穿始终,而概念整合网络以及分析图表帮助我们清晰地了解到受话者理解广告语言时的相关心理活动,让抽象的认知活动有了理论依据。同时,借助类属空间,我们对仿拟的副偏离现象产生的根源从理论上有了合理的解释,这些发现从一个侧面证明了诞生于 20 世纪末的概念合成理论是一种重要的、有序的、强大的、系统的以及普遍的认知操作(G. Fauconnier & M. Turner,1998),可以用来指导各领域的语言研究。

第二节　广告仿拟运用的策略分析

一、广告策略定义与内涵

什么是策略？策略实际上就是方法，但不是简单的方法，而是有计划、有目标、有行动过程、有针对性的，同时还是有规则并且有技能的。

广告策略是指为了达到预期广告目标而进行的各项谋划运作，是广告的手段、对策和谋略等的组合。站在企业家的立场来看，广告策略首先是促销的一种手段，是企业的一种投资行为，而不是艺术家的个性作品，也不是学者的理论实践，用广告大师奥格威的经典名言来说："我们的目的是销售，否则便不是做广告。"所以我们评价广告策略的标准是广告成本投入对经济效益产出的贡献程度，即最好的广告策略将是以最少的广告投入达到最大的效益产出。具体的广告活动中，广告策略的表现形式是独特的，但通常有如下五种：

1）配合产品策略而采取的广告策略，即广告产品策略；

2）配合市场目标采取的广告策略，即广告市场策略；

3）配合营销时机而采取的广告策略，即广告发布时机策略；

4）配合营销区域而采取的广告策略，即广告媒体策略；

5）配合广告表现而采取的广告表现策略。

广告策略必须围绕广告目标，因商品、因人、因时、因地而异，还应符合消费心理。

仿拟之所以在广告中大行其道，这也是商家为配合产品销售的一种策略。这个策略运用得好，就可使广告收到事半功倍的效果。反之，运用得不好，就会适得其反，并且还可能有负作用。

二、广告仿拟运用的副偏离现象

仿拟格的运用并不是信守拈来就能成功的，综观广告语体中的仿拟现象，败笔也为数不少，我们称之为副偏离。现将这类现象归纳如下：

1. 信息不足或夸大产品功效

有时，有些广告语制作者在运用仿拟时，片面追求言语形式上的效果而忽略了广告所应考虑的内容，因此出现了"信息不足"或"夸大产品功能"等问题，例如：

（1）书山有路笔为径（某铅笔广告）

（2）无胃不治（某胃药广告）

产品广告最主要的目的就是宣传介绍自己的产品,而例(1)中广告所要传递的主要信息——产品名称并没有反映出来,无疑广告没有收到应有效果,等于白做;例(2)只注意了仿"无微不至"的本体而拟,却忽略了做广告所应遵循的规则,犯了"夸大产品功能"之忌:难道吃了你的药,就能治疗所有的胃病吗?

由此可见,作为广告语言,它固然要追求表达形式上的生动新奇,以求过目不忘,但作为一种应用文体,还必须遵守有关行业的用语规范及社会的言语行为道德准则。

2. 机械模仿,毫无新意

广告界有这样一种说法:"使人注意到你的广告,就等于你的产品推销了一半。"由此可见,广告用语在"打动人"方面负有重要使命。然而,在语言现实中,由于广告制作人一方面渴求新颖别致、引人入胜的言语表达方式,另一方面又很难创造出足够多的佳句妙语,因此,只好仿照别人已经模仿很多次的语言形式。只是这样的机械模仿,毫无新意可言。例如,人们模仿"百闻不如一见",拟创造出了许多新的形式:"百闻不如一尝"(饮料广告)、"百闻不如一试"(某奶粉广告)、"百闻不如一骑"(某电动车广告)等。

上述模仿非但没有起到提高言语表达效果的作用,反而大大降低了言语效果,读(听)后会让人觉得,你的广告词没有丝毫新意可言,那么你的产品也不过如此,没有什么出众的地方,广告效果自然不理想。

其实,中国有五千年的文明史,其间大量的成语、妙文、佳作等,长期以来在社会上广为流传,家喻户晓,奠定了仿拟辞格坚实深厚的基础,这种具有浓厚的文化底蕴的语言表达形式实在是广告制作的潜在资源,关键在于使用的人,我们一定要深刻了解仿拟的特性,掌握其规律,这样就一定能将仿拟运用得恰到好处,使自己的广告收到事半功倍的效果。

3. 生搬硬套,牵强附会

有些广告中出现的仿体,纯粹是为了凑合产品的名称,与其本体的联系不紧密,所以传达出来的信息往往也十分模糊。如某药品生产厂家打出一则广告:"'痔'在必得",其本体为"志在必得",是"一定要得到"的意思。可是厂家却拿它来做治疗痔疮广告,实在是有些牵强,药品的本意是治疗,可广告却说得到,难道痔疮非要得到吗?这与药品的本性是相违背的,广告当然失败。究其原因主要是广告语制作者纯粹是借用"痔"与"志"在语音上的相仿,意图借用耳熟能详的成语达到让人过目不忘的目的,但适得其反。

4. 滥用成语,混淆视听

由于成语形式固定,内容具有高度概括性,且重要的是为人所熟悉,所以常被

产品开发商仿用。但是目前出现了滥用成语的现象,从而导致成语的仿用已经到了忍无可忍的地步。下面是一些滥用成语的例子:

丰华正茂(丰华圆珠笔广告),仿成语"风华正茂"。

有目共赏(上海牌电视机广告),仿成语"有目共睹"。

一写钟情(金笔广告),仿成语"一见钟情"。

一用倾心(蒙奈尔系列广告),仿成语"一见倾心"。

一举亮得(某手电筒广告),仿成语"一举两得"。

有杯无患(哈磁杯广告),仿成语"有备无患"。

虽然仿拟的运用给这些广告词语带来了一点创意,但造成了"仿拟应用的副偏离现象","非但没有起到提高言语表达效果的作用,反而破坏了产品的形象。这是应该引起广告语言工作者及有关部门商家、厂家的高度重视的。"(徐国珍,2003)《广告语言文字管理暂行规定》(第十一条)中明确指出:"广告中成语的使用必须符合国家有关规定,不得引起误导,对社会造成不良影响。"《中国语言社会状况报告》中说:"2003年,《北京日报》社会采编中心与前门小学联手进行了一次测试。测试者列出了37条谐音广告,内含40个错别字,请30名学生纠正。结果,发现错别字30个以上的有17人,30个以下的13人,最少的只发现了21个。一些小学生纠错的依据来自谐音广告,越纠越错,1/3的学生把'无鞋可及'改为'无泄可及',这显然是受了泄药广告的误导。前门小学校长钱红石说,谐音广告多了,小学生先入为主,即使以后教正确的成语和词组,纠正起来也费劲。"

5. 不懂原意,胡乱仿用名句

有时候广告商在没有完全理解所仿用对象的含义的情况下,胡乱仿造,从而造成语言的不和谐。冯广艺(2007)举了这样一个例子:有一家房产公司,开发了一个经济实惠的住宅小区,于是写了这样一个广告:"安得南苑新村在,工薪阶层尽欢颜。"稍有文学常识的人一看便知,这是仿用杜甫《茅屋为秋风所破歌》中的诗句"安得广厦千万间,大庇天下寒士皆欢颜。"。然而杜诗中的"安得"是"哪里能够得到"的意思,广告作者不懂原意,乱仿滥用,恰恰把想说的意思说反了,非但没有收到广告表达效果,反而造成了语言不和谐现象。

上面我们分析了广告语言中仿拟副偏离现象,综合起来有五种,当然可能还有其他一些类型,我们这里也只是不完全概括。不管是哪种情形,都是我们应该避免的。那么我们该怎样避免此类现象呢?

三、广告仿拟运用的策略分析

同样是运用仿拟,收到的效果却大相径庭。那么,我们在广告中如何才能有效地使用仿拟以收到奇效呢？我们认为应该注意以下策略：

1. 词性不变策略

从运用的角度来看，词是语言中最基本的结构单位。根据其语法特点，可以将其分为名词、动词、形容词等，它们以不同的词性特点在构句中发挥各自不同的功能。而在仿拟现象中占很大比例的仿词，大多是借助于名词、动词、形容词及数词构成的。我们在模仿过程中一定要注意保持原来本体的结构和词性，不要变更词性，否则容易造成副偏离。如广告语"'痘'人喜爱"是对词语"逗人喜爱"的语音仿拟，我们认为这则广告语不十分成功，有些牵强，主要是因为实施这一行为者只顾及对语素"痘"的谐音而仿，却忽视了这一仿的同时也对本体语法结构形式造成了破坏——将原来动词性成分换成了名词性成分，由此构成的语言现象因扭曲了原来语言形式的"骨架"，难免使人看上去就觉得别扭、不对劲。再如广告语"衣见钟情"以名词仿数词，其效果自然也就难让人满意了。

语法是语言结构的法则，它反映了语言结构的内在规律，而修辞现象则时不时地会表现出一种"反语法"的倾向，但尽管如此，修辞活动首先仍然是建立在语法基础上的，如若能做到既以语法规则为基础，又能突破、超越其束缚关系，这样的仿拟广告自然是成功的。

2. 尊重情感策略

语言文字的运用要讲究场合，有些语言在长期的使用过程中不但具有某种意义，更重要的是已经带有某种情感，对其模仿要谨慎，不然会引起人们的反感。如某市一家饮食店为了推销他们的鱼头系列产品，竟然挖空心思地打出了一幅门联"砍头不要紧，只要味道正"，横批是"鱼头系列"。显然，这幅对联是仿诗句"砍头不要紧，只要主义真"而拟就的，但这一仿拟将供人食用的鱼与为国为民慷慨捐躯的革命烈士"相提并论"，显然是大大有悖于人们讲气节、崇敬英雄的传统文化心理与审美心理的，这种仿拟失误在于盲目追求言语技巧，而忽略了对情感色彩这一层面的考虑。

3. 慎用名人策略

名人效应就是利用广告受众的惯常定势——权威定势，通过支付一定的广告费用请权威、知名人士来"现身说法"，以获取广告效应。广告语的制作也存在这一现象。如某药品取名"泻停封"，这难免让人联想到名人"谢霆锋"，二者在语音上相仿。还有一饭店取名"客临吨"，显然和美国总统姓名"克林顿"谐音。虽然厂家与广告商一再声称纯属巧合，法律专家也称上述行为不构成侵权，广告法也没有规定商品名称不能与名人同音，但给人的感觉是商家明显在利用名人效应获利。再者，从仿拟的角度来说，这两则广告除了谐音外，没有妥善地将产品的名称、效果等有效信息合情合理地传递出去,构不成好的仿拟。

4. 最佳相关策略

世上的事物是无限的,而人类的言语形式是有限的,人的大脑容量是有限的,但人类的创造力却是无限的。以有限的言语形式来表达无限的事物,困难显而易见。但是人类创造力很重要的一种表现形式就是它能借助已有的语言形式来认知和命名新事物。仿拟中仿体的生成,就是这种创造力的表现。让仿拟收到最佳效果,就要把握已知事物和新事物之间的最佳相关性,即将自己所要表达的思想建立在最佳相关的对象身上。可事实上,这种对最佳相关的忽视,正是当今社会上仿拟运用的重大误区。在广告中,人们往往只注重将某词语相同或相近的语音作为仿体创造的相关点,却忽视了作者所要表达的思想,造成了本体和仿体之间的联系缺乏,结果导致了脱离相关言语基础的胡乱仿造,这是仿拟失败的重要原因,也是我们今后要避免的。

成也仿拟,败也仿拟。其实问题的关键并不在于仿拟这种修辞现象本身,而在于运用仿拟来创造广告语的人。作为构词的一种有效手段,仿拟是语言中的"拿来主义",源于人们的联想和类比,借助固有的形式巧妙地"翻新",现代社会中仿拟的运用呈上升趋势。商品社会离不开广告,而广告是语言的艺术,广告中正确、自如地运用仿拟可以收到意想不到的效果。当然,我们并不能够因此而忽视语言环境、交际对象而胡乱仿造,我们要了解仿拟辞格的个性特点,掌握仿拟辞格的运用规律,将仿拟手段运用得恰到好处,使广告真正收到事半功倍的效果。

参考文献

[1] Fauconnier G. Mappings in Thought and Language[M]. Cambridge:Cambridge University Press,1997.

[2] Fauconnier G. Conceptual Integration[J]. 外国语,2001(3).

[3] Fauconnier G, Turner M. Conceptual Integrations Networks[J]. Congnitive Science. 1998(2).

[4] 冯广艺. 语言和谐论[M]. 北京:人民出版社,2007.

[5] 蒋冰清. 言语幽默生成机制的认知研究[J]. 西安外国语大学学报,2007(4).

[6] 李福印,丁研.《我们思考的方式》述评[J]. 当代语言学,2006(2).

[7] 梁艳春. 合成空间理论对委婉语的阐释力[J]. 暨南大学华文学院学报,2003(2).

[8] 刘敦萍. 概念整合理论对幽默言语的阐释力[J]. 四川外语学院学报,2006(4).

［9］　刘正光. Fauconnier 的概念合成理论理论：阐释与质疑［J］. 外语与外语教学，2002(10).

［10］　罗胜杰. 广告仿拟运用的策略分析［J］. 中国酿造，2008(2).

［11］　欧阳旭. "仿拟"(parody)在英文广告中的功能和特点［J］. 邵阳学院学报(社会科学版)，2006(4).

［12］　覃胜勇. 转喻与概念整合理论［J］. 北京第二外国语学院学报，2002(2).

［13］　田臻. 类属空间在隐喻概念合成中的运用［A］∥外语与文化研究(第六辑)［C］. 上海：上海外语教育出版社，2007.

［14］　汪立荣. 概念整合理论对移就的阐释［J］. 现代外语，2005(3).

［15］　汪少华. 概念合成与隐喻的实时意义建构［J］. 当代语言学，2002(2).

［16］　汪少华. 合成空间理论对隐喻的阐释力［J］. 外国语，2001(3).

［17］　徐国珍. 仿拟研究［M］. 南昌：江西人民出版社，2003.

［18］　徐国珍. 广告中仿拟运用的副偏离现象及对策研究［J］. 江西社会科学，2004(8).

［19］　姚俊. 广告双关语的认知研究［J］. 四川外语学院学报，2004(9).

［20］　余渭深，董平荣. 合成空间理论与中国古典诗词意象［J］. 外语与外语教学，2003(3).

［21］　赵琴. 概念整合视野下 zeugma 的认知研究［J］. 西安外国语大学学报，2007(9).

［22］　中国语言社会状况报告［Z］. 北京：商务印书馆，2006.

［23］　新华网 http://news.xinhuanet.com/newmedia/2003 - 05/31/content - 897505.htm.

第十章
网络语言中的仿拟研究

网络语言是指人们在互联网交流中所使用的语言形式。广义的网络语言是指网络时代跟网络有关的语言。狭义的网络语言是指自称网民、他称网虫的语言。20世纪90年代以来,中国网民的数量日益增长,中国互联网络信息中心(CNNIC)2008年7月24日在京发布的《第22次中国互联网发展状况统计报告》中说:截至2008年6月底,中国网民数量达到了2.53亿,首次大幅度超过美国,跃居世界第一位。网上交流逐步成为现代人生活的重要组成部分,上网成为人们查找信息资料、从事商务活动,进行娱乐、交流的重要方式。随着计算机及网络技术在我国的日益普及,网络语言开始融入现代汉语,成为汉语普通话的有机组成部分(黎昌友,2008)。由于网络最早产生于美国,因此,最早对网络语言进行的研究也源自美国。由于当时网络远未普及,最初关注并研究网络语言现象的学者,绝大多数是计算机方面的专家,他们曾对计算机的语言交际功能进行过研究。虽然他们对网络语言现象的探讨与分析还不具备语言学家的专业眼光,但他们开创性的研究为后来的网络语言研究奠定了坚实的基础。

20世纪90年代以来,由于互联网的飞速发展与普及,网络语言现象引起了社会的关注,不仅语言学界关注网络语言,其他领域的学者也纷纷结合自己的研究领域,将新的研究方法与新的语言实践结合起来,研究这种新兴的语言现象。国内在研究网络语言方面具有开拓意义的代表文章有周保网的《有趣的 Cyber speech 新词汇》、徐仲翰的《信息时代最活跃的英语前缀"cyber-"》、刘凯芳的《关于当代英语中以-friendly 构成的复合形容词》、金筑云的《从"信息高速公路"这一词语谈起》、康言午的《电脑专家为什么惊呼象形文字卷土又重来》等,这些文章紧跟时代发展,关注网络时尚,并注意从网络文化的实践中收集鲜活的语言材料,从语言学的角度透视网络文化,开创了国内网络语言研究之先河。此外,国内还有文章从语法学、修辞学、语境学、语体学,以及心理学、社会学、符号学等角度研究网络语言现象(刘春丹,2008)。

网络语言是虚拟世界的信息符号,人们在网上发言时,随意而无顾忌,与现实生活中的交际判然有别。同时,网络语言的创造者和使用者多为年轻人,这些年轻的网民充满了智慧和活力,喜欢机智而轻松的交流,追求诙谐幽默的语言风格。所以,网络语言给人印象最深的就是它的诙谐性、新鲜热辣、调侃盛行、别具情趣。造成网络语言这样独特的语言风格,主要得力于"大话式"语言的参与和谐音化、戏拟化等修辞手法的运用(聂庆璞,2004)。

第一节　网络语言中仿拟运用的基本类型

在网络语言中,许多修辞手段得以运用,其中仿拟比较常见。其在一般文学作品的四种表现形式,在网络语言当中也得到了很好的体现。

一、仿词

通过替换民族语言中已经存在的词汇中的个别语素构成新词,继而运用网络语言的衍生法则产生一系列的同构语词,这已经成了新词新语构成的一大途径。除此之外,网络语言的随意性促成了运用仿词法产生临时性的词语。如"淑"字以前仅用于形容女孩,现在"淑"被单独作为一个自由语素,转移修饰对象,温文尔雅的男孩也可以称作"淑男"。又如网络中长期流行的"黑客"一词,将"客"抽出作为自由语素,以"×客"的构词方式,构成了"骇客"、"红客"、"闪客"、"奇客"、"博客"等。

二、仿语

有些短语也成为仿拟对象,例如:
(1)笨鱼先游(仿拟成语"笨鸟先飞")
(2)箭多矢广(谐音仿拟成语"见多识广")
(3)有围青年(谐音仿拟"有为青年")

三、仿句

仿拟出的新句保留了原句的音韵和句式,内容则基本与被仿拟体没有什么关联,具有很强的灵活性,甚至可以一式多仿。请看下例(吴小芬,2003):
(4)我的未来就是个梦。
(5)今天你 Hip－Hop 了吗?
(6)Fly or not,is a question?
(7)青春迷惘小说:《青春,请别为我哭泣》
例(4)仿拟歌词"我的未来不是梦",反其义而仿。例(5)的句式继续流传,势必将可以与"将爱情进行到底"媲美,已从网络走向我们的社会,成为一个社会流行语的常用句式,如"今天你雅虎了吗?"、"今天你冲浪了吗?"等。例(6),相信大家都能想到莎翁笔下踌躇不已的哈姆雷特:To be or not to be,that is a question。凡是仿拟"to be or not to be"句式,一般都是表达犹豫不决、左右踌躇的心态。例(7)仿拟曾经一度高居新浪文化网的榜首地位、深入网民之心的网络小说名《成都,今夜请将我遗忘》,这一句式同样可以在不少的网络文学作品中找到影子。

四、仿篇

网络语言中的语篇仿拟侧重于仿拟原形体的句式的同时,重视语调的仿写,从被仿拟体中借鉴使用者的情感诉求倾向。例如(吴小芬,2003):

(8)"曾经有一份很简单的试卷摆在我的面前,而我没有认真做题。等我去补考的时候,才后悔莫及。人世间最痛苦的事莫过于此。假如上天可以给我一个重来一次的机会,我一定会仔细复习积极备考。如果一定要在备考上加上一个期限的话,我希望是⋯⋯两个星期!"

(9)"——假如时光跳跃到 2003 年春天,不知是否又会有一批股民在继续后悔:曾经有一次'手机短信'放在我的面前,我却不懂得珍惜⋯⋯"

在网络上闲逛,你会发觉"曾经有一⋯⋯没有(不)⋯⋯"这个句式几乎被用得铺天盖地。年轻的大话迷们言必"大话"。"曾经有一份真诚的爱情在我面前,我却没有珍惜,直到失去之后,才追悔莫及,人世间最痛苦的事莫过于此。我想:如果上天给我一个再来一次机会的话,我会毫不犹豫的对那个女孩说出三个字——我爱你。如果一定要给这份爱加上一个期限,我希望那是——一万年。"这是周星驰的搞笑片《大话西游》中的台词,悟空一番颇带夸张的感慨在笑声中感动了无数观众的心。由影视这一声视双收的第四媒体"登陆"到自由开放的网络第五媒体,语言的开放性能被充分地体现。这段经典对白每次听完后都会令我们笑中带泪,无比感动。至尊宝弃绝红尘、带上金箍的表白由此成了中国校园文化爱情的圣经。它繁衍出各种版本,以一点细腻、一点忧伤展示出青年个体的情感现实。值得注意的是,语篇仿拟可以说是网络语言中仿拟格出奇制胜之所在,不少网络文学采用了这一仿拟方式。

以上分析表明,作为文学形式之一的网络文学,其语言中仿拟的运用在分类上还是离不开最基本的四种形式的。不过,网络文学中的仿拟的特点有些与众不同。

第二节 网络语言中仿拟运用的功能分析

网络语言中的仿拟除了具有一般文学作品中仿拟的特点外,还具有如下两个主要功能:

一、仿拟造就了网络语言大话式的语言风格

大话,《现代汉语词典》的解释是"虚夸的话",与此相近的词语还有浮夸、吹牛皮、说瞎话等,是一贬义词。然而近年来,"大话"已经成为一种流行时尚,其意义也发生了一定变化,带有漫画、戏说、戏仿、嘲讽之意。这种带有戏说意味的"大话"式语言在虚拟的网络中颇为流行,形成网络特有的语言风景。

从 20 世纪 90 年代中后期起,"大话西游"式语言是都市中最为时尚的话语方式。《大话西游》的语言表达方式与近年来在网上甚为流行的痞子蔡很相似,夸张之中流露真情。它们代表了网络写作的"大话"文风。近年来,"大话"已经成为一种流行词汇,它指的是一种流行的写作风格,亦称"无厘头文化"。电影《大话西游》是"大话"这一原创俚语的发祥地,《大话西游》的台词就是现今网络语言的先驱。

周星驰的《大话西游》拍于 1995 年,这是对中国古典小说《西游记》进行戏仿,把神圣的取经故事改造成了搞笑的爱情话本,其中所有人物都遭到了游戏式的妄自改动。到了 1997 年,国内第一个 BBS"水木清华"网站开始用"帖子"的形式刊登《大话西游》的台词,接着,北大 BBS 推波助澜,经过两所高校的 BBS 以及后来加盟网站几年的努力,2000 年前后,"大话"终于普及全国。

其后,大话成为中国网络的一大特色,网络写手们竞相模仿《大话西游》的方式尽情演绎,一时间,网络语言中"大话"连篇。一些网站还专门开辟"大话西游"版,设有"大话论坛"、"新版大话西游"等栏目。"大话西游之鸡过马路篇"、"大话西游之爱你一万年版"、"大话西游之劫机版"、"大话西游之男老师查女生宿舍版"等数十个作品纷纷面世,它们完全承袭了《大话西游》之写作风格,模仿《大话西游》的大话式表达形式,甚至采用或部分采用现成的语句。

比如说,台湾成功大学水力学博士蔡智恒创作的网络原创小说之经典——《第一次亲密接触》,明显地镶嵌着《大话西游》台词的深深印迹:

"如果把整个太平洋的水倒出,也浇不息我对你爱情的火焰。整个太平洋的水全部倒得出吗?不行,所以,我并不爱你。如果把整个浴缸的水倒出,也浇不息我对你爱情的火焰。整个浴缸的水全部倒得出吗?可以,所以,是的,我爱你。"

另外还有:

"曾经有一份真诚的爱情摆在我面前,但是我没有珍惜,等到了失去的时候才后悔莫及。尘世间最痛苦的事莫过于此。如果上天可以给我一个机会再来一次的话,我会跟那个女孩子说'我爱你'。如果上天非要把这份爱加上一个期限,我希望是一万年!"

这段《大话西游》中的经典台词被许多人引用。如娃哈哈广告中就引用了这句话:"曾经有一瓶娃哈哈饮料摆在我面前,但是我没有珍惜,等到了失去的时候才后悔莫及。尘世间最痛苦的事莫过于此。如果上天可以给我一个机会再来一次的话,我会跟那个女孩子说'我爱你'。如果上天非要把这份爱加上一个期限,我希望是一万年!"

有时,大话还不止由一个人完成,而由许多人共同完成。即第一个人并不是要说大话,但别人跟了帖子后,就变成了大话。如:

我今天试驾了宝来,动力充沛,与驾驶宝马的感觉差不多(第一人)。

我今天回到老家,试驾了我们生产队的手扶拖拉机,嘣嘣啪啪跑得还很欢,跟驾驶宝马的感觉差不多(第二人)。

我今天下班,骑的是我那辆破旧不堪的自行车,方向盘游刃有余,与驾驶宝马感觉差不多(第三人)。

第一人本来是想赞美一下宝来车的性能,没想到,在第二人、第三人跟帖模仿后,变成了绝妙的讽刺。

所以说,在网络语言中,仿拟得到非常广泛的运用,正是由于仿拟的运用,使得网络语言极尽幽默、滑稽、挖苦、讽刺之能事。可以这样说,是仿拟造就了网络语言的大话风格,没有了仿拟,大话的创造与传播就失去了一个非常好的手段,甚至是无从谈起。

二、仿拟造就了网络语言程序化的语言范式

聂庆璞(2004)举过这样一个例子:

如果我有一千万,我就能买一栋房子。

我有一千万吗? 没有。

所以我仍然没有房子。

如果我有翅膀,我就能飞。

我有翅膀吗? 没有。

所以我也没有办法飞。

如果把整个太平洋的水倒出,也浇不息我对你的爱情的火焰。

整个太平洋的水全部倒得出吗? 不行。

所以我并不爱你。

在这样一种模式下,有人就创造了这样一则网络文字:

如果我还有一天的寿命,那天我就要做你女友。

我还有一天的寿命吗?没有。

所以,很可惜。我今生仍然不是你的女友。

如果我有翅膀,我要从天堂飞下来看你。

我有翅膀吗?没有。

所以,很遗憾,我从此无法再看到你。

如果把整个浴缸的水倒出,也浇不息我对你爱情的火焰。

整个浴缸的水可以倒得出吗?可以。

所以,是的,我爱你。

以上这两段文字是著名网络小说《第一次亲密接触》中杀伤力最强的两段话。第一段是痞子蔡写的一个帖子,他自己根本没将其当回事,但轻舞飞扬觉得有意思,通过它,他们两个得以认识。第二段是轻舞飞扬临死前转交给痞子蔡的信。许多读者说他们被这两段话感动得一塌糊涂。许多评论员说这样的句式有股清新之气。

其实,我们可以看出,这些句子具有完全程式化的结构。这两段话尽管用了很多句号,但实际上每段包含三个句子,每个句子具有相同的结构:"如果 A……则 B……。有 A 吗?有(没有)……所以 B(非 B)。"

随着《第一次亲密接触》影响的扩大,程序化句式开始在网上爆炸,成为网上又一道语言风景。例如:

如果我有一分钱吗,我要把它存起来,给她留笔财富。我有一分钱吗?有,所以,我给她留了笔财富。……如果我有一百块钱,我就让她花,买她喜欢的东西。我有一百块钱吗?没有,所以,她不能买自己喜欢的东西。

可以看出,以上这些作品都仿自同一个作品,仿拟的运用造就了一种固定的语言范式,这种固定的语言模式好比一个程序,人们可以利用这个语言程序,随意往里面填入什么,就可以创造出许许多多的话语。

第三节　网络语言中仿拟体现的内涵揭示

计算机网络是人类文明与现代信息技术相结合而诞生的"世纪圣婴",以计算机及互联网为媒介载体,"父根"(网络)和"母根"(文学)相结合的产物——网络文学由此而存在并得以传播。借助于仿拟,网络语言无时无刻不在体现着与众不同的另一面。作为特殊的语言形式,凭借着仿拟的推波助澜,网络化的语言内涵被悄然揭示。

一、传统之背离

先不说与流行于生活中的语言之流传介质之不同,网络语言在创作和传播过程中,体现了一种与传统相背离的语言风格。

中国人的传统是关注规范,无论在意见或行为上,传统的中国人都有很强的避异趋同的心理,也就是有很强的社会顺同的倾向。在现实日常生活中,中国人一向是尚同而避异,对循规蹈矩者大加赞誉,对标新立异者则不惜鞑伐。在网络中,人与人之间是平等的,没有现实社会中的等级之分,没有现实社会中的限制和约束。网络又是虚拟的,人们在创造、使用新的词汇、新的流行语的时候,具有更大的自由和空间,而不必太在意他人的评价。以 2007 网络流行语为例,"我不是随便的人,我随便起来不是人"这一句是对"随便"的创新用法;"鸟大了什么林子都有",这是对"林子大了,什么鸟都有"的创新用法,意指人的能力和名气如果足够大,就会有好的舞台供他(她)施展自己的才华;"有钱人终成眷属"是对"有情人终成眷属"的变异用法,"情"和"钱"的一字之差,使得原句的境界全无。"一大学生最低奋斗目标:农妇、山泉、有点田"这句话源自"农夫山泉"的广告词——"农夫山泉有点甜",后被改编成"农妇、山泉、有点田",并借此理解为一个大学生的最低奋斗目标。"黑夜给了我一双黑色的眼睛,可我却用它来翻白眼",这是对本来富有哲理的一句话"黑夜给了我黑色的眼睛,但我要用它寻找光明"的改编,改编后增加了幽默、戏谑的色彩。而"思想有多远,你就给我滚多远!"所体现的个性色彩则极为强烈。

为什么网络语言中会有与传统背离的现象发生呢?究其原因,网络在中国的发展速度很快。据统计,目前中国的网民人数已跃居世界第一。在网民构成上,"历次调查结果都显示,网民中 18~24 岁的年轻人最多,远远高于其他年龄段的网民而占据绝对优势。"和其他年龄层比较而言,年轻人思想活跃,喜欢新鲜事物,不喜欢受传统的约束,更喜欢追求个性,展示自我,崇尚创新,追逐时尚,往往不愿意接受现实生活中诸如一些语言规范的约束。开放自由的网络给以年轻人为主的网民群体提供了创造发挥的空间,为网络语言的产生提供了必然和可能,这是网络语言得以流行的重要社会基础。

二、经典之消解

在《大话西游》的影响之下,各种仿效"大话西游"的文章在网上大量涌现,《大话西游》、《大话水浒》、《大话三国》等层出不穷。这些作品以大话的形式,凭借着

"无厘头"式的黑色幽默和对后现代生活感觉的敏锐把握,以一种媚俗时尚的亚文化书写方式,实现了对传统经典文学之消解。榕树下网站举办的首届网络原创文学奖,前两名获奖作品分别是尚爱兰的《性感时代的小饭馆》和老谷(赖大安)的《我爱上那个坐怀不乱的女子》——媚俗的标题、时尚的选题(男女性、婚外情)和对传统价值观念的"渎圣化"戏仿与贬斥,成了这类作品最抢眼的亮点和卖点(欧阳友权,2004)。那首广为传唱的《霸王别姬》的主题歌被改成这样:

别留恋网友中 GGMM 风情万种

不要问他是否会相逢

不要管她是否言不由衷

为何 PING 不通(别说 PING 不通)

有一天你会知道

有了 BBC 就会不同(BBC 会不同)

浏览总是太匆匆

我好害怕见到账单后心痛

戒了网就没有痛(戒了网也没有用)

将网事留在风中(将往事留在 PHONE 中)

杨虹(2005)对此评价可谓一种见血:在网络文学中的某些以历史真实事件和人物为蓝本的文艺作品中,历史失去了应有的本真,既不是以史为鉴,也不是借古喻今;既没有历史春秋的精彩回眸,也没有岁月风云的形象再现。作家不顾历史的客观事实,以随心所欲式的编造来迎合读者和观众,"气死历史学家"。他们在尘封的历史角落中寻觅的全是那些争权夺利、恩怨情仇、兄弟倾轧、后宫邀宠的故事。在这里,历史经过一系列恶作剧式的戏说,结果变得廉者贪、贞者淫、勇者怯;英雄总是一肚子坏水,奸臣贼子却一个个儒雅风流;江山社稷维系在一颦一笑之间,民族大义演化为一己私仇,某国家利益让位于争风吃醋;正义与邪恶、英雄与败类、公德与私欲、良知与无耻都被重新诠释;社会公认的历史价值观遭到颠覆,隐藏在偶然背后的必然性不见了,历史成了一堆杂乱的毫无理性的无聊噱头。在互联网上的人际交流,形成了一个不受传统媒体制约、可以无视语言规范权威的"真空区域",从某种意义上说,它释放了人们深层心理中被预言压抑的叛逆意识,于是,在网络上大胆、随意、自由地解构语言规则和编码规范的行为随处可见。这种极富个体性和随意性的语言编码行为,让人们体验到了某种藐视、突破和颠覆既有语言权威带来的快意,也使网络语言呈现了一种新意和生机。

认识到了这些网络文学与传统文学、与经典文学之格格不入后,我们不禁要反思,在这背后,是什么造就了这一格格不入? 究其原因,是戏仿,是仿拟,正是由于这两种手段的交替使用,成了网络语言叛逆的"帮凶"。

我们认为,对网络语言中所出现的大量仿拟现象应该客观地对待,一方面,仿拟确实在网络文学作品创造与传播中起了一定的"负面"作用,但是,我们同时也应看到,它也有积极的一面。语言的多样化很大程度上要靠包括网络语言在内的新词新语这些活跃的部分来实现。经过长时间的使用,一部分新词、新语会进入稳定的基本词语部分,成为词汇核心中的一员。因此,我们无须对网络语言忧心忡忡,应本着宽容理解、积极引导的态度,对其进行了解、记录、研究。对于一些代表新生事物,人们约定俗成、喜闻乐见的词语,诸如,"美眉"、"菜鸟"等,可以吸收到书面语中来。对于一些只是为了追求简便快捷而对传统词汇进行的随意缩写和谐音,在书面语中应该使用其所对应的传统词汇,对于一些不符合传统语法和表达习惯的句式应该尽量不用。只有这样才能既保持语言的生动性和多样性,又保持语言的纯洁性。为此,有关部门应该加大对出版物的监管力度,特别是要加强对在线新闻(组)、数字化出版物及电脑知识、网络读物、时尚杂志的监管。

参考文献

[1]　刘春丹. 中国网络语言研究的现状及其发展趋势[J]. 山东社会科学,2008(9).

[2]　黎昌友. 网络语言的变异及其成因[J]. 语言与翻译(汉文),2008(4).

[3]　聂庆璞. 网络叙事学[M]. 北京:中国文联出版社,2004.

[3]　吴小芬. 简论仿拟格在网络语言中的运用[J]. 浙江教育学院学报,2006(6).

[4]　杨虹. 现代商业社会的文学时尚[M]. 长沙:湖南人民出版社,2005.

[5]　欧阳友权. 网络文学本体论[M]. 北京:中国文联出版社,2004.

第十一章
新闻标题中的仿拟研究

第一节　新闻标题概要

一、定义

什么是"新闻标题"？有许多文章曾相继谈到，但说法不一。常见的有如下说法：

"标题是报纸的门面。好标题如同一幅含义深远的名画，立意传神，令人经久不忘，有很强的宣传效果。"

"标题是揭示稿件思想内容和表达报社立场的工具。"

"标题是新闻与文学的最高技巧。"

"标题是新闻的眼睛，新闻的广告。"

以上四种说法各有所长，也各有所短，都不能说是新闻标题的定义。第一、二种说法讲的是标题的功能；第三种说法是指标题的写作；第四种说法是对标题形象化的比喻。

那么，新闻标题的正确含义应当是怎样的呢？我们认为可以这样来表达："通常位于新闻正文之前的对新闻内容加以提示的简短的文字，而且字号一般要大于正文。"这样表述，就比较全面完整。其一从内容方面揭示了标题是新闻内容的提示；其二从制作方面强调了新闻标题的凝炼、简洁的特点；其三从外在形式方面指明了标题的位置一般在新闻本文的前面。

标题是新闻的眼睛，是在新闻作品和读者之间架起的桥梁，读者可以通过标题窥见新闻作品的"灵魂"产生共鸣。在高度信息化的今日社会，各类媒介日趋激烈的市场竞争，正极大地改变着人们接受新闻信息的阅听方式，"看报看题"、"5 秒效应"的提法都印证了新闻标题日益突出的作用。

二、制作要求

任何文章都是从标题开始的，在阅读一篇文章之前，标题总是第一个映入人们的眼帘。在信息高密度、生活节奏日益加快的今天,要使文章内容能吸引住读者的眼球,能抓住读者的心,让人产生一种阅读的欲望和冲动,一个好的新闻标题是非常必要的。因此我们认为,新闻标题是一种特殊文体,它必须具备一些与众不同的特点。一般而言,制作新闻标题有如下要求:

1. 题文一致

①标题所揭示的事实要与新闻内容完全一致(标题和新闻的基本思想一致;标题的基本事实要和新闻内容完全一致;标题所表现的内容要清楚,不能产生歧义)。②标题的论断在新闻中要有充分的依据。标题可以对新闻中的事实进行评论,但论断一定要以新闻的内容为依据,论据不足,即使标题是正确的,也会令读者感到没有说服力。

2. 一语破的

①突出新闻中最新鲜的事实。新闻中的事实往往不止一件,其中最新鲜的事实,才是它的精华,只有抓住它,才能做到一语破的。②突出新闻中最重要的事实。③突出新闻中最有特点的事实。④突出新闻中最本质的事实。

3. 简洁明快

①善于省略,就是省略标题中那些可有可无的内容(只保留事实的核心部分,省略其他部分;只保留事情发展的结果,省去那些不必要的过程和细节;省去消息来源;省去不必要的议论;在连续报道中,还可以省去新闻要素)。②善于概括,经过压缩,标题的内容已经不能再削减了,但是表达这些内容的文字能不能更精炼些?"以少胜多"——第一,锤炼字句;第二,适当采用简称(标题由于受规定的地位的限制,字数有限,遇到较长的词组,可以把它加以压缩简化。方法很多:有的可以把一个词组分成几节,在每节里选择一两个字组成简称,如"中华全国青年联合会第五届第一次会议"可以简称为"全国青联五届一次会议";有的可把平列的附加语简化,合用一个附加语组成简称,如"教师和职员"简称为"教职员";有的可用数字概括平列的几个词组来组成简称,如"四化"。

4. 旗帜鲜明

①要有明确的是非(有破有立,对比标出;直接标出所要反对的对象;只标出赞成什么,但由于针对性强,也可以做到鲜明)。②要有鲜明的爱憎,新闻中所报道的事实,有的令人气愤,有的令人欣喜,有的令人同情,有的令人悲哀,拟写新闻标题不能无动于衷,明确表达作者的立场,如善于运用多种方式表达丰富细腻的感情,表达感情不要简单堆砌很多形容词,要有感而发,不要无病呻吟。

5. 生动活泼

标题要有表现力,除了告诉读者事实而外,还要让他听到什么,看到什么,想到什么,感染到什么,要给人以启迪,做到言有尽而意无穷。标题要生动,就要注意选词并采用适当的修辞方法。①注意选择词语,如词语的意义、词语的感情色彩、语体色彩、成语的运用。②修辞手法的运用,为了使标题更加生动活泼,更富有表现力,可以适当运用一些修辞手法,如比喻、借代、比拟、双关、反语、排比、呼告、仿词等。

第二节 仿拟在新闻标题中的运用

在新闻标题所使用的众多的修辞格当中,仿拟当仁不让,成为了"明星"之一。我们这里所感兴趣的,不仅仅是仿拟在新闻标题中的常用类型,更重要的是要关注在这一特殊文体格式的制作当中,仿拟所起的特殊作用。因此,我们把新闻标题中的仿拟分析作为单独一章进行介绍。

一、新闻标题中仿拟的主要类型

纵观仿拟在新闻标题中的运用,主要有以下几种类型:

1. 仿词

(1)"奶爸"喜欢挑战(《体坛周报》,2006 年 8 月 18 日)

(2)鞍山北美承诺解决冬季"冷点问题",投资 7 200 万进行大修、抢修、外网改造(《千山晚报》,2006 年 8 月 16 日)

(3)德甲欢迎"荷"心(《体坛周报》,2006 年 8 月 30 日)

(4)亚平宁"锋"会国米占先(《北京青年报》,2006 年 9 月 9 日)

例(1)中的"奶爸"是模拟"奶妈"一词而做,喻指新闻中的主人公是一位能像保姆一样勤勤恳恳照顾别人的男人。例(2)中"冷点"是对"热点"的仿造,幽默地道出了鞍山北美公司要解决鞍山市冬季供暖中存在的问题。例(3)是通过谐音的方式模拟"核心"而临时造出来的词,形象地表达出某个荷兰籍球员将在德国甲级联赛某个俱乐部中占据重要位置。而(4)中"'锋'会"是对"峰会"的翻作,报道了意大利各足球俱乐部的前锋所组成的群体中,国际米兰占有绝对优势。

2. 仿语

(5)贫困生:望"贷"兴叹(《衡阳日报》,2002 年 3 月)

(6)笑"炒"江湖(《中国文化报》,2001 年 4 月)

(7)一"信"激起千层浪——西南交通大学加强校园文化管理侧记(《中国教育报》,2001 年 6 月)

如例(6)笑"炒"江湖这个标题,可谓构思精巧,借"名"侃"戏"。作者借金庸名著《笑傲江湖》的书名,改"傲"为"炒"取其炒作之意,名为"炒",实为"批"。一个"笑"足以显示出作者批这部电视剧时握笔如刀,游刃有余的踌躇满志之态。

(8)有言的结局(《新民体育报》,1998 年 10 月 26 日)

(9)"霍家军"广州纪事(《新民体育报》,1998 年 11 月 16 日)

(10)邱爱华的"星"路历程(《中国排球》,1999 年第 2 期)

仿拟的特征是"仿体与本体不异而异,同而不同"(谭永祥《汉语修辞美学》),体坛老记们充分利用这一点给自己的文章标题添姿增色。例(8)仿自流行歌曲《无言的结局》;例(9)中"霍家军"一词则明显脱胎于"马家军"这一已约定俗成的称呼;例(10)巧用谐音,由"心路"仿出"星路"一词。

3．仿句

(11) India and Pakistan:To Fight or Not to Fight? 印度、巴基斯坦:是战是和?(Beijing Review, Jan. 10,2002)

(12) Gone with the Waves (随波而去)(China Daily, April 4,2003)

(13) Easy Com. Easy Gone(网络经济:来得容易去得快)(Beijing Review, Dec. 18,2002, Language Club)

(14) Divided We Stand(分手我们才能成功)(Beijing Review, Dec. 18,2002, Language Club)

例(11)仿拟莎士比亚《哈姆雷特》中经典名句"To be or not to be,that is a question.",直指印巴问题要害,题旨鲜明深刻。例(12)报道随着人们文明意识的提高,传统落后的丧葬观正在改变,越来越多的人选择身后海葬,标题仿拟文学名著"Gone with the Wind"《飘》,改换一词而新意迭出,使沉重严肃的话题频添了几分自由洒脱与浪漫。例(13)别出心裁地将 come 改换成 Com. 表示网络经济,造成谐音双关,又将 go 改换成 Gone,造成时间错位,喻示网络经济泡沫的消失。例(14)反仿"United,we stand. Divided,we will fall",以全新的视角,报道好莱坞明星走出失败婚姻阴影,离婚后重新走向成功的案例。

在新闻标题当中,以上三类是用得比较多的,但是仿调(仿篇)却很少使用。原因有二:一是因为标题不能过长,必须言简意赅,做到简洁明快,能用最少的文字概括文章的内容,过长,则不能让读者耐心读下去。二是因为题目下的文章可以进一步对消息内容加以阐释和说明,用不着在标题中显示出来。因此,新闻标题很少使用仿调,这是与其他类型的文体不同的地方。

二、新闻标题中仿拟的本体类型分析

在第二章我们说过,能够充当本体的很多,从语法角度来说,有词、短语、句子、语篇等;从语体角度来说,有公文体、政论体、文艺体、广告体等;从来源上说,可以是名言名句、诗词歌赋等已有、且为人所常见的语言文字,也可以是临时性的、上文已经有交代的语言文字。在其余语体场合中,本体都可能以上述形式出现。但是,在新闻标题中,本体的选择就有很大的局限。对仿拟本体类型的研究值得我们的注意,这可以帮助我们选择一个正确、适合的本体来进行模仿,从而对新闻工作者有一定的借鉴作用。

(一)语法角度

前面我们提到,仿词、仿语、仿句在新闻标题中常见,仿篇不常见,所以,从语法角度来说,本体常常体现为词、短语、句子,较少体现为语篇。

(二)来源角度

语体是指为了适应不同的交际需要而形成的语文体式(黄伯荣,廖序东,1997),这是从语篇的角度而言。而仿拟语篇的情况在新闻标题中不常见,故我们不做分析,下面拟从来源角度分析本体的选择要求。

1. 固有成语

"说三道四"不够 "说五道六"拘留(《现代快报》,1999 年 9 月 1 日)

过度安逸,因福得祸(《国际航空报》,2000 年 7 月 30 日)

"说五道六"仿自成语"说三道四",且本体和仿体一同出现在句子中,属共现仿;"因福得祸"仿自"因祸得福",属变序仿——即变换本体的顺序而成的仿拟。

2. 流行歌词

我的新年她还没有来到(《桂林晚报》,2002 年 11 月 1 日)

杜德伟:都是跳舞惹的祸(《南京广播电视报》,2000 年 7 月 13 日)

上述两句均仿自流行歌曲,其中第一句仿自《爱情鸟》(林依伦原唱),第二句仿自《月亮惹的祸》(台湾歌手张宇原唱)。流行歌曲属大众文化,为人们,特别是年轻人所喜爱,在新闻标题中,来上那么两句流行歌词,与读者的距离一下就缩小了。

3. 名言名句

非洲走一趟,胜读十年书(《大众电影》,2000 年第 6 期)

"一肝两用"救活两个婴儿(《北京晚报》,2003 年 1 月 2 日)

第一句仿"听君一席话,胜读十年书"而就。第二句仿自名言"一国两制",文章讲述一位健康快乐的老奶奶 87 岁时终于修完了大学课程,圆了她的大学梦。

4. 诗词歌赋

为"医"消得人憔悴——访双院士吴阶平(《人物》,1996 年第 3 期)

本句借柳永之词通过谐音手段仿拟而成,属谐音仿。"伊"、"医"同音,读来琅琅上口,意味深长。

5. 谚语俗语

Never Too Old to Live Your Dream 活到老"梦"到老。(《英语学习》,2002 年第 2 期)

Life is Too Short to be Little 人生何其短,岂容琐事缠。(《英语世界》,1999 年第 8 期)

非法传销骗你没商量(《桂林晚报》,2003 年 1 月 12 日)

成也媒体,败也媒体(《杭州日报》,2000 年 10 月 9 日)

以上几句话的本体,读者一看便知,这里就不再赘述了。

以上仿拟的本体都是现成的、众人皆知的话语形式,新闻标题中是否也采用一些临时性话语来充当本体呢?我们认为,新闻标题是为了通过特殊而醒目的语言文字吸引读者的注意,故采用仿拟时就要注意对本体进行精挑细选,本体必须是人们家喻户晓、喜闻乐见的字眼。如果采用临时性的话语来充当本体,读者是不会理解其中的奥妙的,效果一定不理想。所以说,临时性的话语一般不适合充当本体。

三、新闻标题中仿拟的产生类型分析

在新闻标题中,仿拟主要采取的是义仿,即根据本体的语义进行的仿拟。而音仿(根据读音而成的仿拟)较为少见。上面所举例子,绝大多数是义仿,除了"亚平宁'锋'会国米占先"和"为'医'消得人憔悴——访双院士吴阶平"之外,其余都是义仿。通过广为收集,我们还找到如下音仿的例子:

(15)花季为何变花祭?(《中国青年报》,2006 年 1 月 13 日)

(16)莫让酒杯变"酒悲"(《桂林日报》,2006 年 6 月 19 日)

(17)父首富,女亦"首妇"(《中国妇女报》,2006 年 8 月 18 日)

(18)"出境"也是"出镜"(《中国体育报》,2006 年 10 月 16 日)

为何采用音仿?音仿能带来什么修辞效用吗?我们对此稍加分析便会得出结论。例句(15)主要报道了一个刚满 17 岁的少年,因为学校的一纸处分结束了自己如花的生命。作者用"花季"与"花祭"这两个发音相同而意义上有着天壤之别的词语做标题,不仅委婉地概括了新闻的主要内容,而且使语言显得犀利明快,讽刺意味极浓。例句(16)主要说的是因喝酒而导致病变死亡的悲剧性事件,告诫人们不要饮酒过度。"酒杯"与"酒悲"既道出了事情的本质,给人以强烈鲜明的印象,又不乏诙谐幽默,于轻松中给人一种沉重的思考,可谓意蕴无穷。例句(17)说的是台湾昔日首富王永庆之女王雪红在美国《福布斯》杂志评选的世界富豪中排名全球第 365 名,跻身台湾最富有的"首妇"。标题中的"首富"与"首妇"很好地概括了内容的主旨,同时,在形式上又给人以新奇的审美效应。例句(18)主要说的是目前随着

人们生活水平的提高,出境游已是越来越多中国人的生活内容之一。但是一些问题也出现了,在列出的中国游客几大不文明行为中"随地吐痰"和"乱扔垃圾"分列前两位,国外的一些公共场所竟然特意用中文标示"请勿随地吐痰"、"请将废弃物扔进垃圾桶"、"请不要大声喧哗"等提示。这些都需要我们进行深刻的反省,因为我们出去时代表的不仅是自己而是全体中国人。标题简明扼要、新颖别致,可谓一语中的。

通过上面的分析,我们可以看出这种同音仿拟在新闻标题中有着独特的表达功能。它不仅能深刻揭示事物的本质,给人以强烈鲜明的印象,还可以使语言新鲜活泼,产生诙谐、幽默、风趣的艺术效果。

另外,我们知道,仿拟也分为"共现仿"和"隐匿仿"两种。"共现仿"中本体与仿体共同出现在一个句子中;而"隐匿仿"则相反,本体不出现,被"隐藏"起来了。在新闻标题中,"隐匿仿"出现的几率要比"共现仿"大很多。综上所述,一般情况下的仿拟类型也适用于新闻标题,不过我们认为,在这众多的类型当中,有些类型,如"义仿"和"隐匿仿"要比另外一些类型如"音仿"和"共现仿"出现的几率要大得多。

四、新闻标题中仿拟的功能作用分析

仿拟在新闻语体中如果运用得当,会收到积极的表达效果。标题是新闻的眼睛,一条消息制作得成功与否很大程度上取决于标题,所以,众多新闻工作者在新闻标题上挖空心思,仿拟也就被特别地关注起来了,恰当地使用仿拟标题往往会收到事半功倍之效。在新闻标题中,使用仿拟可以收到如下功效:

1. 开门见山,突出主题

在知识急剧膨胀的当今社会,人们不得不有选择地接受纷至沓来的信息,很多人看报刊杂志往往都只浏览一下标题,如何让有限的空间容纳更多的信息,如何进一步吸引读者把整则消息看完,成为新闻界不得不面对的问题。新闻标题贵在简洁、突出,如何在区区十来个字的文字空间里,充分地表露出文章的大义,是一个关键问题。而仿拟恰好能很好地解决这一问题,其简洁、诙谐、新奇的修辞效果非常适合制作新闻的标题。

以"贫困生:望'贷'兴叹"为例,一接触到该标题,我们便知道文章是关于大学贫困生在新的助学贷款政策下申请贷款十分艰难的报道,这则标题概括了文章的主旨,主题突出,简洁明了。又如:"重赏之下,必有佳作?"(《中国青年报》,2003年1月3日)仿"重赏之下,必有勇夫",再与问号连用,可见本则消息主要是针对高价悬赏文学作品的讨论。

２．言简意赅，新颖独特

新闻标题的一个要求就是简洁，力争用最少的字数传达最多的信息，在节省空间的前提下，让读者对新闻内容有所了解。仿造词语以被仿词语作依托，因而更容易表达一个完整的意义，更容易被人们所理解。作为被仿的词语本体，它们是人们所熟悉的语言成品，所凝固的含义为人们所熟悉，因而人们能轻易理解仿造出来的词语所表达的意义。例如：

（19）一女当关 万夫莫开——"重量级歌手"韩红（《今晚报》，2006 年 8 月 28 日）

（20）将募师支教进行到底（《中国青年报》，2006 年 9 月 9 日）

（21）阜阳中院腐败案窝案震惊全国三任院长"前腐后继"（《北京青年报》，2006 年 9 月 10 日）

例（19）套用"一夫当关，万夫莫开"，语言简炼节省，但却富含深意，告诉读者歌手韩红在音乐界的强大实力，甚至敢与男歌手相比。例（20）让我们想起了"将爱情进行到底"，一句简单的话语，显示了政府实行"募师支教"政策的决心。例（21）中的"前腐后继"脱胎于"前仆后继"，形象生动地展示出医院三院长连续出现腐败现象。

新闻标题是新闻的眼睛，读者对新闻是否感兴趣，首先要看新闻标题能否吸引读者。因而，新闻创作者在制作新闻标题时也是尽量让新闻标题更具有诱惑性，方法之一就是增添标题的新奇性，从而增加对读者的吸引力。仿拟创造的词语，虽然是被模仿者的影子，但有时就是几个字之差，却使标题平中见奇，将读者深深地吸引住。

（22）希拉里"舞剑"意不在总统？（《北京青年报》，2006 年 9 月 4 日）

（23）冠军的地盘，鲁能帮做主（《体坛周报》，2006 年 8 月 30 日）

（24）0：5 中国式溃败（《体坛周报》，2006 年 9 月 4 日）

例（4）中的"希拉里"是一位出色的女政治人物，并不会舞刀弄枪，通过对成语"项庄舞剑，意在沛公"的套用，却把她和兵器恰当地结合起来，超出了人们的想象，导引读者的思绪继续往下看。再看例（23）是对"我的地盘我做主"的改用，冠军自己的地盘，却让一个外人说了算，这能是真的吗？例（24）"中国式溃败"来自"中国式离婚"，一支球队在比赛中输赢是常有的事，而标题却说这是中国独有的，怎能不吸引读者的注意呢？

通过上面的分析，我们认为，新闻标题中的仿拟还是有它独特的一面的，理解了这些，便于我们在今后的新闻标题制作当中，更好地利用仿拟来为我们服务，从而创作出更多更好的作品来。

第十二章
校园文学作品中的仿拟研究

校园文学作品即是以校园生活、校园情感为题材的文学作品,包括校园民谣、课桌文化、顺口溜等,出自于校园,流行于校园,备受学子们的追捧。作为思想活跃、充满朝气、富有文学想象力和创造力的学生,其作品题材广泛、内容新颖,且广泛运用各种修辞手法,仿拟这一辞格也得到很好的利用。

但是,作为流行文化的一种,校园文学作品可能没有引起人们足够的兴趣,故其中的仿拟辞格研究没有得到重视,此方面的研究寥寥无几,仅在互联网上可以搜索到少数几篇反映大学生生活的仿拟语句,但不成系统,所以,我们在这样的背景下展开了研究。

第一节 校园文学作品中仿拟的表现形式

从形式上来说,校园文学作品中的仿拟主要有四种:

一、仿词

仿词分两类,一类是音仿。如半夜机叫(仿"半夜鸡叫");化钱月下(仿"花前月下");与郎共舞(仿"与狼共舞");高财生(仿"高才生")。另一类是义仿。如校草(仿"校花");班爷(仿"倒爷",指经常办班赚钱的人)。

二、仿语

如形容某些搞家教的学生的不良行为的短语"因财施教"(仿"因材施教"而来);形容考试:"考就一个字"(仿自流行歌曲名《爱就一个字》);晒月亮(仿"晒太阳");卧谈会(仿"座谈会");引进外姿(仿"引进外资",指男生找外系或外校的女生谈恋爱);每周一哥(仿"每周一歌",讽刺女生换男友太频繁)。

三、仿句

(1)何以解忧,唯有象棋。
(2)横眉冷对亲父母,俯首甘为女子牛。

例(1)为某象棋爱好者语,仿自"何以解忧,惟有杜康"。例(2)仿自鲁迅先生名句:"横眉冷对千夫指,俯首甘为孺子牛"。鲁迅先生庄重严肃的语言风格和仿体失之油滑的语调构成强烈反差.对那些不顾父母反对,醉心于恋爱的学生予以尖锐的讽刺。

四、仿调

仿拟现成的诗词歌赋或篇章。豪迈雄壮的唐诗、婉约精致的宋词、自由活泼的元曲、明白如话的新诗,校园学子信手拈来,稍事点染,便成佳作,用来表现他们的喜怒哀乐,讽刺校园的不良习惯,显露自己的学识才华。这些仿调诗幽默诙谐,调侃戏谑,令人捧腹。用崇高的文体叙述微不足道的琐事,由于内容和形式差距大,自能产生滑稽悦人的修辞效果。

(3)枯藤老树昏鸦,教室、宿舍、网吧,抽烟、喝酒、看花,夕阳西下,逃学人在天涯。(仿马致远的《天净沙·秋思》)

(4)考试如此多焦/引无数考生尽通宵/惜秦皇汉武/胆子太小/唐宗宋祖/不得不抄/一代天骄成吉思汗/最后只把白卷交/俱往矣/数风流人物/全部重考。(仿毛泽东《沁园春·雪》)。

(5)分不在高,及格就行;学不在深,作弊则灵。斯是教室,唯吾闲情,小说传得快,杂志翻得勤;琢磨下围棋,善于抄作业,猎奇闻。无书声之乱耳,无复习之劳形。虽非跳舞场,堪比游乐厅,心里云:"混张文凭"。(仿刘禹锡《陋室铭》)。

除了这首《教室铭》外,流行在校园内的还有《寝室铭》、《男友铭》、《女友铭》、《交友铭》等,仿裴多菲的《生命诚可贵》的诗句不下五种,真是一调多仿。此外还有仿唐诗、宋词、元曲,仿成语、俗语,仿名言、名联,仿流行歌词、广告词的,所作的新诗、新词、新语、新句流行于校园这一特定的语言社区内,成为学生们津津乐道的口头禅,不但使校园生活丰富多彩,还让校园文学充满生机和活力。

第二节 校园文学作品中仿拟的运用特点

一、以校园生活为主题,体现校园文化

校园是一个思想、文化的圣地,是造就人才的殿堂。由于学生生活在校园里,所经历的大都是学校的人和事,其文学作品必然以校园生活为主题,最大限度地反映校园生活。所以,作品中的仿拟多围绕校园生活进行,主要反映学习、生活、爱情等与他们息息相关的主题,这里略举一二:

（1）卧谈会

（2）考就一个字

（3）昨晚饮酒过度，误入树林深处，呕吐呕吐，惊起鸳鸯无数。今朝操场跑步，见到美女无数，好酷好酷，摔个眼镜飞出。

以上这些例子反映的都是校园生活，与学生生活息息相关。例（1）仿"座谈会"而来，指晚上熄灯后，学生仍不入睡，躺在床上天南海北地神侃。例（2）仿自流行歌曲《爱就一个字》，体现学生对考试的态度。例（3）仿自李清照的《如梦令》，高雅的宋词形式里塞进滑稽的内容，形成新派流行词语及调侃的语调，令人忍俊不禁。

当然也有反映社会现象的仿拟，但为数不多。

二、本体多为名诗、名词、名曲、名言名句和流行文化

一般而言，仿体可以是多种形式，由于学生所接触的多是书本知识，所以其仿拟作品多以名诗、名词、名曲、名言名句为本体来创造；另外，学生处在青春期，充满活力，容易接受新事物，流行文化也容易成为他们的模仿对象，担任本体的角色。

三、隐含式仿拟比同现式仿拟出现频率高

一般情况下，如果本体和仿体同时出现，这样的仿拟叫同现式仿拟；如果本体不出现而只出现仿体，这样的仿拟叫隐含式仿拟。我们发现，校园文学作品中的仿拟常隐去本体，仿体在没有本体对照的情况下直接出现，这可以说在一定程度上体现了校园文化的丰富性和开放性。

四、仿拟的目的多为感情宣泄

青少年时期是感情丰富的时期，这一段时期要经历同学间的友情和异性之间的爱情，其间感情不免有所波动，必然要宣泄。宣泄可以有多种形式，作为知识层次较高一族，其思想内容最容易通过文学形式来宣泄，而仿拟为此提供了合理的基础。例如：

形容楼下等女友：日照头颅生紫烟，久等女友不下来。

形容女友傍了大款：昔人已乘奔驰去，此地空余多情郎。

第一句表达了等候女友的急迫与无奈，第二句中的女友嫌贫爱富，跟有钱人跑了，作者也备感无奈，只好借用古诗一首，抒发一下感情罢了。再如：

假日几时有，无奈问青天。不知假期当中，作业有几篇？我欲不做，又恐校规太严，假期不胜烦。捧书坐桌前，好似在钻研。做数学，念英语，夜难眠。不应有偏，为何总是感觉难？人有七情六欲，学有高低深浅，此事两难全。但愿假日多，作

业能锐减。(《水调歌头·假日》)

这则文字仿自苏轼的《水调歌头·明月几时有》,学生借机宣泄对学校布置众多作业,以致于学习完全占用了假期的不满之情,从一个侧面反映了目前学校教育存在的诸多问题。

第三节　校园文学作品中仿拟的修辞作用

一、表诙谐幽默

学生是校园文化的传承者,是校园语言的生力军。校园文学作品丰富多彩,具有创造性,他们既借助现成语句的表现力、影响力,又想表现自己的别出心裁,他们选择那些脍炙人口、传送广远的好词佳句,按照自己的嗜好和习惯,塞进反映自身特点的东西,或换义,或变形,使人们既感熟悉、亲切,又出奇制胜,容易产生共鸣(杨芳,2000)。与一般文学作品相比,校园文学作品在幽默、调侃中透出书卷气,作者模仿诗词歌赋高雅的格调,创造表达自己心声的新词新语,它是中国传统雅文化与现代俗文化完美结合的产物,是校园学子高智商的体现。如与网络有关的仿拟:"网漫漫其修远兮,吾将上下而求索"、"有朋自网上来,不亦乐乎?"、"运筹校园网络之间,决胜千里之外"……,之乎者也,文气十足,高雅和嬉戏水乳交融,诙谐与幽默体现无余。

二、表讽刺挖苦

校园文学作品中的仿拟还多含讽刺,主要表现为仿拟语结构与原作惟妙惟肖,主题与原作大异其趣,通过扩大内容与体裁之间的差距而产生。例如一则戒烟作品:

本国烟,外国烟,成瘾苦海都无边。前人唱,后人和,饭后一枝,神仙生活。错!错!错!烟如旧,人空瘦,咳嗽气喘罪难受。喜乐少,愁苦多,一朝上瘾,终身枷锁,莫!莫!莫!

这片作品模仿宋朝陆游的词而成,原作诉说陆游和前妻唐婉之间的生死恋情,缠绵悱恻,哀婉动人,是脍炙人口的千古名篇。戒烟词大异其趣,把抽烟者的神态、抽烟对人健康的影响以及抽烟成瘾的害处淋漓尽致地刻画出来,其高雅的形式与通俗的内容形成反差,幽默讽刺之余,给抽烟的学生以忠告和警戒,让人读后忍俊不禁,久久不忘。

校园文学作品中类似的仿拟作品往往带有强烈的讽刺意味,校园的不正之风,如学生抽烟、喝酒、打麻将、逃学、考试作弊、早恋等,都受到了无情的讽刺,这种讽刺的背后是严肃的态度,刻薄中有幽默,幽默中有警戒,学生在新颖别致的仿拟作品中享受幽默轻松的快感后,对这其中所反映的一些问题也会深深思考。

第四节　大学校园仿拟语研究的意义

大学校园仿拟语大部分是校园流行语,对校园仿拟语的研究具有很重要的意义。表现如下:

一、了解大学校园仿拟语的调节功能

大学校园仿拟语静态地反映校园生活,动态地为大学生学习之外找到放松、发泄的途径,因而具有调节功能。一是调节身心健康。大学学习生活是紧张的,考试给他们带来了很大的压力,再加上人际关系、交友、恋爱方面有诸多烦恼,郁积在一起需要有一个渲泄途径。大学生把自己的喜怒哀乐,把自己对外部世界的不满和无奈,用自己独创的语言,尽情地渲泄。如课桌文学《重修有感》:"去年今日此位坐,人面书本相对摸,人面不知何处去,书本依旧摆课桌。"这首仿唐人崔护诗写成的仿调打油诗,有失恋的伤感,有重修课程的悔恨,有无情的自嘲和痛苦的眼泪。总之生活的酸甜苦辣滋味一吐为快。这类仿拟语是学生情绪渲泄的通道,起着调节身心健康的作用。二是和谐人际关系。大学生文化层次和文明素养决定他们交际语言新奇而文雅。他们常常避开伤害别人自尊心的语言,把想说的话用自己创造的词语委婉地表达出来。如某同学的对象不漂亮,他们会说长得比较温柔。因为流行歌词有"我很丑,我很温柔",温柔成了丑的委婉语;又如他们把男生追女生叫"钓鱼",又仿造一个"钓虾"用来指女生追男生,因为"钓虾"比"钓鱼"容易;把大一谈恋爱说成早锻炼(早恋),那么大四才谈恋爱是下午锻炼(黄昏恋)。这种流行于大学校园的仿拟语,俏皮、幽默、委婉,既自己说得高兴,又不伤害别人,是人际关系的润滑剂。三是活跃生活气氛,校园仿拟语多富有生活情趣,带有强烈的青春色彩,体现出大学生活泼奔放的性格特征。他们常常故意把词语说错,如把"害羞"说成"害差",把"东西"说成"东东",把逃学厌学的学生说成"走书派",把"日久生情"说成"日久生虫",这些仿拟词语流行于大学校园,成了大学生的开心话语,起着活跃生活气氛、营造校园典型氛围的作用,难怪有人说它们是校园语言文化的哈哈镜。

二、了解社会对校园的影响

大学校园既是封闭的象牙塔,也是半开放的小社会。市场经济大潮冲击着校

园，各种文化思潮影响着校园，从校园经商族、股票族、嬉皮族可以看出西方价值观念对大学校园的影响，大学校园仿拟语中反映了这方面的问题，例如从"烟酒生"（研究生）、"钱（前）程远大"、"花钱（前）月下"（刚开始花钱无度，后父母冻结部分资金，花钱一月比一月少），"半夜机（BB 机）叫"，"我是嬉皮我怕谁？"等仿拟语中体现出来。"有礼走遍天下"反映校园行贿风。仿调"枯藤老树昏鸦，教室、宿舍、网吧，抽烟、喝酒、看花，夕阳西下，逃学人在天涯"，反映少数大学生玩世不恭，游戏学习、游戏人生的生活态度，这些虽然不是校园生活的主流，但必须予以关注和引导。有的仿拟语反映令人痛心的社会问题，"喇叭声一响，花落知多少"说的是老板把小车开进大学找女生—— 女大学生傍大款的问题。校园仿拟语反映了社会问题，社会对校园仿拟语影响很大。大众传媒影视文化对校园仿拟语的影响很大，影视片名、报刊栏名称、流行歌词、广告词都是大学生们仿拟的对象，《爱你没商量》是电视剧名，指无视对方是否接受而一厢情愿地给予对方的爱，没商量就是没有商量的余地，校园流行"考你没商量"，对学生"管你没商量"，考场上"看你没商量"。雷达表广告词"不在乎天长地久，只在乎曾经拥有"，大学生恋爱时就发表"不求天长地久，只求曾经拥有"，这种及时行乐、不负责任的"高论"，在全国大学生中影响时间很长，范围很广，已成了大学生的口头禅。科学技术的迅速发展给校园仿拟语带来了新的生机，如计算机网络进入校园，校园附近有了"网吧"，学生上网入迷，产生了"网迷"、"网虫"，他们上网聊天，交上了"网友"，上网谈情，产生了"网上情人"，出现了许多网际仿拟妙语："网上存知已，天涯若比邻"；"但愿网长久，千里共婵娟"；"衣带渐宽终不悔，为网消得人憔悴"，这些仿拟妙语，是中国传统文化和现代科技相结合的产物。

三、研究仿拟手法的新发展

大学校园仿拟语丰富多彩，形式多样，其中大部分为校园流行语，仿拟成了校园流行语的重要创作手法。因为大学校园仿拟语的流行使传统的仿拟手法获得生机。传统仿拟用在书面语言中是"在上、下文中现成的词、语、句、段意义的照应下，临时仿造一个意义相反或相似，相近的词语、句、段的修辞方式。"这里强调两点：一是上、下文照应和临时仿造。大学校园仿拟语多为口语，没有上、下文语言环境，因为既有格式人所共知，所以用不着出现，仿拟的词、句、篇单独使用，在文化层次高的大学校园言语社区流通，同样收到新颖、诙谐、幽默风趣的修辞效果。二是所仿的词语有的在校园流行，有的成为时尚词，频频在新闻媒体亮相，大有进入普通话词汇的势头。如仿酒吧造的"网吧"、"书吧"、"泡吧"、"泡吧族"，再造"总吧"、"分吧"等等，这些词不再具有临时性。从发展趋势看，仿拟这一传统修辞手法，有成为造词法的可能。

　　通过以上分析,我们可以深切地感受到大学生们是大学校园语言的传承者,也是校园语言的生力军。校园文学作品丰富多彩,具有创造性。创作者既借助现成语句的表现力、影响力,又想表现自己的别出心裁,他们选择那些脍炙人口、传颂广远的好词佳句,按照自己的嗜好和习惯塞进反映自身特点的东西。或者换义,或者变形,使人们既感到熟悉、亲切,又出奇制胜,容易产生共鸣。同时,校园文学作品还具有高雅性,这与大学校园特定的文化氛围分不开,其创作者把通俗和高雅相结合,体现了大学生独有的语言气质。此外,校园文学作品还含有讽刺性,这主要是针对校园中的不正之风而言。如抽烟、喝酒、打麻将、考试作弊、谈恋爱等,都受到了讽刺,有的是无情的自嘲,这种讽刺、戏谑调侃的背后是严肃的态度,刻薄中有幽默,幽默中有警戒,学生在轻松幽默的语言中可以得到警示,引人思考。校园文学作品中的仿拟语具有一定的调节功能。一是通过诙谐幽默的语言调节身心健康,给紧张的生活以调剂,许多交友、恋爱等方面存在的问题可以得到发泄,不会积压在心中,有益于身心健康。二是和谐人际关系。我们国家现在大力提倡构建和谐社会,人与人之间的关系可以通过采用委婉语句而得到和谐。三是可以活跃生活气氛。校园仿拟语多富有生活情趣,带有强烈的青春色彩,体现出学生活泼奔放的性格特征,时常挂在他们嘴边,成了他们的开心话语,也在一定程度上活跃了校园气氛。当然,无可否认的是,这其中有一部分仿拟语难免存在一些消极成分,耳熟能详的诗词被任意篡改,语无伦次的衔接,不合情理的揶揄,生拉硬扯的内容,令人啼笑皆非的噱头,也从一个侧面透露出当代大学生的冷漠、无奈和对传统文化的抗拒,也体现出大学生身上所具有的那种叛逆精神。对于此类现象,我们不必害怕,它毕竟不是社会的主流文化,关键问题是如何加强对校园文化作品创作者的思想教育,提倡积极、健康向上的精神,远离颓废、低级庸俗的文化,这样所创作的文学作品一定会受到读者的欢迎。

参考文献

[1]　王德春.修辞学词典[M].杭州:浙江教育出版社,1989.

[2]　黄伯荣,廖序东.现代汉语(下)[M].北京:高等教育出版社,1997.

[3]　刘泽权.广告英译中的仿拟[J].现代外语,1995(2).

[4]　李国南.辞格与词汇[M].上海:上海外语教育出版社,2001.

[5]　罗胜杰.英汉仿词比较[J].湖南工程学院学报,2005(2).

[6]　刘静敏.实用汉语修辞学[M].合肥:安徽教育出版社,2003.

[7]　杨芳.大学校园的仿拟妙语[J].湖北师范学院学报(哲学社科版),2000(4).

[8]　傅远碧.大学校园文化流行用语浅谈[J].语文学刊.2004(2).

第十三章　仿拟的翻译研究

第一节　现行翻译策略概述

广告属于实用文体,其翻译属于实用文体翻译范畴,这类作品的翻译有一定难度,如何达到翻译所追求的音美、形美和意美,学界一直在不停探索,现将一些方法稍作梳理。

一、ABC 翻译模式

在讨论公示语等翻译策略时,丁衡祁(2006)提出了 A—B—C 模式(the "Adapt—Borrow—Create" approach),即"模仿—借用—创新"模式。他认为,英语中如果有现成的对应的表达方法,就可以采取"拿来主义"的方式(borrow)。这一方式在大多数情况下都是适用的。英语里如果有类似的表达可以参照借鉴时,就采取"移植嫁接"的方式,参照它加以改造(adapt)。如果前两者都不存在,那么我们就按照英语的习惯和思路进行创译(create),即创造性翻译(creative translation)。例如:

(1)请勿吸烟。

No smoking

(2)领养绿地。

attendant volunteer subscribed green plots

(3)司机一滴酒,亲人两行泪。

Drink and drive costs your life.

由于英语中有现成的表达法,故(1)采用的是照搬策略;(2)的翻译采用了改造法,因为英文中有 attendant volunteer 这个说法,如"美国防止虐待动物协会"就有照看动物的志愿者,叫做 animal attendant volunteer;(3)在英语里找不到对等的表达方式,只好采取"创译"的办法,译文不但意思到位,而且形式上还整齐押韵。

二、"看易写"策略

与丁先生相似,林克难(2007)提出了实用英语翻译的"看易写"策略并解释说:"看"就是在翻译实用英语之前,大量地接触、阅读说英语国家实用英语的真实材料,对各种不同场合、环境、功能的实用英语积累感性认识,存储在大脑中备用。"易"要求译者仿照同类英语文本的特点、格式甚至措辞去翻译,同传统意义上的"翻译"不一样,"信"不一定是唯一的标准,相反,与同类文本的贴近、重视读者反应与译文效果成了最重要的考虑因素。经过变易翻译出来的实用英语文本,其最大特点是看上去非常像同样环境下的英语文本。"写"是译者根据有关翻译发起人提供的素材,根据英语同类文本的格式,直接用英语撰写实用英语文本。为了说明这一方法,林克难举例说,句子——"拥挤时,请注意你的钱包。"可以翻译成:When crowed, pay attention to your wallet. 当然也可以仿照美国马萨诸塞州立大学的图书馆阅览室提醒读者的句子:Watch your personal belongs all time while in library. Don't give thieves a chance. 翻译为:Watch your personal belongs (wallet) all time while shopping (riding a bus, etc.). Don't give thieves a chance. 在两种译文之间,作者偏向于后者。

"看易写"原则与 ABC 模式为实用英语翻译理论研究奠定了基础,或者说指明了方向。这两个原则在理论上创新的亮点是走出了信、达、雅的固有模式,着眼于中国实用英语翻译的实际,提出了行之有效的对策。核心部分是通过大量的"看",将所谓的平行文本了然于胸,为日后"易"而译之或"模仿"、"借用"奠定基础。而对于具有鲜明中国特色的东西,在说英语国家"看"不到的东西,则可以采取"创译"的方法。当然正如丁衡祁教授指出的那样,即使是创译也要立足于模仿,不可凭空去创造。

三、直译加意译策略

仿拟的翻译问题在学界重视不够。在为数不多的研究中,白解红(2001)研究过仿拟中仿词的翻译,她认为其翻译主要是"直译",必要的时候加上注解,其次才是"意译"。这是因为:①仿词是以现有词为类比点的,在我们已经知道现有词意思的基础上来翻译仿词已经没有理解障碍,直译可以很容易让读者或听者联想起现有词的意义。②仿词对社会现实的反映可以说是最快的,任何词典都无法将仿词及时收入进去,"直译"可以生动形象地把仿词的内涵尽快展现出来。③仿词是语言发展的产物,是社会文化的重要象征之一,"直译"有时不能完全表达仿词的文化内涵,我们适当加上"注解"也是必要的。④有些仿造的词语具有修辞意义,如

blue-collar worker，white-collar worker，gray-collar worker 等是转喻
（metonymy），a thousand thanks，a million thanks 是夸张（hyperbole）。因此，我
们有必要"直译"和"意译"兼备，有时还要加上注解。

四、类比式翻译法

赵彦春（2005）认为，翻译中存在一种形意之间的张力，形式的翻译很难，原因
在于要克服语言与文化的双重障碍。它不是语义的，所以不能进行正常的"对等"
形式的切换，而求诸于超越具体语言形式的关联。为追求形式的可译，赵彦春提出
了类比式翻译法，即以可拓逻辑的方法突破源语形式障碍而又传达源语形式——
这就是仿拟原作的形式，为达到应有的交际效果而进行的变通，这种翻译不是语义
翻译，而是语用翻译。赵彦春举例说：

（4）A：How do you like Kipling?

B：I don't know, I never Kipled.

（4a）甲：你喜欢吉卜林吗？

已：不知道，我从来没有吉卜过。

（4b）甲：你喜欢拿破仑吗？

已：不会拿，我从来就没拿过破轮。

（4b）将 Kipling 类比成拿破仑，这一类比是通过逆构（back-formation）改变
Kipling 这一形式要求的，这一逆构产生了"不合作"的幽默。如果只追求文字正字
法而不舍弃局部的忠实和对等，那就不可能"再现"整体的忠实和对等。

除了上述三种方法以外，可能还有别的方法。通过综合发现，这些方法都强调
模仿的重要性，ABC 策略中的 Adapt 是如此，"看易写"中的"易"也是如此，赵彦春
先生的类比也是一种模仿，由此可见，模仿在翻译中处在一个非常重要的位置。这
并不奇怪，因为"整个人类历史就是一部模仿的历史，模仿是社会发展和存在的基
本原则和进步的起源"（陈琳霞，何自然，2006）。而这类翻译中的模仿是以英语中
现成的语言形式为模因，或直接复制，或近似复制，或间接类推而成，这与模因论中
模因的复制和传播方式是十分吻合的，可以说，模因论构成了这些模式的理论
基础。

关于仿拟翻译不外乎以上几种方法。然而遗憾的是对此研究不透，而且在理
论缺乏支持，没有形成一定模式，这方面存在一定的研究空间。为此，本书将以
Richard Dawkins（1976）提出的模因论为基础，对广告仿拟的翻译作研究尝试。

第二节　基于模因论的广告仿拟翻译

1976 年,英国牛津大学的动物学家 Richard Dawkins(1976)在《自私的基因》(The Selfish Gene)一书中提出了文化传播的基本单位,即模因(meme)。联系语言而言,模因论为语言引入了信息复制的观点。在模因的作用下,词语得到复制,创造词语的创意也同样得到复制,从而形成人和语言的互动模式,从中可以窥探语言的变化和发展。语言本身就是一种模因,模因也寓于语言之中,任何字、词、短语、句子、段落乃至篇章,只要通过模仿得到复制和传播,都有可能成为模因(谢朝群,何自然,2007)。

模因有强势模因和弱势模因之分,而其中的强势模因在广告语中得到充分利用,因为广告语之间具有激烈的竞争性,广告商不得不竭尽全力打造广告以达到 Dawkins 所认为的成功广告所应该具备的三个指标:保真度(copying-fidelity)、多产性(fecundity)和长寿性(longevity),具备以上条件的广告模因方为强势模因,才能进入人们的记忆。为此,在广告语制作中,人们纷纷借用仿拟手段,以某一现成语言现象为模因进行改造,使新产生的语言现象与模因有极强联系,从而容易进入人们的记忆。

比如,汾酒广告语"汾酒必喝,喝酒必汾"套用了《三国演义》里的"分久必合,合久必分",还有"大石化小,小石化了"(胆舒胶囊广告)以及"闲妻良母"(某洗衣机广告)等广告语,均借用了人们耳熟能详的名言、成语、俗语、古诗词等强势模因,并以其为载体通过模仿,在广告和广告模因之间找到一契合点,借助其框架,将模因稍作修改而成,这样观(听)众看(听)到这些广告语时,能将它们与头脑中固有的模因捆绑起来,从而使广告语轻而易举进入人们的大脑,形成长期记忆。

由此看出,语言模因以其两种主要复制方式——重复与类推成了仿拟形成的基础,其中类推是仿拟形成的重要工具。非但如此,我们认为其翻译也可以模因论为基础,借用这两种手段进行,具体归结如下:

一、直接套用翻译法

与丁衡祁先生 ABC 模式中的"借用"相仿,直接套用翻译法就是以译入语现成的相同或相近的词语、句子为参照对象(模因),直接将源语翻译成目的语,在用词上基本不加改动,这种翻译可以排除对所译语句是否符合英语表达习惯的担心,在广告英译中常常采用,例如:

(1)汉：绿丹兰——爱你一辈子。(化妆品广告)

　英：Ludanlan cosmetics — Love me tender, love me true.

该广告没有按照字面意思直译为"Ludanlan cosmetics — Love you all my life"，而是选取美国一情歌歌词"Love me tender, love me true."为模因直接套用翻译,这样一来,每当人们看着电视上甜蜜的画面,听着情人满怀柔情地唱着这一句歌词时,不禁勾起了对往日美好爱情的回忆,甚至会跟着哼唱,这样,人们对该产品的印象当然十分深刻,广告效应比单纯直译要好得多。又如：

(2)汉：随身携带,有备无患;随身携带,有惊无险。(速效救心丸广告)

　英：A friend in need is a friend indeed.

该广告运用了排比和反复两种修辞格,汉语四字结构简洁有力,读来琅琅上口。如果将该句一字一句翻译成英语,恐怕在惜字如金的广告中无法做到,且不能在观(听)众中留下深刻印象。故译者完全摆脱了原文语言形式的限制,直接套用了在英语国家深入人心、妇孺皆知的英语谚语,准确地传达了原广告的语用用意：该药就像是您一位真正的朋友,无论您何时心脏病发都能救您于危难之中。广告词溢满关怀之情,毫无说教之词,当然给目的消费者留下了美好的印象,译文达到了与原广告同样的宣传效果,实现了翻译的语用等效。

从上述例子的翻译来看,以译入语现成的语句为模因直接套用仿拟语句,很大程度上是受相似语境的诱发,表现为语言结构形式的直接套用,其结果满足了英语翻译的交际论、目的论等相关理论,不失为一种策略。

二、近似复制翻译法

翻译的根本就是"易",即"换谓言语以相解也"。当源语的形式不能转换成目的语时,则须求诸于更辩证的"易",从功能或整体效果着眼,采用类比的方式,以一种语言不完全的映现替换另一种语言不完全的映现。当然,在一定情况下,"易"需要摆脱语言形式的束缚而传达意义,以传达原作的意图为旨归。从更深层次讲,翻译不应拘泥于具体层面的"对等",而是在更高的起点上对翻译本体论的思考和探索(赵彦春,2008)。反观仿拟翻译,在无法从译入语中找到现成的模因(即相同语句)直接套用的情况下,对仿拟原文的翻译如果采用解释或加注等手段进行补偿,无疑会失去原文的意味,而采用以"相似"为向度的类比法,则可以表现原文的"形"、"意"特色。换言之,采用 ABC 原则中的模仿(adapt)策略,即以译入语中某一词、句为模因,变更某词语,这叫近似复制。

(3)英：How to Fat-Proof Your Child

汉：如何使你的小孩防"胖"于未然（赵彦春，2005）

本例是一篇英文广告的标题，该标题中的动词 Fat-Proof 立意不俗，因偏离语言常规而加大了语言形意之间的张力，故具有广告引人注目、有趣、易记的特点。"proof"是一个常用于科技用语的后缀，fat-proof 仿自 waterproof，bulletproof，fireproof 等词。译文以仿拟（仿自"防患于未然"）较好地传达了原文的意图。又如：

（4）汉：食在广州。

英：East or west, the Guangzhou's cuisine is the best.

该句采用语义仿拟而成，其模因是"×在××"，意思是说只要提到吃，广州的食品全国有名。如果直译为"The food in Guangzhou is the best."恐怕吸引不了受众的注意，不能收到广告效果。但是可以想到英语中一句名谚"East or west, the home is the best."，觉得如果将该句稍加改动，应该可以表达广告内容。所以，以此为模因，对原句进行近似复制，将"the home"改为"the Guangzhou's cuisine"，这样改造（adapt）后的句子因其与强势模因捆绑，容易进入受众记忆，这种翻译方法不失为一种有效办法。类似的还有：

（5）汉：百闻不如一尝。（某食品广告）

英：Tasting is believing.

（6）汉：车到山前必有路，有路就有丰田车。（丰田车广告）

英：Where there is a way, there is a Toyota.

（7）英：Good whiskey waits for no man.（whiskey 广告）

汉：好酒不等人。

上述广告语也采用语义仿拟而成，其模因分别是"百闻不如一见"、"车到山前必有路，船到桥头自然直"、"Time and tide wait for no man."。由于采用了人们熟悉的语句并以此为强势模因仿拟而成，这些广告语给受众留下的印象颇为深刻。如果直译，效果不一定好，于是我们找到这些类似表达语："Seeing is believing."和"Where there is a will, there is a way."以及"好×不××"等，并以此为模因采用近似复制加以改造，效果不同凡响，这叫以仿拟之道还治仿拟之身。

除了上面分析的语义仿拟外，在前面还提到汉语中还存在一种谐音仿拟，我们认为这是因为汉语被称为"声调语言"（tone language）。在汉语中，每个字或音节除了声母、韵母两个部分之外，还有一个绝对固定的声调。这个声调与声母、韵母一样，有着区别词义的重要作用，甚至有的词，其音位、音节完全相同，只因他们的声调各异,就成了不同的字,或者说词义就完全不同了(魏志成,2003)。因此,汉语中存在谐音仿拟,即根据仿拟的模仿对象——本体的读音进行的仿拟,如前面提到的"汾酒必喝,喝酒必汾"、"大石化小,小石化了"以及"闲妻良母"等,这类广告往往借助于汉语成语的独特结构,利用同音字(词)巧妙地对成语谐音换字,旨在借助人们所熟悉的成语这一强势模因达到广告目的。对于这类谐音仿拟的翻译,我们认为也可以采用近似复制这一方法。例如:

(8)一键钟情

　　fall in love with key press

(9)衣鸣惊人

　　amaze the world with fashion clothes

(8)和(9)分别仿拟自"一见钟情"和"一鸣惊人",其对应的英文是"fall in love at first sight"和"amaze the world with a single brilliant feat"。在此基础上分别复制二者然后翻译,这样完整地传达了广告的意思。

但是,由于思维方式、语言结构或民族文化内涵存在较大差异,有些谐音仿拟在翻译时很难将其音和意用另一相应的译入语同时表达出来,翻译中难以达到"等效"的目的,所以,对于这些谐音广告仿拟的翻译,我们只能舍音取意。如一步到胃(cure one's stomach with one dose),骑乐无穷(ride it a joy),随心所浴(shower as one pleases)等。

上面我们分析了广告仿拟的翻译可以采取直接套用翻译法或近似复制翻译法,不管采用哪种方法,我们的做法是努力在目的语中找到相同或相似的语句,以此为模因,或直接套用,或近似复制,其目的只有一个,那就是竭力向人们在头脑中根深蒂固的名言、谚语、格言、熟语等强势模因靠拢,以求将广告语与强势模因绑在一起,瞬间进入人们的记忆并得到长久保留。至于"信"的问题,不用担忧,因为语言只是一种工具,在翻译活动中,一般只传达这些语言形式所表达的意义,而不传达形式本身,所以语言文字层的象形、发音、理据等因素是可以忽略不计的。这就好比对饭的评价,只评价饭好吃与否就可以了,至于饭的载体——碗,则是另外的问题。所以,在翻译中,应秉承"以关联为准绳,以顺应为手段,以意图为旨归,尽量使译文向原文趋同"的这样一个原则(赵彦春,2003)。

从上面的分析可我们可以得出如下结论:仿拟的产生离不开模因,它对原语言形式(模因)复制和传播的结果是仿体的产生。而且仿拟的翻译对模因论也存在依赖性,对模因的重复和改造构成仿拟翻译的有效途径。具体而言,有直接套用和近似复制两种翻译方法。不过,也要看到,用模因论来解释仿拟的翻译还依然存在不足之处,它对某些谐音成语仿拟的翻译支持不足。然而瑕不掩瑜,模因论对仿拟的翻译还是有着极强的阐释力的。换句话说,模因论不但在源语的创造上起重要作用,而且在译入语的选择上也有重要的指导意义。非但如此,它还是人类社会得以发展的动力源泉,正是由于有了复制和模仿,人类的物质文明和精神文明才得以传播,人类社会的繁衍才得以顺利进行,它对人类社会起了极大的推动和促进作用。

参考文献

[1]　Blackmore S. The Meme Machine [M]. Oxford:Oxford University Press,1999.

[2]　Dawkins R. The Selfish Gene [M]. New York:Oxford University Press,1976.

[3]　白解红.英语仿词的构成方式及翻译[J].中国翻译,2001(5).

[4]　陈琳霞,何自然.语言模因现象探析[J].外语教学与研究,2006(3).

[5]　丁衡祁.努力完善城市公示语,逐步确定参照性译文[J].中国翻译,2006(6).

[6]　何自然.语言中的模因[J].语言科学,2005(6).

[7]　黄伯荣,廖序东.现代汉语(下)[M].北京:高等教育出版社,1997.

[8]　李国南.辞格与词汇[M].上海:上海外语教育出版社,2001.

[9]　李鑫华.英语修辞格详论[M].上海:上海外语教育出版社,2001.

[10]　李鑫华.试论仿拟的哲学思维特点[J].四川外语学院学报.2001(6).

[11]　林克难.从信达雅、看译写到模仿—借用—创新——必须重视实用翻译理论建设[J].上海翻译,2007(3).

[12]　刘宇红.模因学具有学科的独立性与理论的科学性吗?[J].外国语言文学,2006(3).

[13]　刘泽权.广告英译中的仿拟[J].现代外语,1995(2).

[14]　罗胜杰.英汉仿词比较[J].湖南工程学院学报,2005(2).

[15]　罗胜杰.相关理论在仿拟构成中的运用[J].怀化学院学报,2007(1).

[16]　罗胜杰.英汉仿拟之本体和仿体研究[J].湖南工程学院学报,2008(2).

[17]　罗胜杰.广告仿拟运用的策略分析[J].中国酿造,2008(4).

[18]　谢朝群,何自然.语言模因说略[J].现代外语,2007(1).

[19]　王德春.修辞学词典[Z].杭州:浙江教育出版社,1989.

[20]　汪榕培.英语词汇学教程[M].上海:上海外语教育出版社,2000.

[21]　魏志成.英汉语比较导论[M].上海:上海外语教育出版社,2003.

[22]　徐国珍.仿拟研究[M].南昌:江西人民出版社,2002.

[23]　赵彦春.关联理论与翻译的本质——对翻译缺省问题的关联理论解释[J].四川外语学院学报,2003(3).

[24]　赵彦春.翻译学归结论[M].上海:上海外语教育出版社,2005.

[25]　赵彦春.外语学科创新方法讲习班讲义[Z].2008.

第十四章
仿拟在英汉语教学中的应用

　　仿拟是一种修辞格,在语言使用过程中,发挥了积极作用,这些都讨论过。那么,仿拟在别的领域里是不是也可以发挥一定作用呢?作为本书的最后一章,将尝试探讨一下仿拟在英语教学中的应用问题。研究发现,仿拟在教学中可以发挥积极作用,具体说,仿拟在学生的思维训练和实际教学如词汇和写作教学中可以发挥一定的积极作用。下面我们着重论述仿拟在学生的思维训练中的应用。

第一节　　仿拟在学生仿拟思维训练中的应用

一、思维与仿拟思维

　　什么是思维?思维是指向理性的各种认识活动。同样一个问题,不同的人有不同的思维,同样一件事,不同的人也有不同的思维。思维是多学科研究的对象,如哲学、逻辑学、神经生理学、脑科学、心理学等,甚至发展到当代还有独立的思维科学。这些学科都从不同侧面不同层次揭示了思维的实质。不同学科对于思维的不同界定是与该学科的研究内容密切相关的,语文教学中也应有一个与之相适应的针对语文学科实际的对思维的界定。过去人们通常把语文教学中的思维简单地等同于传统心理学对于思维的有关解释,认为思维是人脑对客观事物的本质属性或规律的一种间接的和概括的反映,并把间接性和概括性看做是思维最基本的特征,这样界定的思维通常指的是抽象思维。这样把语文教学中所要发展的思维简单片面地指向抽象思维并不妥当。且不说越来越成为当代心理学主流的认知心理学及我国 1984 年以来钱学森教授所倡导的思维科学都将形象思维与抽象思维包括在思维的界定范围内,单就语文学科所具有的鲜明突出的形象性,便决不能武断地把形象思维排除在英汉语教学所要发展的思维之外。笔者认同当代认知心理学及我国的思维科学所主张的从信息的角度来考察和定义思维,把思维看做是人接受信息、存储信息、加工信息及输出信息的全过程,这就使得英汉语教学中所需发展的思维从思维方式上包括了形象思维、抽象思维和创造性思维,当然还可以从其他不同角度对思维进行分类。

思维的过程就是人脑对信息的分析、综合、比较、抽象、概括,并做出决定的过程。听说读写是语文学科的四项基本能力,是学生语言水平的思维操练,是语文学科实现学生思维能力转换的最基本的实践形式,它们同思维有密切的关系。读与听的过程,是以理解他人思想为核心的思维过程。从对语言的感知到对文章内容的本质理解,再到对文章内容及形式做出评判,其间要经过一系列的、多层次的分析、综合等思维过程。写与说的过程,是以表达自己的思想为核心的思维过程。从对生活的感知到形成自己的认识,再到以语言的形式把这种认识表达出来,其间也要经过一系列的、多层次的分析、综合等思维过程。教师在教学中要有意识地对学生进行思维训练,将思维训练与培养听说读写能力结合起来,这样才能有效地提高学生语言文字的运用能力。

在语言教学中,有两种思维能力是十分重要的,必须得到一定的训练与获取。这就是仿拟思维和创新思维能力。首先谈谈仿拟思维问题。什么是仿拟思维呢?牛保义、席留生(2009)说过,一个仿拟生成的过程就是言者运用已知概念或概念系统感知新信息的过程,这样的感知方式可称为"仿拟思维"。仿拟思维是人类认识事物的一种方式。柏拉图早就断言,人类永远不能看到真正的世界。人们要认识周围的世界,探索未知的领域,就需要借助已有的、已知的概念或概念系统,并将它们映射到未知的领域,以此来获得新的知识和经验。从人类认识的角度看,马克思主义认识论认为,客观世界可分为未知世界和已知世界。人类要认知周围世界、探索未知领域,就要借助已知概念或概念系统,并将它们投射到未知领域,以获得新知识和新理解。从事物的个性和共性来看,任何事物都是个性和共性的统一体。共性存在于个性之中,并必然通过个性表现出来。正是基于个性和共性的这种辩证关系,人们才能够从个别中引出一般,又从一般中推知个别,并由此不断地由已知进到未知。

仿拟思维是人们认识创造新生事物的一种必备能力。比如说"拔楼助长"这一仿拟构式的产生,就是借助于仿拟思维,从已有的旧概念——"拔苗助长"感知而成。这一能力的形成,可以通过训练培养,在教学中,要注重培养学生的这种能力。

二、仿拟与仿拟思维的训练和培养

在英语教学中,传授英语知识的同时还要注重语言能力培养的观点已经为大多数人所认同,然而,怎样真正把这个认识落到实处,在许多教师心中仍是不够明确甚至是模糊不清的。许多人提倡在教学中要重视对学生进行思维训练,从而达到把知识转化为能力的目的,这个指导思想是正确的。然而,到底要重视到什么程度,应该把思维训练摆在英语教学中的什么位置,又如何来做?这在大多数教师心目中,仍是一个未经仔细考虑过的领域。正是因为对于这个问题的忽略,使英语教学改革的实践进行得似乎没有理论上的那么顺利,也正是由于此,使英语教学中,尤其是词汇教学和写作教学中存在的一些问题无法从根本上找到源头并加以解决。

过去传统教学观念仅从语言所表现出的表层特征出发,把英语的性质概括为它的工具性和思想性。长期以来,我国英语教学只重视语言训练和思想教育而忽视思维的培养和训练,其根本原因就在于我们只看到了文科工具性和思想性这一表层特征,而没有认识到它的思维性这一更深层的实质。

我们认为,要解决这些问题,就要注重培养学生的思维能力。思维能力培养的问题不解决,学习起来还是会遇到各种困难。思维能力包括多种,这里主要谈两个方面,即仿拟思维能力和创新思维能力。如何培养这两种能力呢?我们认为,仿拟思维的训练和培养,可以通过日常教学来进行。比如说,可以通过词汇教学和写作教学来达到这个目的。词汇,特别是英语词汇的学习,一直是学生最为头疼的问题之一,学生们一般都有这样的抱怨,那就是词汇记不住,这在一定程度上可以说是学生的仿拟思维能力不强所致。学生的单词记忆方法不好,多采用死记硬背的方式进行。关于单词记忆,很多学者都有一些好的意见和建议,提出了一些好的、可行的单词记忆策略。这些方法与策略对于单词的记忆有较大帮助。然而我们认为,有一种思维能力的培养很重要,只要具备了这种能力,可以获取更大效果,这就是仿拟思维能力。我们都知道,词汇的构成是有规律可循的,很多单词都是通过仿拟类推或类比构成的。例如:

handbag — airbag

hotel — airtel

sunrise — earthrise

e-mail — e-commerce

sunsuit — moonsuit

earthquake — moonquake

on-the-job — off-the-job

White paper — Black paper / Green paper

这里所说的是类比构词,前面我们曾提到过英语中还有一种通过组合式(combining form)构词的构词方法。组合式就是从一个单词中提取其中一部分,然后将这部分与其他的单词组合起来,这样就成了一个新的单词。如我们从marathon(马拉松)一词中析出-athon或-thon,然后加到其他词上,构成新词诸如:

walkathon，talkathon，telethon 等。这也是一种构词方法，类似的组合式还有：-meter，radio-，psycho-，iso-，hydro，-logy，hygro-，hypno-，micro-，macro-，magneto-，petro-等。

借用以上这些构词方式，可以生成许多英语单词，在词汇教学中，可以教学生利用这些方法，从而达到有效地记忆英语单词、扩大英语词汇量的目的。这些造词方法的产生理据就是人们的仿拟思维，即人们根据已有的概念信息（即已有的单词），来感知、创造出一个新的概念信息（即新单词）。不管采用什么方法，要教会学生凭借仿拟思维，学会了这种思维方式，可以凭着旧词，做到举一反三，就算碰到生词，也同样可以逆向思维，逆推出它的本体，这样就可以克服英语单词学习和记忆的难关了。

此外，我们教学中发现，学生的英语写作能力一般不强，甚至十分低下。常见的问题主要有：①结构不清；②语言错误；③空洞无物。这与学生的仿拟思维能力不强也有关系，要学会在教师的精心组织和指导下，主要通过对典型的"言语作品"（各种书面的、声像的）剖析、玩味和模仿，在各种（课内、课外的，单项、综合的，实际、模拟的）"言语行为"中不断内化各种（知识的、思想的、情感的）收获，并外化为各种（书面的、口头的）"言语作品"，逐步形成能够独立听说读写等"言语能力"，以应用于广泛的社会生活（学习或生活）的"言语行为"之中。

运用仿拟的思维认知模式而形成的这种教学方法称为认知仿拟教学法。经常性的仿拟训练，使学生逐渐掌握了常用词、句、篇章的写作方法，轻松地运用于自己的语言表达，提高了写作能力和口语表达能力。通过长期的实践，得出一个结论：大量运用仿拟有助于学生习得语言；运用仿拟能够寓教于乐，达到较为理想的教学效果。在运用这种教学法的过程中，可以按照如下程序进行：

1. 对重点词语的仿写

在学习生词时，不但要对生词有全面的理解，这其中包括单词的语音、结构、意义。还可以注重仿拟造词法的训练，可以变换单词中的一部分，看看能想出多少用仿拟造词法造成的词语。如根据组合式构成新的单词。还可以举一反三，利用仿拟的原理——类比，来生成新的单词。在教会了学生这两种构词法后，学生的词汇量可以得到有效的扩大，以后在没有教师指导的情况下，学生也可以利用课堂上所学到的知识进行自学了。

2. 对文章中的重点句子进行仿拟句型训练

教师先对重点句子进行分析，学生理解透彻后，进而仿拟创新。例如对课文中的格言稍加改动就可以仿拟出"准格言"，或对有深刻哲理意义、语言优美的语句进行仿拟。比如，谁都知道"失败乃成功之母"，殊不知，有时"成功是失败之父"——

轻易的成功会带来轻易的失败,意外的成功也潜伏着意外的失败。还有,抱定一个"亦步亦趋"的观点是走不通的,科学的态度是:看别人的样,走自己的路。唐代王之涣的"欲穷千里目,更上一层楼"是人尽皆知的名句,意境已经极高。有人仿拟改作"到此已穷千里目,谁知才上一层楼"

英语的名句:"To be or not to be, that is a question."常常被模仿,创造出许多类似的新句子:"To smoke or not, that is a question.""To eat or not to eat, that is a question.""To go or not to go, that is a question."……学生也乐于做这样的仿拟练习。

3. 对篇章作品进行仿调仿拟

每学完一篇文章,让学生体会篇章的结构层次、文章的基本语调及其成功之处,在头脑中积累丰富的典范的可仿拟作品。教师列举前人的仿拟成果,激发学生的仿拟热情,开拓学生的思维角度,往往收到抛砖引玉的教学效果。比如可以这样做:在学完一篇课文后,教师有意识地布置学生根据文章的篇章结构,仿写出一篇类似的文章。

实践证明,对刚学过的课文,引导学生找出可仿写的写作方法,可仿写的优美语句,学生很容易就写出仿拟的佳作来。经常利用课堂、练习、考试等机会,训练学生的仿写能力。仿写属于模拟思维活动,是对某种现成的事物或现象进行仿效的一种思维方式。通过仿拟构思、仿拟语言甚至仿拟写作技巧的训练,既可以提高学生的写作能力,也能加深学生对课文的理解,同时还有助于学生创造性思维的发展。

第二节　仿拟在学生创新思维训练中的应用

一、创新与创新思维

创新是一个民族进步的灵魂,是一个国家兴旺发达的不竭动力。面对滚滚而来的世界新科技革命和知识经济的发展浪潮,随着改革开放和现代化建设的不断深入,创新思维对民族的兴旺、知识经济的挑战以及新世纪的思想解放,都有着极为深刻的现实意义。

什么叫创新呢? 创新是在我们国家出现频率非常高的一个词,企业家、政府官员、大学教师,还有莘莘学子,几乎都在谈论创新,同时,创新又是一个非常古老的词。在英文中,创新即 Innovation,这个词起源于拉丁语。它原意有三层含义,第一,更新。第二,创造新的东西。第三,改变。创新作为一种理论,它的形成是 20

世纪的事情，是由一个研究经济学和管理学、大家比较熟悉的美国哈佛大学教授熊彼特在 1912 年第一次引入经济领域。换句话说，从经济的角度他提出了创新，他认为创新就是要建立一种生产函数，实现生产要素的从未有过的组合。他从企业的角度提出了创新的五个方面的要求。

那么对创新我们有多方面的理解，说别人没说过的话叫创新，做别人没做过的事叫创新，想别人没想的东西叫创新。我们有的东西之所以叫创新，就是因为它改善了我们的工作质量，改善了我们生活质量；有的是因为它提高了我们的工作效率；有的是因为它巩固了我们的竞争地位；有的是对经济、社会、技术产生了根本影响，所以叫它创新。但是创新不一定非得是全新的东西，旧的东西以新的形式包装一下也叫创新。旧的东西拟以新的切入点叫创新，总量不变改变结构叫创新，结构不变改变总量叫创新。

什么是创新思维？有人将其定义为：反映事物本质属性和内、外在有机的联系，具有新颖的广义模式的一种可以物化的高级思想、心理活动。还有人将创新思维定义为：创新思维是指以新颖、独特的方法解决问题的思维过程。通过这种思维不仅能揭露客观事物的本质及其内部联系，而且在此基础上产生新颖、独创、具有明显社会意义的思维成果。也有另一种说法：创新思维是指具有新颖性，能解决某一特定需要（目的）的思维过程及其功能。

无论有多少说法，反映创新思维的本质是一样的。创新思维是人类创造力的核心和思维的最高级形式，是人类思维活动中最积极、最活跃和最富有成果的一种思维形式。人类社会的进步与发展离不开知识的增长与发展，而知识的增长与发展又是创新思维的结果。所以，创新思维比上述思维的其他形式更能体现人的主观能动性。

创新思维有广义与狭义之分。一般认为人们在提出问题和解决问题的过程中，一切对创新成果起作用的思维活动，均可视为广义的创新思维。而狭义的创新思维则是指人们在创新活动中直接形成创新成果的思维活动，诸如灵感、直觉、顿悟等非逻辑思维形式。

关于创新思维的含义，已有许多不同表述，如中国社会科学院研究员、博士生导师、中国逻辑学会秘书长张家龙认为：创新思维是人们自觉地、能动地综合运用和开拓成果的一种思维。在创新思维中，逻辑思维和非逻辑思维是交织在一起的。逻辑思维可以发现新真理，这已为无数的科学实例所证明。在创新思维过程中，人们还应用非逻辑思维，灵感就是一种非逻辑思维。创新思维是人人皆能具有的，只是需要开发。南京金陵思维研究所所长、"逻大"创新思维研究所特约研究员黄浩森则认为：创造力的产生要靠思维能力、想象力和观察力，集中在一起就形成创造性思维,即人的智力。

对创新思维规律的研究,始于 20 世纪初。此前的发明创新活动主要靠自发的直觉和经验,认为做出发明成果的人是天才或幸运者,具有神秘色彩。19 世纪中叶,由于工业化的需求和科学技术发展加速,发明创新成果大量涌现,发明者的经验也逐渐得到淀积、交流。1906 年,美国的专利审查官普林德尔在美国电气工程师学会(AIEE)会议上提出的论文"发明的艺术",开创了研究创新思维和方法规律的先河。此后,对这方面的研究工作日益增多,到 20 世纪 50 年代,形成了风靡欧美各国的创造教育运动,其中,总结出了数以百计的创造技法。自 20 世纪 70 年代始,德国、日本、苏联和美国陆续推出了不同形式的系统的发明方法。我国则从 20 世纪 80 年代起开始了对这方面的研究。创新思维固然离不开逻辑思维,也要运用概念、判断、推理的思维方式,但它并不是逻辑上循序渐进地从经验材料导出假说、概念和理论,而是通过形象化构思、想象和直觉等特有的思维形式,跳跃式地直接抓住事物本质的思维过程。它依据经验,又一下超出了经验,是一种顿悟、直觉性的思维。

这里所说的创新思维就是不受现成的常规思路的约束,寻求对问题的全新的独特的解答方法的思维过程。寻求对问题的全新的独特解答,把这样的方法寻找出来,这样的思维过程,就叫创新思维。相对于传统思维,创造性思维是所有人都有的。为什么要有创造性思维,为什么要创新思维? 江泽民同志对创新、对创新思维、对创造力有很多重要的讲话。比如,江泽民同志讲的最著名的一句话是:创新是一个民族进步的灵魂,是国家兴旺发达的不竭动力。江泽民还讲到,迎接未来的科学技术挑战,最重要的是坚持创新,勇于创新。2001 年江泽民同志又多次提出要理论创新、制度创新、技术创新、管理创新。我们都知道,伟大的科学家,相对论之父爱因斯坦在 1936 年 10 月 15 日美国高等教育 300 周年的纪念大会上有一段讲话,他说,没有个人独创性和个人志愿的统一规格的人所组成的社会将是一个没有发展可能的不幸的社会。管理大师德鲁克说,对企业来讲,要么创新要么死亡。人类社会发展的历史,就是一部创新的历史,就是一部创造性思维实践、创造力发挥的历史。由此,创新的重要性可见一斑。

对任何人来说,创新思维是可以训练的,区别仅在于通过训练所取得实效程度的不同。高校大学生完全可以通过坚持不懈地培养和训练增强自己的创新思维能力。训练和不训练是大不一样的。许多著名科学家对创新思维曾有过精彩的论述。爱因斯坦指出:"物理学家的最高使命是要得到那些普遍的基本定律……要通向这些定律,并没有逻辑的道路;只有通过那种对经验共鸣的理解为依据的直觉才能得到这些定律。"他还说:"想象力比知识更重要,因为知识是有限的,而想象力概括着世界上的一切,推动着进步,并且是知识进化的源泉。严格地说,想象力是科学研究中的实在因素。"普朗克也有类似的见解,他说:"每一种假说都是想象力发挥作用的产物,而想象力又是通过直觉发挥作用的。"美国麻省理工学院的戈登教授认为:"既然发明创造不是阐明已知的事物联系,而是要发现事物间未知的联系,因此,要靠非推理因素来把似乎无关的东西联系起来。"

二、仿拟与创新思维的训练和培养

创造性思维是人类思维的高级表现,它寓于抽象思维和形象思维之中。创造性思维是从问题开始的,所以,培养学生发现问题、提出问题的能力是创造性思维训练所要面对的第一个问题。要培养学生发现问题、提出问题的能力,首先要鼓励他们敢于和善于质疑。所以,在课堂氛围的营造上,应特别注意创设一个宽松、和谐的课堂环境,培养课堂的民主意识,爱护学生充满好奇心的天性,鼓励学生提出问题,并在学生提出问题后一定予以鼓励和耐心的解答,增强学生的问题意识,并进而形成发现问题和提出问题的能力。以求形成一种积极思维、勇敢提问的课堂氛围。

创造性思维同时也是发散思维和辐合思维的辩证统一,所以在创造性思维的训练中也应该注重抓好这两种思维方式的训练。发散思维的训练,主要是教会学生学会多角度地思考问题。我们可以利用话题作文中话题的开放性,引导学生通过联想、想象、猜想、推想以及逆向思维等方式开拓写作思路,来培养学生多角度思考问题的能力。同时也是利用话题作文最终主题的确定性,让他们能够对发散思维所得到的多种结果进行分析、比较、综合、选择,从中得出一个适合自己的主题,培养学生的复合思维。经过一定时间的训练,学生在面对话题作文时,思维开阔了,可选择的空间也开阔了,同时也能较快根据自身特点选定最终主题,在一定程度上提高了作文的质量。

仿拟强调两个方面:一是模仿;二是拟创。二者是辩证统一的关系。模仿是仿拟的前提,没有了模仿,仿拟就成了无源之水、无本之木。而拟创是仿拟的最终结果,没有拟创,模仿就失去了意义,也不会有最终的结果。所以,仿拟意在"仿",重在"拟",这个"拟"就是创新,应该通过仿拟中"拟创"的训练,以达到学生创新思维能力得到提高的目的。

在教学中,引导学生认识到仿拟是在原有词、句、篇基础上的一种创新应用,成功的仿拟就是在与本体(仿拟对象)相似基础上的合乎语境的创新。仿拟与模仿的本质区别在于仿拟是运用本体基础上的创新,没有创新就没有仿拟。仿拟创新的思维方法有两种:一是类仿;二是反仿。类仿可以推进思维的深度,反仿可以变换思维角度,拓宽思维的广度。创新应在正确理解本体结构或内容的基础上,实现新的突破。如大家所熟悉的打油诗,其中难免存在格调不高的问题,教师要善于引导学生找出其中的不足,指出恰当的仿拟在于达到完美的语境及高超的思想境界。如"春眠不觉晓,处处蚊子咬。洒上敌敌畏,不知死多少",显然是仿拟"春眠不觉晓,处处闻啼鸟。夜来风雨声,花落知多少"一诗,前者的不足之处也很明显。教师要引导学生在正确理解本体思想内容的基础上,写出恰当的仿拟作品。

在教学当中,应该提倡采用启发式教学方法,通过仿拟的练习,从而收到如下效果:

1)以学生为中心,教师的作用在于激发学生的学习动机和兴趣,指导学生从言语实践中发现语言规律,并为学生提供创造性地活用规律的场景,从而使学生掌握它。

2)注重发展学生的语言能力和言语创新能力,使学生能够运用有限的语言规律生成无限的语句。

3)注重理解,在理解语言知识和规律的基础上进行训练,反对机械性的死记硬背。

4)认为语言的声音和文字在语言学习活动中相辅相成,主张听、说、读、写齐头并进,全面发展。

仿拟在教学中的运用,可以这样概括:语言的本体理解是指学生对典范语言作品的感知形成准确的意象图式;语言能力的心理培养指语言或语文规律的类推分析能力的培养;语言仿拟运用是指由一个认知域的原型,据相似性原则到另一认知域的投射,是适应新的具体语境的仿拟创新运用。仿拟的使用,可以有效地培养学生的仿拟思维和创新思维能力,提高教学效果。